江西财经大学信毅学术文库

粮食种植成本与粮食安全的调查研究

李秀香　著

中国财经出版传媒集团
中国财政经济出版社

图书在版编目（CIP）数据

粮食种植成本与粮食安全的调查研究 / 李秀香著
. --北京：中国财政经济出版社，2021. 11
（江西财经大学信毅学术文库）
ISBN 978 -7 -5223 -0823 -4

Ⅰ. ①粮…　Ⅱ. ①李…　Ⅲ. ①粮食－种植－成本－研究 ②粮食安全－调查研究　Ⅳ. ①F326. 11

中国版本图书馆 CIP 数据核字（2021）第 199651 号

责任编辑：彭　波　　　　责任印制：史大鹏
封面设计：卜建辰　　　　责任校对：张　凡

中国财政经济出版社 出版
URL：http：//www. cfeph. cn
E－mail：cfeph@ cfeph. cn

社址：北京市海淀区阜成路甲 28 号　邮政编码：100142
营销中心电话：010－88191522
天猫网店：中国财政经济出版社旗舰店
网址：https：//zgczjjcbs. tmall. com
北京财经印刷厂印刷　各地新华书店经销
成品尺寸：170mm×230mm　16 开　17. 5 印张　270 000 字
2021 年 11 月第 1 版　2021 年 11 月北京第 1 次印刷
定价：68. 00 元
ISBN 978－7－5223－0823－4
（图书出现印装问题，本社负责调换，电话：010－88190548）
本社质量投诉电话：010－88190744
打击盗版举报热线：010－88191661　QQ：2242791300

总　序

书籍是人类进步的阶梯。通过书籍出版，由语言文字所承载的人类智慧得到较为完好的保存，作者思想得到快速传播，这极大地方便了知识传承与人类学习交流活动。当前，国家和社会对知识创新的高度重视和巨大需求促成了中国学术出版事业的新一轮繁荣。学术能力已成为高校综合服务水平的重要体现，是高校价值追求和价值创造的关键衡量指标。

科学合理的学科专业、引领学术前沿的师资队伍、作为知识载体和传播媒介的优秀作品，是高校作为学术创新主体必备的三大要素。江西财经大学较为合理的学科结构和相对优秀的师资队伍，为学校学术发展与繁荣奠定了坚实的基础。近年来，学校教师教材、学术专著编撰和出版活动相当活跃。

为加强我校学术专著出版管理，锤炼教师学术科研能力，提高学术科研质量和教师整体科研水平，将师资、学科、学术等优势转化为人才培养优势，我校决定分批次出版高质量专著系列；并选取学校“信敏廉毅”校训精神的前尾两字，将该专著系列命名为“信毅学术文库”。在此之前，我校已分批出版“江西财经大学学术文库”和“江西财经大学博士论文文库”。为打造学术品牌，突出江财特色，学校在上述两个文库出版经验的基础上，推出“信毅学术文库”。在复旦大学出版社的大力支持下，“信毅学术文库”已成功出版两期，获得了业界的广泛好评。

“信毅学术文库”每年选取10部学术专著予以资助出版。这些学术专著囊括经济、管理、法律、社会等方面内容，均为关注社会热点论题或有重要研究参考价值的选题。这些专著不仅对专业研究人员开展研究工作具有参考价值，也贴近人们的实际生活，有一定的学术价值和现实指导意义。专著的作者既有学术领域的资深学者，也有初出茅庐的优秀博士。资深学者因其学术涵养深厚，他们的学术观点代表着专业研究领域的理论前沿，对他们专著的出版能够带来较好的学术影响和社会效益。优秀博士作为青年学者，他们学术思维活跃，容易提出新的甚至是有突破性的学术观点，从而成为学术研究或学术争论的焦点，出版他们学术成果的社会效益也不言自明。一般而言，国家级科研基金资助项目具有较强的创新性，该类研究成果常常在国内甚至国际专业研究领域处于领先水平，基于以上考虑，我们在本次出版的专著中也吸纳了国家级科研课题项目研究成果。

“信毅学术文库”将分期分批出版问世，我们将严格质量管理，努力提升学术专著水平，力争将“信毅学术文库”打造成为业内有影响力的高端品牌。

王　乔

2016 年 11 月

内 容 摘 要

粮食是人类生存发展的基础，世界各国都将保障粮食安全视作维系国家发展和社会稳定的首要任务。正因为如此，全球粮食总产量逐年增长，增长速度快于人口增长。粮食产量的长期稳定增长，正是全球政治经济稳固发展的重要保障力量。但与此同时，世界粮食生产仍面临生产资源供给不足，全球产业链发展不平衡，局部地区粮食严重短缺等许多挑战。此外，新冠肺炎疫情暴发再次强化了粮食作为重要战略物资的地位。全球多个国家为了确保国内粮食自给采取了诸多限制出口措施，国际市场部分粮食价格呈上涨趋势。中国粮食作物种类较多，栽培较普遍的粮食作物共有20余种，其中有些还有春播、夏播、秋种与冬种之分，而每种作物又有不同的品种，世界各种主要粮食作物几乎都能在中国生产。新中国成立70多年来，特别是改革开放40多年来，党和政府始终高度重视粮食安全，从经营体制改革到科技进步保障，从取消农业税到加大农业政策性保险等一系列“三农”领域保障措施的实施，使粮食生产始终成为国家政治经济建设的“压舱石”和“稳压器”。但与此同时多年来粮食生产领域积累的，诸如生产要素短缺且生产效率低、要素投入结构不合理等矛盾和问题也亟待花大力气解决。

研究发现，中国种粮成本上升态势明显，2011～2018年，主要粮食作物亩均总产值下降了3.24%，但总成本上涨38.25%；粮食作物总成本、物质与服务费用、人工成本和土地成本等各项种粮成本多年来呈上升趋势，其中，物质与服务费用在粮食种植总成本中占主导地位，人工成本次之，土地成本占比最小；在不同省份间，种子费、化肥费、农药费、机械作业费等各类细化成本在总成本的比重存在一定差别，例如，北方地区排灌费较高，而南方地区的排灌费用较低，肥料费和机械作业费较大。研究同时发现，虽然三大主粮的平均产量和产值在近 15 年间呈现增长趋势，但净利润和成本利润率呈现下降趋势，以成本利润率为收益代表性指标，近 15 年全国种粮收益总体呈下降趋势。

为了更深入地了解粮食种植的具体情况，包括当前种粮成本的结构和变化趋势、农民种植收益变动情况、农民种粮意愿以及农民种粮面临的主要困境和难题等，本研究团队自 2020 年 5 月开始，通过“线上 + 线下”问卷、入户访谈、电话访谈等方式对全国 31 个省区市进行了系统调研。根据调研结果发现：近五年，全国种粮成本呈增加态势，种粮收益呈下降态势；不同地区的种粮成本具有差异性；在农业技术方面，作为技术推广中坚力量的乡镇农技站技术推广占比仅为 16.8%，占 31% 以上的农户表示种粮主要靠经验；在农业基础设施建设方面，有高达 57.22% 的农户对农田道路交通情况和农田平整情况感到一般或不满意；超过一半的被调查农户表示非常需要政府从技术培训、信贷服务、最低保护价等多方面继续给予支持；基层粮食储备单位面临设备老旧、员工结构老龄化等问题。

粮食种植成本上涨是多种影响因素综合作用的结果。在物质与服务费用中，租赁作业费和化肥费用上涨较快且占主要部分，种子费、农家肥费以及农膜费上涨较慢且所占比重较低；人工费用包括家庭用工折价和雇工费用，其中家庭用工成本较高，雇工费用较低但持续增长，两者差距在减小；土地成本主要以流转性租金和自营地折租两种形式存在，其中自营地折租占土地成本的比例高达 80% 以上。

利用 2007 ~2018 年《全国农产品成本收益资料汇编》中的相关数据，选取稻谷、小麦和玉米的每亩净收益作为被解释变量，再选取三种粮食作物每 50 公斤主产品平均出售价格、平均每亩产量及平均每亩物质与服务费用等指标作为解释变量，进行协整与贡献率分析，研究的主要结论是：以稻谷、小麦和玉米三种主要粮食作物为例，就种植收益对 50 公斤实际平均出售价格而言，最为敏感，其后依次是物质与服务费用及每亩产量；就物质与服务费用各主要构成要素而言，粮食种植收益对化肥费最为敏感，其后依次是农药费、种子费及机械作业费。

在种粮成本视角下，遵循代表性原则、可操作性和一致性原则以及全面性原则，构建粮食安全水平综合得分评测指标体系。其中，二级指标为社会层面、生产层面和成本层面的指标，社会层面包含 5 项三级指标，即总供给差率、人均占有量、粮食储备消费比、粮食自给率和价格指数波动率；生产层面包含3项三级指标，即总产量、播种面积和单位面积产量；成本层面包含4项三级指标，即种粮成本收益率、物质与成本费用，人工费用和土地费用。然后，通过熵值法来确定2009～2018年全国粮食安全综合评价体系各指标的权重，进而计算出2009～2018年粮食安全水平综合评测的得分，并将粮食安全划分为“Ⅰ级（重警状态）、Ⅱ级（中警状态）、Ⅲ级（轻警状态）、Ⅳ级（无警状态）、Ⅴ级（安全状态）”5个等级。通过比较粮食安全综合评价体系各指标得分发现，2013年、2014年、2016年、2017年、2018年处于重警状态；2012年、2015年处于轻警状态；2011年处于无警状态；2009年、2010年处于安全状态。这说明中国粮食安全水平综合得分不是单调递减或单调递增的，而是在波动中逐渐下降，近三年中国的粮食安全形势整体呈现重警状态，说明中国粮食安全仍面临较高的潜在风险。此外，粮食储备变动与粮食价格变动都是反映当期粮食安全状况的重要指标，一段时期内粮食安全的变化走势可以反映粮食价格、粮食储备等因素相对力量的变化方向。从统计学意义上看，三大主粮的安全水平、储备变动与价格变动之间存在着明显的相互影响关系。

针对法律、制度、政策、技术、人才与资金等方面当前中国在降低种粮成本和保障粮食安全所面临的主要难题，提出如下政策建议：一是完善制度与政策保障。一方面，要完善法律、制度保障体系，具体包括完善粮食安全法制保障体系、完善粮食生产基层治理制度以及完善粮食安全监测预警制度；另一方面，要构建政策保障体系，具体包括完善农业补贴政策、完善农业信贷担保政策以及完善农业保险政策。二是加快技术与模式创新。一方面，要加快农业技术创新，具体包括加大农业新科技推广力度，尤其要推动农业科技创新平台建设；另一方面，要推动粮食安全模式改革，例如，加大物联网技术应用，实现农业生产智能化管理。三是促进人才培养。要构建农业人才培育和管理体系，具体包括完善涉农院校人才培养模式、加强新型职业农民培育以及培育新型农业经营主体。四是优化粮食安全资金保障体系，包括加大财政支农资金整合力度、进一步规范支农资金用途、引导社会资本流入农业生产、建设社会化资本对接平台等。

作者

2021年5月

前　言

党的十九大报告明确要求“确保国家粮食安全”。习近平总书记多次强调，“中国人的饭碗任何时候都要牢牢端在自己手上”。当前中国粮食生产形势稳定，但也面临种粮成本快速上涨、主要粮食产品竞争力不足等问题。据《全国农产品成本收益资料汇编（2019）》统计，2013~2018年，中国稻谷、小麦和玉米三种主要粮食作物总成本从每亩1026.19元上涨到每亩1093.77元，上涨了6.58%。与此同时，种粮经济效益却不尽如人意，在面临疫情、灾情等负面环境影响下甚至存在亏本情况，导致种粮农民的积极性严重受挫。调查发现，因2020年早稻遭受洪涝灾，在不考虑农户家庭人工投入的情况下，某省种粮大户每亩亏损100~200元。此外，一些种粮大户还面临地力评估不科学导致土地流转承包成本虚高的问题。粮食种植成本问题已引起学术界以及政府政策研究部门的高度重视，成为共同关注的重大课题。

本书研究团队为深入实际调查粮食种植成本、收益及粮食安全情况，共设计了两组问卷：一份是《主要农作物种植成本构成情况调查问卷》，调研对象为政府工作人员，旨在获得省/县/乡整体的粮食种植成本和收益情况；另一份是《农户种粮成本构成情况调查问卷》，调研对象为农户，旨在了解农户种植主要农作物的成本和收益情况、农业补贴政策实施情况及农业基层建设等。从2020年5~10月，共收回农户调研问卷1378份，其中电子问卷244份，纸质问卷1134份，涵盖了全国31个省区市；共收回省/县/乡一级问卷18份，涵盖吉林、黑龙江、四川等7个地区。农户调研问卷的有效问卷率为92.24%；省/县/乡一级问卷的有效问卷率为94.44%。此外，2020年8~9月，研究团队先后前往黑龙江省哈尔滨市呼兰区、四川省阿坝州茂县、河南省平顶山市郏县白庙乡村、安徽省安庆市岳西县冶溪镇琥珀村、江西省丰城市筱塘村、江西省抚州市临川区水边村、江西省九江市柴桑区涌塘村等地，就粮食种植成本、粮食储备和粮食安全等问题进行了实地调研。研究团队与当地农户和基层村干部召开了多次座谈会，并进行了一对一访谈，为完成本书的研究打下了良好基础。

研究团队经过近两年的调查研究和集中撰写，完成了本书。研究团队完成的2020年财政部部省共建联合研究课题“降低种粮成本、保障国家粮食安全”为本书稿的撰写奠定了坚实的研究基础。同时，在书稿撰写过程中，研究团队取得了4项与本书相关的成果：撰写的《我国粮食安全水平评估与对策》刊载在《江西社会科学》2020年第11期；撰写的研究报告《针对“十四五”时期的粮食安全问题的建议》刊载在《江西侨情专报》2020年第50期，且主要观点被《中国侨联侨情专报》采纳，刊载于2021年3月3日第5610期；撰写的《粮食安全“压舱石”更稳固》刊载在《光明日报》2021年3月4日第5版“两会特刊”，并被《学习强国》江西学习平台转载（2021年3月4日）；撰写的研究报告《保障粮食安全，把饭碗牢牢端在自己手上》于2020年3月被民建中央、江西省政协、民建江西省委会单篇采用，并于2020年4月获江西财经大学2020年度统一战线优秀建言成果二等奖。

本书共分8章进行了分析和阐述。本书由李秀香老师承担策划、撰稿和统稿工作。具体分工如下：第一章，李秀香、黄伟凤；第二章，黄伟凤、邹航、李秀香；第三章，李秀香、訾帅、夏斯文；第四章，李秀香、訾帅、邹航；第五章，李秀香、邢玉珂、和聪贤；第六章，胡彦涵、邢玉珂、李秀香；第七章，李秀香、夏斯文、余桂娟；第八章，李秀香、余桂娟、胡彦涵。

目　　录

1 绪　　论

1.1 研究背景与意义

1.1.1 研究背景

粮食是人类生存发展的基础，世界各国都将保障粮食安全视作维系国家发展和社会稳定的首要任务。正因为如此，全球粮食总产量和人口规模均呈现增长趋势，总体来看，粮食产量的增长速度要快于人口增长速度。根据《国际统计年鉴》和《中国统计年鉴》数据，2017 年世界总人口规模达到 75 亿，相较于 1950 年的 25.20 亿增加了 3.02 倍，而 2017 年的粮食总产量上升至 26.12 亿吨，相较于 1950 年的 6.89 亿吨增加了 3.79 倍。粮食产量的长期稳定增长，正是全球政治经济稳固发展的重要保障力量。与此同时，世界粮食生产仍面临许多挑战，例如，世界粮食生产资源供给趋紧，人均耕地面积狭小和水资源支撑不足等问题并存；全球粮食产业链被发达国家所控制，发展中国家及欠发达国家成为粮食主要销售区；局部地区仍存在严重粮食短缺，尤其是部分发展中国家粮食安全形势十分严峻；全球气候变化无常导致灾害频发，粮食安全面临的外部不确定性加剧。此外，新冠肺炎疫情暴发再次强化了粮食作为重要战略物资的地位。为保证国内粮食供给，疫情期间不少国家对粮食出口采取了限制性措施。例如，2020 年 3 月初，阿根廷宣布将提高大豆、豆油、豆粕等出口关税 3 个百分点至 33%；俄罗斯、白俄罗斯、哈萨克斯坦等 11 个独联体国家宣布在 2020 年 6 月前停止对中国出口大豆。正因为如此，国际市场部分粮食价格呈上涨趋势。海关数据显示，2020 年上半年，大米的进口价格上涨了 6.9%，高粱的进口价格上涨了 5.2%，玉米的进口价格上涨了 2.3%。

中国的粮食作物包括谷类、豆类、薯芋类，种类较多，且每种作物包含不同品种，栽培范围较为广泛，几乎涵盖了世界上主要的粮食作物种类。自新中国成立以来，我国始终把粮食安全放在重要的地位，尤其是改革开放后，从经营体制改革到科技进步保障，从取消农业税到加大农业政策性等一系列“三农”领域保障措施的实施，使粮食生产始终是国家政治经济建设的“压舱石”和“稳压器”。但与此同时，多年来粮食生产领域积累的矛盾和问题也亟待花大力气解决。一是粮食生产要素短缺且生产效率低。一方面，资源、人力和环境“三重约束”日益趋紧；另一方面，劳动生产率、土地生产率和资源使用率的“三大效率”都较低。二是要素投入结构不合理、人工成本攀升等因素导致的种粮总成本上升、种粮收益下降等问题短时间内难以解决。三是随着人们消费需求升级，而粮食产品质量相对滞后，难以满足多层次消费需求。四是粮食种植结构不平衡，稻谷和玉米呈现阶段性过剩的态势，同时还存在大豆严重短缺的问题，导致粮食供应季节性价格波动严重。五是粮食贸易逆差逐年增加。一方面，多年来粮食贸易逆差很难扭转；另一方面，粮食进口主要来自美国等农业大国，进口来源国过于集中化，带来较大粮食进口依赖风险。六是粮食补贴政策的指向性和精准度仍有待加强。

1.1.2 研究意义

《全国农产品成本收益资料汇编》的数据显示，2011～2018 年，主要粮食作物亩均总产值下降了 3.24%，但总成本上涨 38.25%。种粮农民的种植意愿会因种植成本的快速上升而下降，导致农民进行粮食种植和生产的积极性大打折扣，进而可能会影响国家粮食安全。而且，种粮农民的收益也会因种粮成本的上升而减少，弱化惠农政策实施效果。正因为如此，相关政府部门和学术界早已重点关注粮食的成本和收益问题。

（1）理论意义：一是运用统计方法测算种粮成本，找出种粮成本变化的一般性规律，并且对国内粮食主产省份间的种粮成本与收益进行比较分析，再以中美为例，比较两国的种粮成本，进而评价粮食主产省份间及中国与其他国家之间关于种粮成本的优势与差距。此外，还通过 Holt - Winters 无季节性模型和 ARMA 模型对未来五年的种粮成本变化进行理性预期。二是基于熵值法构建指标体系，进而对中国粮食安全进行综合评价，对得分进行等级划分，即按照粮食安全度由“低”到“高”分别对应于Ⅰ级（重警状态）、Ⅱ级（中警状态）、Ⅲ级（轻警状态）、Ⅳ级（无警状态）、Ⅴ级（安全状态）。研究得出了 2009 ~ 2018 年中国粮食安全水平，能够量化中国粮食安全形势，为政府相关部门掌握国家粮食安全状况提供参考。

（2）现实意义：中国的粮食安全不仅事关国家安全，事关人民美好生活需要的实现，更是事关中华民族伟大复兴的重要战略基础。要想确实保护并调动农民的种粮积极性，首先就要保障农民的种粮利益不受损失。由于粮食生产成本是影响粮食收益的最重要因素，因此只有想方设法降低粮食生产成本，才能真正增加农民收益，调动农民的种粮积极性，从而保障粮食安全。为缓解农产品生产成本上涨过快的情况，2016 年中央一号文件首次提出了“推进农业供给侧结构性改革”，并将降低农业生产成本作为加快农业供给侧结构性改革的重要内容，提出通过发展适度规模经营、减少化肥农药不合理使用、开展社会化服务等途径，实现农业生产节本增效的目的。但是种粮成本上涨、粮农收益下降都是多种因素综合作用造成的。本书通过实地调研和实证分析找出导致种粮成本上涨的主要原因，以及种粮成本上涨对粮农收益的影响程度，定量评价粮食安全水平，再结合成熟的国内外经验，提出降低种粮成本、维护种粮利益和保障粮食安全的对策建议。本书的研究以期对国家制定合理的宏观经济政策，改革现有的粮食生产体制，降低种粮成本，提升种粮效率，保障粮食安全提供决策参考。

1.2 理论依据

1.2.1 农产品成本的含义

马克思对资本主义商品生产进行了科学分析，并指出，成本包括物化劳动与活劳动所必需的劳动价值，这揭示了资本主义经济中成本概念的经济意义。根据马克思主义劳动价值论，在资本主义生产方式中，商品的价值等于固定成本、可变成本及剩余价值三部分之和。

投入农产品生产中的物化劳动和用货币体现的活劳动构成了农产品的生产成本。换句话说，当生产特定的农产品时，必须有可能以货币计量具体的活劳动和物化劳动。这不仅包括诸如厂房之类的材料消耗以及机器使用的损失，还包括诸如种子、肥料和农药之类的劳动对象投入成本。

农产品的生产过程是经济与自然生产的融合，目前的农业成本核算开始将土地成本引入其中。因此，农产品的经济成本指标包括材料成本、服务成本、人工和土地成本。

在正常情况下，显性成本和隐性成本是构成经济成本的两大主要内容。显性成本一般是指通过货币支付实际发生的成本，其中种子成本、肥料成本、农药成本和劳动力雇用成本是显性成本的主要类型；而隐性成本则是实际发生了但是没支付的成本，如家庭自有成员的劳动付出和家庭自有资金投入等。

1.2.2 粮食成本收益理论

一般而言，农业生产过程中产生的成本主要包括土地成本、种子成本、化肥成本、农药成本、农业机械和劳动力成本。在经济变化的过程中，粮食生产成本的构成将发生巨大变化。随着工业化和城市化进程的加快，城乡居民消费结构的调整将进一步扩大人们对粮食的需求，进而扩大农业原材料、土地和劳动力等用于粮食生产要素的需求。当大量耕地转化为非农业用地、农业劳动力转移到非农业领域时，土地和劳动力的供应会减少，这将导致农村的土地租赁价格（土地租赁费）和劳动力雇佣价格（雇佣费用）上涨。如果受石油、煤炭等基础原料供给偏紧制约，技术水平在一定时期内没有重大突破，农资生产的技术效率就无法显著提高，那么即使化肥、农药、柴油、种子、饲料等农资供给有所增加，但只要该增幅低于农资需求的增长，农资价格将依旧上涨。粮食生产的原材料价格的上涨是否会转变为成本驱动的通货膨胀，从根本上来看，取决于各类生产要素的价格和劳动生产率孰能提高的更多，而其中能够决定劳动生产率提高程度的最重要因素是技术。

过去，谷物主要由人类食用或经过加工后作为牲畜饲料，谷物的价格波动在很大程度上受到其生产周期的重要影响。但是，随着工业化的发展，越来越多的谷物等主要粮食作物被加工成工业原料。例如，原油的市场价格上涨会促进粮食用于生物质油的生产。另外，谷物等粮食作物已成为能源生产的重要原料，能源企业使用玉米来生产乙醇。以上这些对粮食作物生产的结构性变化导致粮食需求急剧增加。也就是说，对粮食作物的需求变化不仅仅会受到传统粮食作物生产周期的影响，还受到经济周期转变的影响。当经济周期进入上升期时，对粮食的需求将增加，对粮食生产要素的需求也将增加，这将导致要素价格的上升，最终导致粮食生产的成本增加。但是，当粮食供应保持在原来的水平或者是粮食产量增长受到限制时，粮食价格就会相应地上涨。当经济增长率较低时，对粮食需求就会减少，进而对粮食生产要素的需求也会下降。在制度刚性和最低工资的影响下，谷物等粮食作物的生产成本可能保持不变或不会显著下降，从而导致谷物等粮食的生产成本呈现相对稳定或略有下降的趋势。

1.2.3 机会成本理论

冯·威塞尔（F. von Wiesel）通过分析成本定律，将生产效用与生产成本联系起来，提出了“机会成本”的概念。机会成本不是单指“支出”，而是指生产经营活动的潜在利润的减少。冯·威塞尔对机会成本的概念阐述打破了传统的“成本”概念，成为适用于商业活动的西方经济理论中最实用的概念之一，对于西方经济学理论的发展做出了重大贡献。

机会成本是指选择一个方案而放弃次优方案的收益。放弃投资决策中的次优方案而损失的“潜在利益”是选择最佳方案所产生的机会成本。粮食种植与生产过程中的机会成本代表了因粮食种植所放弃的其他经济作物经营以及从事其他行业所产生的收益。在多种因素的综合影响下，粮食种植的整体收益要低于其他行业。中国粮食主产区致力于发展粮食和其他农产品的生产，是以牺牲发展其他收益更高产业的机会为代价的。中国粮食主产区一直以来不断向国家供应商品粮，保障了非主产区的粮食安全，稳定了全国的粮食市场，对国家社会稳定以及经济发展起到了重要作用、做出了突出贡献。但是，在国内经济增长的同时，主要粮食产区种粮农民的收入却较低，整个社会和经济的发展陷入了“粮食大县，工业小县，财政穷县”的困境。这限制了主要粮食产区粮食总产量的提高，制约了社会经济的发展。机会成本过高、生产效率低下共同影响着粮食主产区农民的收入增长以及整个经济社会的发展，导致工业化和城市化推进缓慢。此外，这些机会成本在某种程度上可归因于区域经济政策，也可以称为政策的机会成本。为了解决粮食生产机会成本高的问题，政府应通过合理的政策措施，扩大对农民粮食生产的补贴范围，加大对主要粮食产区农田节水建设的投入，降低粮食种植和生产的成本，增加农民种植粮食的收入，进而提高粮食产品的比较优势。

1.2.4 公共产品理论

公共经济学的相关理论表明，社会产品可分为公共产品、半公共产品（准公共品）以及私人产品。按保罗·萨缪尔森（Paul A. Samuelson）的定义，公共产品具有两个显著特征：一是非竞争性，二是非排他性。其中，非竞争性指在给定水平的公共产品生产中，增加某种产品的消费不会增加该产品的成本，即由于产品数量增加而导致的边际成本等于零。而非排他性意味着只要特定社会中存在一种公共产品，该社会中的任何人都不能被排除在该类产品的消费之外。通常，由政府在公共支出下生产和提供公共产品。根据这些产品的非竞争性、非排他性的具体程度，可以进一步将这些产品分为纯公共和半公共（准公共）的产品。后者在消费过程中具有不完全的竞争性及非垄断性，介于纯公共产品和私有产品之间。

从理论上讲，半公共（准公共）产品的供应应遵循政府与市场共担的原则。与纯公共产品相比，半公共（准公共）产品的供给范围更为广泛，并且某些特征已经改变。部分半公共（准公共）产品的使用和消费仅限于某些领域，利益范围受到一定限制，并且在该范围内不一定是排他的。另外一些半公共（准公共）产品是可以共享的商品。换句话说，一个人的使用并不会排除另一个人使用。但是，由于存在私人利益，半公共（准公共）产品可能导致存在消费上的竞争。由于其公共性质，半公共（准公共）产品的使用可能会产生“拥挤效应”，甚至出现“过度使用”的现象，因此，对于这些商品而言通常是付费后消费。

根据保罗·萨缪尔森（Paul A. Samuelson）对私人产品的定义，粮食具有私人产品的外观特性。首先，粮食可以分割。换句话说，粮食可以按数量划分并提供给他人，而不会导致他人承担市场化带来的成本或收益。且粮食消费的总量等于所有粮食消费者的消费总和。其次，粮食具有排他性。换句话说，当一个人消费一部分粮食时，另一人则不能消费该部分粮食。最后，粮食具有竞争性。换句话说，当粮食需求超过一定规模时，增加消费者会增加消费的边际成本。

同时应看到，粮食具有公共物品的特性。公共物品的特性包含四点：第一，粮食是人类生活中的必备品。饱腹是人们最基本的生存需求，人们对粮食的需求是刚性的，因此，必须保证粮食供应，以便人们有精力去从事创造价值的生产活动。第二，粮食是经济稳定发展的基础。由于粮食是劳动力生产和再生产过程中的必需品，因此，粮食的供求状况将不可避免地影响其他产品的生产。如果粮食的供需出现不平衡，则粮食的价格波动将不可避免地影响其他商品的价格。中国改革开放后的几次经济波动均与粮食供应的起伏密切相关。第三，粮食是国家安全的基本保障。要使社会稳定繁荣，国家必须确保有效的粮食供应，否则，粮食危机将影响国家经济和社会的发展与稳定。从公共产品的特性来看，粮食安全兼具非竞争性和非排他性，粮食安全的边际成本接近零。第四，粮食生产质量效益低下。众所周知，粮食的生产活动受许多自然因素的影响，如气候、耕地、水资源等，生产周期越长，则市场价格波动越大，最终粮食的比较利润偏低。仅依靠市场的自发调节来控制谷物等粮食的生产会导致谷物等粮食的价格和产量的大幅增减，导致供求失衡。

可以看出，粮食具有公共和私人产品的二元性属性，是半公共（准公共）产品。由于谷物等粮食是与国民经济和民生有关的特殊产品，不能承受较大的波动和风险，因此必须由政府采取有效的政策措施来纠正市场自发调节机制中的缺陷。为了在粮食供求之间实现基本的平衡并确保粮食安全，必须履行政府作为粮食安全提供者的责任，并使用公共产品的相关政策（例如，增加财政资金的支持）来保障粮食安全。

1.2.5 外部性理论

外部经济也称为外部关系、外部溢出等，是指某一生产商或消费者的生产或消费活动对另一生产商或消费者产生了相关的成本或收益。外部经济分为正外部经济和负外部经济。正外部经济是指使其他成员因消费或生产活动受益而无须为此付出代价的活动，而负外部经济是指其他成员因消费或生产活动蒙受了损失而没有得到补偿的活动。

在城市化、工业化的推进过程中，作为农业产业基础的粮食生产活动在维持粮食供给以及维护生态和自然环境等方面的多功能性日益突出，使粮食生产具备很大的正外部性。粮食生产活动的外部经济效应主要表现在两个方面：一方面，它是指收入效益外溢，特别是工农业相关产品的价格呈现“剪刀差”状态。“剪刀差”表明在农产品，特别是粮食工业产品的交换过程中，大量的产值流入了非农生产部门，工业部门无偿地获得了这部分价值。尽管“剪刀差”是粮食生产活动的结果，但它不包括在粮食的价格中，造成了粮食产业的比较效益偏低。另一方面，是指社会效益外溢，即充足的粮食生产及其产品供应有助于保持国家和社会的安全稳定。粮食安全、生态保护、旅游休闲等都是粮食生产活动的具体功能。虽然它们的经济效益不高，但在维护国家安全和保护人民健康方面发挥着重要作用。尽管农民从生产和销售粮食中获得经济利益，但相对于其为城乡居民带来的丰富粮食、提供优良自然环境、维持国家经济稳定的社会效益而言，其私人收益远远低于社会收益。

假设从事粮食生产活动的农民的私人收益为 VP，也就是粮食产品的市场价格扣除成本。同时，假设粮食生产的社会收益，如粮食安全、社会稳定和生态效应，都是 VS。由于外部经济的存在，农民的私人收益 VP 将低于粮食生产活动所产生的社会收益 VS。粮食生产活动中所产生的私人成本将高于私人收益，但低于社会收益，也就是 $VP < CP < VS$。农民在从事粮食生产活动中，其损失为（CP－VP），其他人获得的收益为（VS－VP），因而产生了正外部效应。根据外部性理论，产生正外部效应的经济实体，应在产品的价格或成本等方面给予适当补偿。如果没有补偿或补偿不合理，则具有正外部效应的经济活动所带来的产品供给将达不到整个社会的最佳供给水平，这不仅仅会影响到该产业的发展，而且还会对粮食相关产业产生影响。

由于粮食生产活动具有很强的正外部效应，无法简单地通过经济标准来度量粮食产业贡献的价值，因此，国家应成为承担粮食安全责任和负责投资的主体，为具有正外部影响的粮食生产活动提供相应的补贴，为粮食生产的核心地区建立相关补偿激励政策，并为地方政府及农民提供保障，弥补他们的利润损失，进而促进粮食发展，确保粮食安全。

1.2.6 诱致性创新理论

在工业化进程中，农业生产方式变得越来越简单，生产过程中所需的劳动力逐渐减少，导致大量的劳动力将转向非农业产业。随着农业劳动力数量下降到刘易斯转折点，从过剩变成了短缺，最终将导致更高的农业劳动力成本。这时，需要引导农业生产活动建立内部改良的新技术体系。速水佑次郎和拉坦的“诱致性技术创新理论”就是针对这种困境而建立的理论体系。

（1）诱致性技术创新理论。1971 年，在《国际农业发展分析》一书中，速水佑次郎和拉坦首次系统地解释了诱致性技术创新理论的机制。所谓“诱致性”的意思是：在市场经济中，为了在原始生产要素价格上涨时继续获得收益，农民将努力节省稀缺的生产要素，即要素相对价格的变动会促使农民寻找新的要素投入，最终达到新的平衡。按照其作用，技术创新分为“省力型”机械技术和“省地型”生物化学技术。“省力型”机械技术是通过促进农业机械化来增加单位工人的产量，进而节省劳动力。这种改进的农业生产方法适用于土地资源较为丰富但缺乏农业劳动力的地区，如美国。“省地型”生物化学技术是利用生化技术改善土壤肥力，开发高产种子，控制农作物的生存环境并提高现有农业资源的质量以增加单位土壤面积的产量，是一项节约土地的技术创新。这类方式适用于土地面积小且农业劳动力相对充足的地区，如日本。最后，为了使技术创新推动农业发展的道路成为现实，有必要让农民个人、政府组织、公司和研究机构等来共同推动。这是因为，要通过技术提高生产率和产出率，科研机构必须首先进行技术创新，而企业必须提高对科研机构研究成果的转化率。采用新技术将不可避免地带来资源禀赋的变化，这要求政府对其变化进行调节。总体而言，诱致性技术创新理论表明，适当的技术进步可以有效地消除农业生产的束缚，并以更先进的形式促进农业发展。

（2）诱致性制度创新理论。1985 年，在《国际农业发展分析》（修订）中，速水佑次郎和拉坦通过分析美国、法国等发达国家农业的发展过程和制度变迁情况，介绍了诱致性制度创新的理论，其中诱因包括资源禀赋和技术。进行制度创新，其原因可以从两个方面来解释：供给和需求。在需求方面，技术进步带来了生产要素的价格变动，进而导致农业经济动态的变化，带来了新的收入来源和收入分割效率。为了提高效率，需要对相关系统进行调整。在供应方面，当前农业生产的整体水平有所提高，理论知识的不断积累以及市场环境日趋成熟完善，导致当前的系统已经不再适合新环境，因此该系统的效率下降，进而引发了针对旧制度的改革。可以看出，对制度创新的需求体现在进一步开发农业的潜在利益上，而对制度创新的供给则是为了降低现有制度体系的运行成本。但是，可诱致性的制度创新并非总能带来良好的结果。从旧制度体系到新制度体系的过渡是非常漫长的。在制度变革过程中，制度创新可能会变成制度上的缺陷，例如，“搭便车”等行为，进而导致制度更新进程缓慢甚至是无济于事。这时，必须进行强制性的制度系统创新，将其作为制度供应的主体。

综上所述，基于诱致性技术系统创新理论，在特定制度系统的环境中，生物、机械技术等创新可以加速农业现代化进程，将其作为新的投入要素，有利于显著提高生产率。

1.3 文献综述

充足稳定的粮食供给，对社会和国家和谐与稳定发展至关重要。因此，粮食安全问题已成为国内外共同关心的问题。目前，已经有一批国内外研究专家对粮食生产问题进行了研究。国外学者主要是对种粮成本核算、粮食种植成本影响因素以及粮食安全等进行了较为全面的研究；国内学者的研究主要集中于种粮成本核算、种粮成本影响因素、种粮成本对粮农收益的影响、种粮成本对粮食安全的影响以及降低种粮成本的对策等方面。

1.3.1 关于种粮成本和收益研究

（1）种粮成本的相关研究。

关于种粮成本的影响因素，国外学者有以下研究。Sasha Hafner

(2003) 系统地计算了全球180多个国家的主要粮食作物（大米、小麦和玉米）成本，并比较了多个国家的粮食作物种植成本。Samapundo等(2007) 分析了温度、水质和自然灾害等方面影响因素对粮食生产成本的影响。研究表明，以上因素会直接影响主要农作物的产出质量，因此，对气候变化、灌溉水质和自然灾害的控制能力水平，也会影响农作物的成本和收益情况。Keith（2008）认为，农田质量、生产效率和增长核算方式是影响主要农产品成本的重要因素[1]。Haiguang等（2015）使用随机函数方法构建了模型，进一步分析了增加的人工机会成本对粮食作物生产的影响[2]。

国内学者对谷物种植成本的讨论包括以下方面：李宪德（2004）比较了中国和意大利的农作物种植成本，发现影响农作物种植成本变化的主要因子包括土地租赁成本、税收成本、人工成本和补贴。曹晔等（2004）认为，自然环境变化、生产要素投入、商业组织经营形式以及政府的支持是影响中国农作物产品价格的重要因素。吴玉鸣（2010）使用中国2008年农村农业投入和产出的横断面数据，分析得出了劳动力和资本投入是中国农村农业产出的最重要决定因素。谭淑豪（2011）通过计量模型分析发现，平均家庭规模很小，地块过于细分，将导致劳动力和土地的成本分别占每吨大米生产可变成本的68%和10%。王淑艳（2013）则认为，如果粮食生产消耗大量原材料，而化肥和石油等要素的价格上涨，那么农业生产的各种原材料的成本就会上升。林大燕和朱晶（2015）通过建立Nerlove模型，从作物种植的基本结构和供给弹性的视角研究了种植结构和种植成本，认为上一期农作物供应能力可能会影响当前时期的农作物供应能力，进而也会影响当前的粮食成本和粮食种植结构[3]。付苒等（2017）在相关调查的基础上分析了山东省小规模和大规模玉米种植的成本和收益。他们认为土地租赁成本阻碍了大规模种植玉米，认为改良玉米的品种、推行机械化和采用先进技术是降低成本的重要手段[4]。于伟等（2018）基于调查数据，在“以市场为导向的收购加补贴”的背景下，分析了吉林省玉米种植的成本和收益。他们认为劳动力成本的影响越发明显，是粮食生产成本的主要影响因素，走集约化生产途径是提高粮食种植收益的有效途径[5]。

同时，国内学者针对粮食种植成本上涨的现状进行了相关研究。李桦等（2003）认为，中国粮食种植成本高是由于化肥使用量在不断增加，而且其利用率较低，外加土地规模小、农资价格高、生产技术落后等因素影响导致的。万劲松（2003）认为，导致种粮成本上升的主要原因是化肥和其他农业生产投入要素的价格逐步上涨，而且近期内减少化肥等材料的投入难度较大。其次是因为较高的水费、农用机器运行成本、土地流转租赁成本以及人工成本。与此同时，规模化经营和优质品种推广的工作进程缓慢。姜长云和张艳平（2009）发现，随着产业经济周期的转变，中国粮食种植成本呈波浪状上升趋势。2004~2008 年，中国粮食种植成本急剧上升的核心原因包括劳动力等生产要素的成本急剧上升。宗义湘和张国梅等（2013）采用成本收益模型分析了中国河北省的小麦种植的成本和收益情况，得出河北省的小麦成本高的原因如下：劳动力雇佣成本、化肥成本以及农用机械设备租赁成本较高[6]。张耀兰和王广玉（2014）使用成本—收益比较方法，发现安徽省小麦种植成本高但收益低的主要原因，具体包括化肥成本、机器操作成本、种子成本、农药成本以及人工成本显著增加[7]。张岩（2018）对比分析了中美大豆的成本数据，他认为中国的大豆价格高而产量低，首要任务是降低大豆的种植成本并提高产量[8]。

（2）种粮收益的相关研究。

国外学者有关粮食种植收入的研究主要包含以下内容。Evenson 和 Gollin（2003）研究表明，尽管粮食作物的多样性可以增加粮食产量，但是粮食价格也将下降。因此，为了使农民受益，粮食成本的减少必须大于粮食价格的减少程度。Cooke（2009）使用了时间序列模型分析了粮食价格的变化，并指出，粮食种植成本与粮食出售价格之间的比较是让生产者受益的标准。当价格大于成本的增加程度时，生产者将受益，否则消费者将受益。Harris（2007）的研究发现，订单价格和订单数量对谷物等粮食作物种植收入的影响是不同的，生产技术水平决定了影响程度的高低。Gross（2014）使用基于谷物种植的成本—效益分析方法计算出 2002~2015 年中国农民种植谷物的年均收入增长达到了 13.26%[9]。Vanlauwe 等（2014）通过粮食种植的成本和收益方面的生产率指数模型分析了非洲小农户的实际成本和收益[10]。

同时，国内学者对种植谷物的收益研究主要包含以下内容。苏博等（2007）利用计量经济学和矢量误差校正（VEC）模型的联合集成理论，研究中国的粮食成本收益与每亩粮食生产成本、农资价格、粮食价格水平和政策扶持之间的相互作用。魏君英和何蒲明（2013）从中国13个粮食主产省选取了面板数据，并使用固定效应模型分析了直接粮食补贴对农民收入的具体影响。回归分析表明，直接谷物补贴对农民收入的影响最小，对收入影响最大的是农资价格，介于之间的是非农业劳动力的工资收入和粮食的市场交易价格[11]。范成方（2014）从成本角度认为成本会影响生产，生产又会影响价格，三者将共同影响收入。此外，他还从价格角度分析认为，价格会影响生产，生产又会影响成本，三者将共同影响收入。梁俊芬和周怀康（2017）使用成本—效益比较法分析了广东地区大米的成本效益状况。分析表明，大米价格的上涨远低于其生产成本，导致大米的收益持续下降[12]。刘强等（2017）认为，大米生产服务（如农业技术服务、农用机械服务、相关金融保险性服务、加工和销售环节服务）在提高种植成本效率和降低生产性成本方面发挥着重要作用。此外，农户接受教育的程度和积累的种植经验也很重要，并且对粮食种植的成本和收益有显著影响[13]。钱加荣和曹正伟（2017）研究了粮食价格扶持政策与粮食种植成本之间的关系，发现政府的价格扶持政策对粮食种植成本的增长起到了一定促进作用，在一定程度上降低了农民种植粮食的收入[14]。

1.3.2 关于粮食储备与粮食价格研究

（1）粮食储备的相关研究。

国外学者关于粮食储备的相关研究包含以下内容。罗伯特等（2004）认为，国家有必要适当地调节粮食价格，粮食储备可以稳定粮食市场，同时对收入会产生重新分配的作用，有助于促进社会更加公平和稳定。他在其研究模型中加入了影响供需曲线变动的因素，以研究稳定粮食储备价格的政策对社会福利的影响，并指出，价格稳定政策的福利可以通过补偿机制来实现。Brown（2008，2009）在他的研究中分析了食品价格的上涨及波动情况，并指出面对粮食和食品价格上涨，我们要做的就是利用有形和虚拟储备来保护粮食市场和种粮农户。George（2008）认为，充足的粮食储备可以确保并通过平衡谷物的供需来解决粮食价格和粮食安全问题[15]。Adam（2012）指出，大多数非洲国家政府采取如粮食储备和贸易之类的政策来稳定粮价，并在盈余季节储备粮食，以确保粮食歉收季节能够实现粮食价格稳定。苏丹的粮食部门在稳定粮价、保障国家粮食安全中发挥着重要作用[16]。Christophe 等（2013）分析并指出，政府将粮食储备作为一项重要的战略措施，以防止由于大宗商品市场的剧烈变化而导致谷物价格急剧上涨，并确保国家粮食安全。研究发现，充足的储备粮食计划和较高的目标定价策略可以更为有效地确保国家粮食安全。粮食储备实际上是反周期战略，通过模型模拟的结果表明，当某国粮食进口量足够大时，区域政策可以稳定全球的粮价。但是，该政策的使用成本要高于周期性粮食券政策的成本，其目标转移成本将直接冲抵掉粮食价格补贴政策发挥的效果[17]。Rada（2014）认为，印度尼西亚通过粮食进口增加了其国内粮食的供给，但增加的粮食供给并不一定是保障粮食安全的唯一方式，印度尼西亚通过消费者购买力（PPP）的提高改善了粮食的供给，而且商品和服务流动性也对保障国家粮食安全起着显著作用[18]。

国内学者关于粮食储备的相关研究则包含以下内容。秦中春（2010）指出，主要粮食储备主体（中央层面储备、地方层面储备和私人的储备）之间可能存在协调不足的问题。因缺乏统一有效的管理机构来负责协调，粮食储备无法有效发挥其保障粮食安全的作用。刘清娟和周慧秋（2011）提出，根据国外粮食研究，建立中国的粮食收储体系应该充分尊重市场发展的规律，发挥市场应有的作用，进而提高粮食社会储备占比。钟甫宁（2011）通过研究发现，粮食储备可以吸收消化粮食生产的波动，确保粮食供应稳定，并稳定粮食市场价格，但是粮食储备在某种程度上延迟了粮食价格信号传递，从而导致了粮食供给缺口的扩大，进而影响了粮食市场价格稳定。宋闽媛（2019）比较了市场主导与政府主导的储备体系后，发现运行机制需要完善的基础设施、健全的规章制度、严格的市场风险检测预警等来保障[19]。

（2）粮食价格的相关研究。

外国学者 Jha（1999）研究了印度农业生产补贴对粮食价格的具体影响，认为农业生产补贴政策对国内粮食价格的稳定和降低是有利的。Brown（2002）认为，中国人口的增长以及耕地的减少，将增加中国对国外粮食和食品的进口依赖，进而会影响到粮食的国际市场价格。同时，国内的学者也对粮食价格开展了一些研究。张明（2012）对生产成本和外部情况分析了粮食产品价格波动的影响因素，提出了对进口高度依赖的产品要加强本土开发，并提出了要改善期货交易市场以稳定农产品价格的建议。具体来说，建议国内的期货市场进行整合，再接轨国际期货市场，并研究期货价格传递机制，以加强对国内外农产品期货交易价格的预警机制。熊晓欣（2013）则从粮食安全视角，即能源、期货、汇率等多个方面，研究了国际粮食交易价格波动的影响因素。刘旭（2013）研究认为，要保证10亿亩永久粮田的底线，须充分利用科学技术，发挥各种生产资源的效用，要不断提高粮田的单产，稳健地实现粮食增产，进而有效地确保国家粮食安全。杜丽永和蔡志坚（2014）在研究中指出，短期内粮食价格变化的主要原因是金融投机和粮食储备系统，因此它会影响粮食安全[20]。刘召全（2014）则认为，粮食的生产成本是影响粮价波动的主要因素之一。另外，粮食种植和生产的要素的价格上涨时，如种子、肥料、土地和工人工资等，也会增加粮食成本。因此，当需求恒定且成本增加导致供给发生变化时，粮食的价格和产量也将发生变化。杨磊（2014）研究指出，影响粮食安全的因素还包括耕地、水、气候、技术、消费结构与方式、贸易等。

1.3.3 关于粮食安全水平评价研究

国外学者关于粮食安全水平评价的研究主要包含以下内容。Brian（2012）研究指出，近年来，全球人口增长和耕地面积的减少，气候的巨大变化和恶劣天气频繁发生，人们对于粮食消费结构的升级以及生物能源的开发，均是粮食安全的影响因素，导致全球粮食出现短缺等情况的可能性加大。Nonhebel（2012）在研究中预测，到2030年，全球谷物的需求将增加到55亿吨，这将给全球粮食安全带来更大压力[21]。Kadir 等（2013）建立了一个基于模糊逻辑的粮食安全评价体系，由粮食的产出、生产以及该国经济增长三个输入指标组成，运用该评价体系对1988~2008年英国谷物数据进行了实证分析，并进行了实证检验，得出了确实存在粮食安全风险，且预测了不久将出现粮食供应压力的区域和地区[22]。为了解决粮食安全问题，Kleshchevskiy 等（2014）开发了一种用于粮食安全评估的平衡计分卡，并比较和分析了 FAO 专家和俄罗斯联邦政府当局采用的粮食安全评估方法。Rosen 等（2015）讨论了采用 IFSA 模型来评估粮食供应情况并且得出结论。根据经济研究局（ERS）结果分析显示，在76个国家中，粮食不安全指标和全球整体粮食安全指标都下降了[23]。

相较而言，国内学者对粮食安全状况的评价研究可以归纳为三类：单一指数判断、多指标项目评价和综合判断。

单一指数评估意味着使用单一指数来描述和评估粮食安全状况。罗孝玲和张妤（2006）认为，由供给短缺或供给过剩引起的中国独特的粮食安全问题可以传递到粮食价格中。因此，中国的粮食安全是根据最终价格比率和方差确定的粮食价格来定义的。姜长云（2014）认为，粮食自给自足可以更好地表明粮食安全状况，同时还可以进行国际比较。根据日本和韩国的经验，中国的小麦和大米自给自足率可以达到95%以上，且玉米的自给自足率将超过90%，能够保证粮食的基本安全。

随着学者对粮食安全概念的不断增强和系统化，不少学者根据粮食安全的定义从各个角度选择指标来反映粮食安全的具体状况。吕新业和王济民（2004）使用五个指标评估了粮食安全，分别是产量变化指数、粮食的储备率、粮食自给自足率、粮食人均产量以及低收入群体的粮食保障情况。李玉平等（2008）使用耕种的压力指数和粮食品种多样化作为衡量粮食安全的细化指标以评估中国粮食安全。付青叶和王征兵（2010）评估了中国的粮食安全，选取的具体指标包括粮食处于不安全的人口占比、粮食安全的风险指数和耕地的压力指数。王国敏等（2013）提出了更为全面的粮食安全评估体系，该体系包括粮食产业的生产、分配、交换以及消费的全领域。杨建利和雷永阔（2014）充分考虑了可持续发展的理念，从数量安全、质量安全、资源安全以及生态安全等方面构建了粮食安全评估体系。

另外有部分学者将综合管理评估方法应用于粮食安全评估。丁守海（2008）使用简单的平均方法，通过使用粮食生产波动指数、粮食自给率、粮食储备率、人均粮食份额和粮食需求的波动指数等指标来衡量粮食安全水平。研究发现，2007年的安全水平相对较高。经济学家智囊团（EIU）于2012年使用以下三个方面的50多个评价指标发布了全球食品安全指数（GFSI），三项指标分别是经济和金融准入（Affordability and Financial Access）、充足性（Availability）及食品质量和安全性（Food Quality and Safety），并对全球107个国家的粮食产业进行了评估。姚成胜等（2015）使用熵值系数法将权重分配给粮食安全评估的各个指标，对其进行加权并进行汇总，以获得粮食安全水平指数。结果表明，粮食的生产性资源投入对于维护粮食安全特别重要。

1.3.4 关于降低种粮成本、保障粮食安全对策研究

(1) 降低种粮成本的相关研究。

关于如何降低种粮成本，国外学者进行了以下研究。Yusra 和 Haq (2011) 研究认为，改善农业生产的废弃物的再使用可以有效降低农业生产成本。Maria 和 Magdalena (2014) 比较了南非与莫桑比克的农业劳动力成本，并认为可以通过利用相对廉价的劳动力获取在粮食生产中的成本优势。Keith (2008) 认为，影响农产品成本的重要因素包括耕地质量和从事农产品生产的劳动生产效率。国内相关研究有以下几个方面。李春海 (2005) 认为，有必要依靠农业技术进步来降低农产品生产的单位成本；为促进以农业为基础的结构调整的专业分工而获得比较优势，建议采用降低农业投入成本和提高农业生产资源利用效率的方法。邓琨 (2013) 研究了粮食种植所付出的物质与服务费用以及人工成本。他认为，降低粮食种植成本的关键手段是提高种植技术，技术会带来粮食单位产量的增加，进而可以大大减少粮食单位资本投入和人工成本投入。同时，农技可以大大提高农业劳动的生产率，这是有效降低粮食种植成本的重要途径。范成方和史建民 (2014) 认为应该积极推广节约物质资料投入的先进技术、节省机器运营成本和节水的技术，要积极培育新的经营主体，带动规模化和专业化的粮食生产模式[24]。张耀兰和王光宇 (2014) 提出要改善投入结构，推广规模种植，提高技术依赖，增加财政支持和投资，以降低安徽省小麦的种植成本并增加小麦种植的经济效益。黄季焜和杨军 (2014) 认为有必要增加科学技术投入来增加产量，并达到降低单位生产成本的效果；通过扩大生产经营规模，降低农业生产成本以外的其他支出，达到减少人工成本的效果[25]。陈伟 (2017) 根据山东滨州地区玉米种植的成本和收益情况，分析了其现状和趋势，认为玉米种植成本的减少和收益的增加需要加大农业基础设施建设的投入，还需要降低土地流转租赁成本，进一步提高种植资源的利用率，改善种植结构并增加种植补贴[26]。刘泽莹和韩一军

(2020) 分析了过去10年以来稻谷、小麦与玉米这三种主要粮食作物的成本变化，研究发现劳动力、土地、化肥和机械等主要生产成本持续上升，导致农民的粮食种植收入减少，进而促使农民要么减少粮食种植面积，要么直接放弃粮食种植而转向非农就业[27]。他们建议从保障供给转向可持续的绿色种植模式，从小且分散的运营转向适度规模经营方式。

(2) 保障粮食安全的相关研究。

国外学者关于如何保障粮食安全进行了如下研究。舒尔茨等 (1991) 将粮食安全的根本影响因素归结为政府出台的粮食相关政策，并认为只有在政府实施了有效的农业支持政策情况下，才能充分地保障国内粮食供应，进而确保粮食安全。Christiansen 等 (2009) 认为，政府应采取措施加快粮食的生产和发展，例如，提高国内粮食产能、加大对农田水资源管理的投入，这些都是保证粮食安全的重要措施。Dawson (2016) 预测，人口的快速增长和全球性气候变化是造成粮食危机的主要因素，并且如果缺乏技术创新、育种或贸易等措施进行干预，则到2050年全世界无法得到粮食充足供应的人口规模将达到31%[28]。AKTAS (2017) 关注减少食物浪费对于保障粮食安全的重要性，他还认为减少食物的浪费对于粮食产业可持续性也很重要[29]。

国内学者关于保障粮食安全则进行了如下研究。黄季焜等 (2014) 指出，确保粮食安全需要不断增加对粮食产业的技术投资，要改善贸易环境，要鼓励粮食工业的创新，并建立有效的保障机制。卢瑞雪和刘瑞涵 (2015) 对北京春季玉米的种植成本和收益进行了调查，发现农民面临的问题包括规模化程度低、机械化率低、生产效率低以及生产意愿普遍不强等。在此基础上，提出了一些建议，即通过增加北京春季玉米的生产能力来保护种植者的热情，以促进大规模土地流转和管理，确保粮食安全[30]。王立权等 (2016) 认为，需要采取多种方法来协同发挥作用，缓解粮食安全问题。有必要通过结合现有农田保护政策，从环境保护的视角出发，有效地支持农民改善种植的总体结构，并降低种植成本。通过推动农民采取更完善的种植结构，确保农业生产的总体质量以增加种植的总体收益，并为国家粮食产业发展和粮食安全提供良好环境。蒋和平和王大为 (2017) 提出了“友好型粮食”的基本概念。他们认为，无论是提高粮食的整体生产质量还是提高粮食生产的整体效率，都需要结合先进的技术和环保方面的措施，全面为粮食生产提供发展基础，进而实现粮食增产的目标，有效地解决粮食安全问题[31]。

1.3.5 文献评述

根据以上的研究可知，关于粮食的种植成本与收益的研究文献很多，研究成果非常丰富，而且大多数研究集中于定性分析种植成本的变化，以及比较分析种植成本的优势。

关于种粮成本影响因素方面的研究也较为丰富，尤其是国内学者的研究不乏创新观点。综合已有文献发现，影响种粮成本的因素包括：耕地质量、工人的劳动效率、废弃物再利用率、种子和化肥补贴、杀虫剂等农药用量、单位播种面积、受灾面积、年均气温和年均降水等。

许多国家的政府始终非常重视粮食安全。从现有研究来看，学者们普遍认为减少耕地面积、劳动力向非农转移、人们对粮食消费的结构变化、粮食用于生物能源的趋势、食品加工的发展、全球极端气候、贸易环境的变化等都是能够影响到粮食安全的重要因素。

此外，粮食储备和粮食价格也颇受关注。一些学者研究了粮食价格波动的性质和影响，以找出价格波动的原因，并提出解决这些问题的政策建议；一些学者重点关注粮食价格的稳定性及其变化后对福利效应的影响；一些学者关注粮食宏观调控的价格目标、主要措施和成本；一些学者关注实施粮价调控政策的有效性；还有一些学者从目标、规模、区域分布和效率等方面研究粮食储备问题，其中关于确定粮食储存目标和计算储存量尚存在争议。

但现有研究仍存在一些弊端：

首先，研究视角相对单一。在分析和比较粮食成本和收益时，学者大多是从物质成本和服务成本的角度出发，将家庭劳动力对劳动力成本的折价和自有土地对土地成本的折价视为机会成本，它们不被认为是主要的影响因素。并且大多数研究角度都比较了主要作物，如稻谷、小麦和玉米，很少有将各省的粮食种植成本和收益进行比较研究。国际比较方面，仅有少数比较中美主要粮食作物成本收益情况。关于粮食储备、粮食价格和粮食安全的研究，大多仅研究某一方面，将三者相互结合在一起的研究相对较少。

其次，在研究方法上，有许多定性分析，而定量研究则较少。在研究种植成本和收益时，大多数学者仅使用 SPSS 和 EViews 软件对成本和收益的影响因素进行回归分析。对粮食储备、价格及粮食安全水平的研究因数据获取较为困难，所以缺乏实证分析。对粮食储备的研究目前仍处于理论水平，缺乏丰富实践指导。对粮食安全水平的评估研究更多地集中在粮食数量方面的安全上，而对粮食质量方面和生态环境方面，以及经济和资源等方面的安全，关注不多。

最后，关于降低种粮成本、保障粮食安全对策建议的可操作性不强且关注的点基本相同。学者大多从以下几方面讨论，如技术创新、农资成本、种植结构调整、规模化经营、基础设施投资、政府财政支持等方面。更重要的是，大多数学者提出的对策建议处于宏观层面，缺乏实际调查的基础，可能导致政策难以真正发挥效果。

1.4 研究思路和方法

1.4.1 研究思路

本书按照“理论基础——现状研究——原因分析——影响分析——难题剖析——经验借鉴——对策研究”的逻辑开展研究，研究的主要内容共包含八章，具体研究技术路线参见图 1－1。

1.4.2 研究方法

本书依据农业经济学、成本收益、公共物品等理论，运用对比分析方法、计量模型分析、多元统计分析、综合评价法等定量分析方法，力求做到严谨准确。主要方法如下：

（1）文献研究法。查阅国内外文献，获取国内外在该领域的主要研究、最新研究动态、前沿聚焦的问题以及学者们争论的焦点。

（2）调查研究法。通过对黑龙江、江西、山东等粮食主产省的种粮农

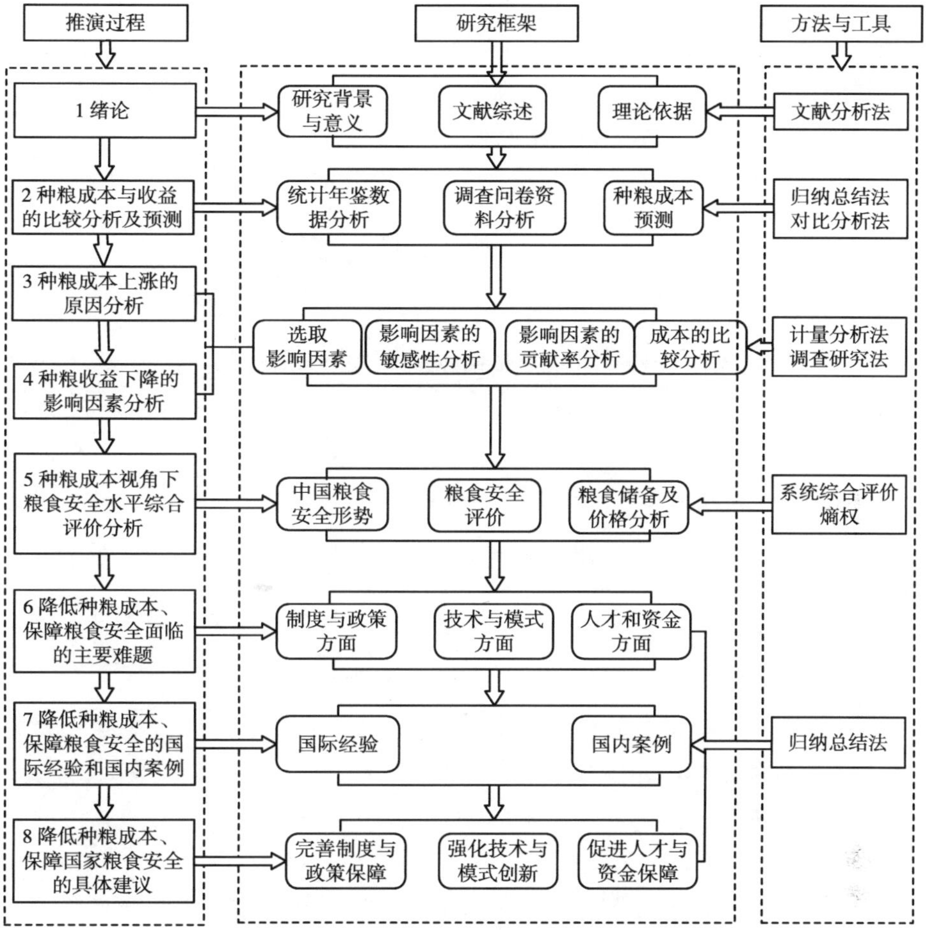

图 1－1 研究技术路线

户进行走访调查和问卷调查，从多角度分析主产区粮食种植的现状，深入挖掘种粮成本数据和降低种粮成本面临的主要难题。

（3）统计分析方法。通过历年《中国农村统计年鉴》《全国农产品成本收益资料汇编》以各省区市的统计年鉴、其他相关统计资料，进行数据的整理，得到全国及各省区市与种粮成本、收益和产量的相关统计数据。

（4）比较分析法。本书第二部分对种粮成本进行粮食主产省省域间和国际间比较分析，以期总结出种粮成本的优势与差距。

（5）计量经济学模型法。采用单位根检验，联合综合检验和贡献率分析方法对影响粮食种植成本的因素进行综合定量分析。VAR 模型方法用于实证分析得到种植成本和收益之间的关系。

（6）系统综合评价方法。从种粮成本视角，用系统综合评价方法、熵权法对粮食安全进行系统综合评价。

本章主要参考文献

[1] Keith O. Fuglie. Is a Slowdown in Agricultural Productivity Growth Contributing to the Rise in Commodity Prices?. Agricultural Economics, 2008 (39): 431 -441.

[2] Haiguang H , Xiubin L I , Huiyuan Z , et al. Impact of the opportunity cost of farming labor on the agricultural land marginalization [J]. Journal of Arid Land Resources & Environment, 2015 (3): 50 -56.

[3] 林大燕，朱晶．从供应弹性的视角看我国主要农作物种植结构变化原因 [J]. 农业技术经济，2015 (1): 33 -41.

[4] 付苒，胡元峰，张春庆．2016 年山东省玉米种植成本收益分析 [J]. 农业展望，2017，13 (7): 37 -41.

[5] 于伟，孟祥萍，张学锋．2005 ~ 2016 年吉林省玉米种植成本收益变动趋势分析 [J]. 吉林农业，2018 (24): 44 -45.

[6] 宗义湘，张国梅，杨永明．2004 ~ 2010 年河北省小麦生产环节的成本收益分析 [J]. 贵州农业科学，2013 (4): 188 -190.

[7] 张耀兰，王光宇，孔令聪，等．安徽省小麦生产成本收益分析 [J]. 中国农业资源与区划，2014 (4): 116 -120.

[8] 张岩．中国大豆发展现状分析 [J]. 天津农林科技，2018 (6): 39 -41.

[9] Gross L H , Erickson J D , Méndez, V. Ernesto. Supporting Rural Livelihoods and Ecosystem Services Conservation in the Pico Duarte Coffee Region of the Dominican Republic [J]. Journal of Sustainable Agriculture, 2014, 38 (9): 1078 -1107.

[10] Vanlauwe B, Coyne D, Gockowski J , et al. Sustainable intensifica-

tion and the African smallholder farmer [J]. Current Opinion in Environmental Sustainability, 2014 (8): 15 – 22.

[11] 魏君英，何蒲明. 粮食直接补贴政策对农民收入影响的实证研究 [J]. 长江大学学报 (自科版), 2013, 10 (29): 68 – 70.

[12] 梁俊芬，周怀康. 广东稻谷生产成本收益比较分析 [J]. 中国稻米, 2017, 23 (1): 60 – 64.

[13] 刘强，杨万江，孟华兵. 农业生产性服务对我国粮食生产成本效率的影响分析——以稻谷产业为例 [J]. 农业现代化研究, 2017, 38 (1): 8 – 14.

[14] 钱加荣，曹正伟. 我国粮食价格支持政策与生产成本关系研究——基于面板 Granger 因果检验分析 [J]. 价格理论与实践, 2017 (3): 86 – 88.

[15] George Athanasiou, Iasson Karafyllis, Kotsios. Price stabilization using buffer stoeks [J]. Journal of Economic Dynamies and Control, 2008 (32): 1212 – 1235.

[16] Adam, E., Ahmed, Sawsan, M., Abdelsalam, Khalid, H. A. Siddig. Do grain reserves necessarily contribute to prices stability and food security in Sudan? An assessment. Journal of the Saudi Society of Agricultural Sciences, 2012 (11): 143 – 148.

[17] Christophe Gouel. Food Price Volatility and Domestic Stabilization Policies in Developing Countries [J]. NBER Working Paper, 2013, (18934): 1 – 49.

[18] Rada N. Indonesian Agricultural Growth Leads to Increased Trade and Food Security [J]. Amber Waves, 2010 (2): 4.

[19] 宋闽媛. 基于粮食安全的福州粮食储备管理研究 [D]. 福州: 福建农林大学, 2019.

[20] 杜丽永，蔡志坚. 全球粮食价格波动的影响因素分析——以小麦为例 [J]. 农林经济管理学报, 2014, 13 (4): 384 – 392.

[21] Nonhebel, S. Global food supply and the impacts of increased use of bio – fuels [J]. Energy, 2012, 37 (8): 115 – 121.

[22] Kadir M K A, Hines E, Qaddoum K, et al. Food Security Risk Level

Assessment: A Fuzzy Logic - based Approach [J]. Applied Artificial Intelligence, 2013, 27 (1): 50 - 61.

[23] Rosen S, Meade B. International Food Security Assessment: Past Progress and Prospects through 2025 [J]. American Political Science Review, 2015, 67 (4): 390 - 1401.

[24] 范成方，史建民．基于 Holt - Winters 及趋势—ARMA 组合模型的粮食种植成本预测分析——以山东省玉米、小麦为例 [J]. 中国农业资源与区划，2014，35 (3): 45 - 51.

[25] 黄季焜，杨军．玉米科技进步及其对玉米和其他主要农产品的供需影响 [J]. 农林经济管理学报，2014，13 (2): 117 - 123.

[26] 陈伟．滨州市玉米种植的成本与收益研究 [J]. 农业开发与装备，2017 (10): 64.

[27] 刘泽莹，韩一军．乡村振兴战略下粮食供给面临的困境与出路 [J]. 西北农林科技大学学报（社会科学版），2020，20 (2): 10 - 18.

[28] Dawson T P, Perryman A H, Osborne T M. Modelling Impacts of Climate Change on Global Food Security [J]. Climatic Change, 2016, 134 (3): 429 - 440.

[29] AKTAS, E. Can We Be More Food Secure? [J]. Logistics & Transport Focus, 2017, 19 (10): 27 - 29.

[30] 卢瑞雪，刘瑞涵，王俊英，等．北京春玉米生产经营现状分析——基于 9 区县的调查 [J]. 北京农学院学报，2015 (1): 115 - 117.

[31] 蒋和平，王大为．农业供给侧结构性改革下我国粮食产业的发展思路与方向 [J]. 价格理论与实践，2017 (2): 13 - 18.

2 中国种粮成本与收益的比较及预测

2.1 种粮成本变动及比较分析

2.1.1 全国种粮成本变动分析

粮食生产的总成本主要包括物质与服务费用、人工成本和土地成本三大部分。根据 2005 ~2019 年《全国农产品成本收益资料汇编》①，2004 ~2018 年三大主粮的平均总成本逐渐上升，由 395.45 元/亩上升到 1093.77 元/亩，涨幅达 176.59%，年均增长 7.54%。

粮食总成本变化可通过总成本构成加以体现。由图 2.1 可知，在总成本中，2013 ~2016 年人工成本占比最高，其余时间段都是物质与服务费用占主导地位，故近 15 年来，种粮总成本的变化趋势和物质与服务费用的变化趋势基本一致。2004 ~ 2018 年物质与服务费用呈稳步上升趋势，由 200.12 元/亩上升到 449.55 元/亩，涨幅达 124.64%，年均增长 5.95%。人工成本在 2004 ~2015 年期间以年均 11.05% 的高速增长率涨至 447.21 元/亩，达到近 15 年的最高点，之后逐渐回落。2004 ~ 2018 年人工成本由 141.26 元/亩上升到 419.35 元/亩，年均增长率为 8.08%。土地成本 2004 ~

① 资料来源：全国农产品成本收益资料汇编［DB/OL］. EPS 数据平台/中国农产品成本收益数据库。另外，本书除另加注外，数据均来自《全国农产品成本收益资料汇编》。

2016 年以 12.5% 的年均增长速度上升到 222.27 元/亩，2017 年有小幅度下降，随后又上升至 224.87 元/亩，2004 ~ 2018 年土地成本由 54.07 元/亩上升到 224.87 元/亩，年均增长率 10.72%。从总量看，物质与服务费用和人工成本均高于土地成本。但是从增长速度来看，人工成本和土地成本均高于物质与服务费用，其中土地成本的增长率最高。

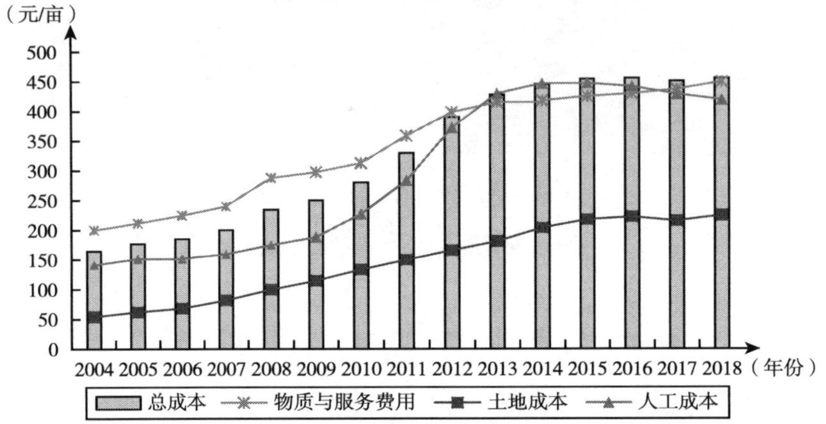

图 2.1　2004 ~ 2018 年中国三大主粮成本构成及年均成本

数据来源：《全国农产品成本收益资料汇编》（2005 ~ 2019 年）。

2.1.2　三大主粮种植成本变动分析

（1）种植总成本变动情况。

稻谷、小麦和玉米是中国三大主要粮食作物，据国家统计局数据显示，从 2012 年起，三大主粮的产量之和占全国粮食总产量的 90% 以上。因此，本书重点分析三大主粮的成本收益变动情况。

由图 2.2 可知，2004 ~ 2018 年三大主粮的平均成本不断增长。具体来看，稻谷总成本在 2004 年是 454.64 元/亩，到 2018 年提升至 1223.64 元/亩，平均每年增长 7.33%。小麦种植成本在 2004 年是 355.92 元/亩，到 2018 年提升至 1012.94 元/亩，平均每年增长 7.76%。玉米种植成本在 2004 年是 375.7 元/亩，到 2018 年提升至 1044.82 元/亩，平均每年增长 7.58%。综上可知，三大主粮的总成本在近 15 年的增长速度相近。

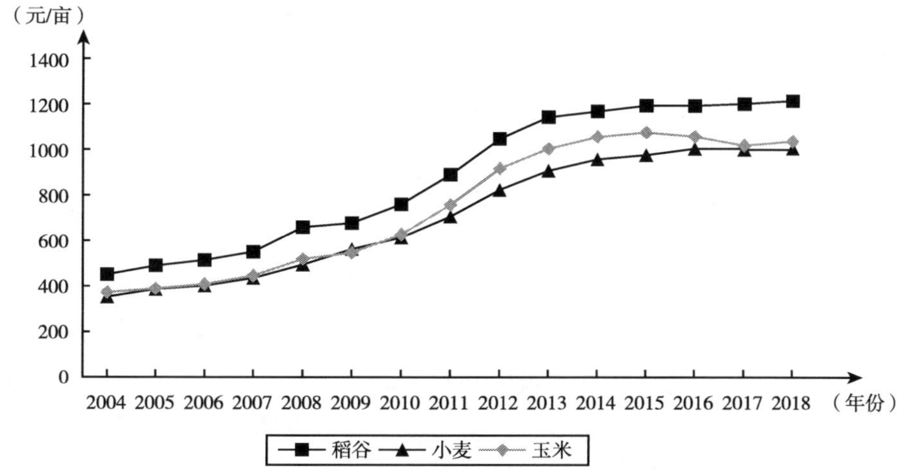

图 2.2 2004～2018 年三大主粮种植总成本变动情况

数据来源：《全国农产品成本收益资料汇编》(2005～2019 年)。

(2) 物质与服务费用变动情况。

在粮食种植生产过程中，必要的物质和服务费用投入是保障粮食安全的基础。为了具体分析 2004 年以后中国粮食生产过程中的物质与服务费用的使用情况，本书采用 2005～2019 年《全国农产品成本收益资料汇编》数据，经过计算整理后对三大主粮种植过程中直接费用和间接费用进行详细分析。

一是直接费用分析。粮食生产过程中的直接费用包括种子费、化肥费、农家肥费、农药费、农膜费、机械作业费、租赁作业费、灌溉费、水费、蓄力费、技术服务费、工具材料费、修理维护费等。为分析三大主粮直接费用中的主要构成项目在 2004～2018 年的变化趋势，本书选取主要构成项目在 2004～2018 年占直接费用比重的平均值，分析其对直接费用的影响程度。

表 2.1 全国 2004～2018 年三大主粮直接费用构成平均占比 单位：%

	种子	化肥	农家肥	农药	农膜	机械作业	排灌
稻谷	10.52	31.02	2.38	11.86	1.16	30.29	5.91
小麦	14.69	37.73	3.86	4.21	0.01	28.80	8.14
玉米	14.67	42.29	4.16	4.17	1.25	23.45	5.17

数据来源：《全国农产品成本收益资料汇编》(2005～2019 年)。

如表2.1所示，三大主粮的种子、化肥、农家肥、农药、农膜、机械作业和排灌和农膜等费用之和在直接费用中的占比均超过了90%，其中稻谷为93.12%，小麦为97.43%，玉米为95.15%。2004～2018年，化肥费在三大主粮的直接费用中占比最大，其中稻谷为31.02%，小麦为37.73%，玉米为42.29%；排在第二位的是机械作业费，其中稻谷为30.29%，小麦为28.80%，玉米为23.45%，化肥费和机械作用费之和在三大主粮的直接费用中占比均高于60%；农家肥、农膜、农药和排灌费占比都很小，其中农膜费占比最小，稻谷和玉米的占比分别为1.16%和1.25%，小麦的仅为0.01%，几乎可以忽略不计。

此外，根据直接费用中各个费用的占比相似性和性质相容性，本节在三大主粮直接费用分析过程中，将农膜费和种子费合并为种子农膜费，化肥费和农家肥费合并为肥料费。根据近15年全国农产品成本收益数据，在全国三大主粮直接费用构成中，种子农膜费、肥料费、农药费、机械作业费和排灌费是直接费用的主要构成部分，2004～2018年这些费用的稻谷、小麦、玉米的平均总占比分别为93.12%、97.43%、95.15%，因此本节选取种子农膜费、肥料费、农药费、机械作业费和排灌费五个指标来分析近15年来三大主粮直接费用的变动情况。

稻谷的直接费用主要构成项目情况如图2.3所示。2004～2018年三大主粮的直接费用不断增长，由200.41元/亩上升到490.48元/亩，涨幅达144.74%，年均增长率6.6%。从直接费用的构成情况来看，2004～2011年肥料费在直接费用中占比最大，但随着机械化程度的不断提高，2012～2018年占比最大的变为机械作业费，肥料费排在第二位。2004～2018年机械作用费快速增长，由32.68元/亩上升到190.86元/亩，涨幅达484.03%，年均增长13.43%，在直接费用构成中上涨速度最快。种子农膜费和农药费2004～2018年一直保持不断增长的态势。种子农膜费由2004年的19.7元/亩上升到2018年的67.8元/亩，涨幅达244.16%，年均增长率9.23%；农药费由2004年的22.22元/亩增长到2018年53.6元/亩，涨幅达141.22%，年均增长率6.49%。由于种子农膜费的涨幅和年均增长率大于农药费，所以在2011年种子农膜费高于农药费的基础上，2011～2018年种子农膜费一直超过农药费。排灌费没有较大波动，由2004年的18.34元/亩，上升到2018年的20.69元/亩，涨幅 12.81%，年均增长率为 0.86%，涨幅和年均增长率相对其他直接费用构成来说变化最小。

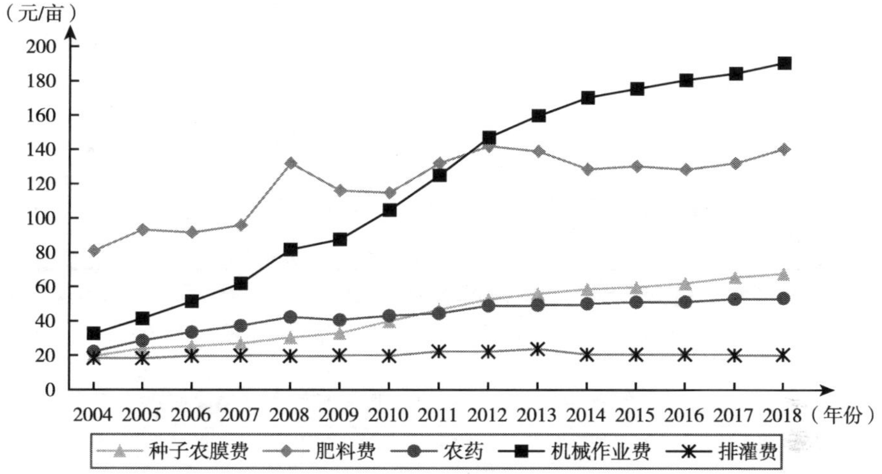

图 2.3　全国 2004～2018 年稻谷直接费用主要构成情况

数据来源：《全国农产品成本收益资料汇编》（2005～2019 年）。

小麦的直接费用主要构成项目情况如图 2.4 所示，2004～2018 年全国小麦的直接费用保持不断增长态势，由 2004 年的 179.32 元/亩上升到 2018 年的 438.94 元/亩，涨幅达 144.78%，年均增长率 6.6%。从小麦的直接费用的构成情况来看，2004～2018 年肥料费出现两次较大的起伏，但总体呈增长态势，由 2004 年的 77.82 元/亩上升到了 2018 年的 171.42 元/亩，涨幅达 120.28%，年均增长率达 5.8%。机械作业费近 15 年一直保持快速增长态势，由 2004 年的 43.22 元/亩上升到 2018 年的 138.29 元/亩，其年均增长率达 8.66%，增长率为最高。种子农膜费和农药费近 15 年来保持平缓增长态势，种子农膜费从 2004 年的 25.8 元/亩上升到了 2018 年的 70.72 元/亩，涨幅达 174.11%，年均增长率 7.47%；农药费从 2004 年的 6.82 元/亩增长到 2018 年 23.39 元/亩，涨幅高达 242.96%，年均增长率达 9.2%。全国小麦排灌费在近 15 年的呈波动式上涨，从 2004 年 17.41 元/亩，到 2018 年 28.51 元/亩，涨幅 63.76%，年均增长率为 3.59%，所有小麦直接费用的主要构成项目中，排灌费变化最小。

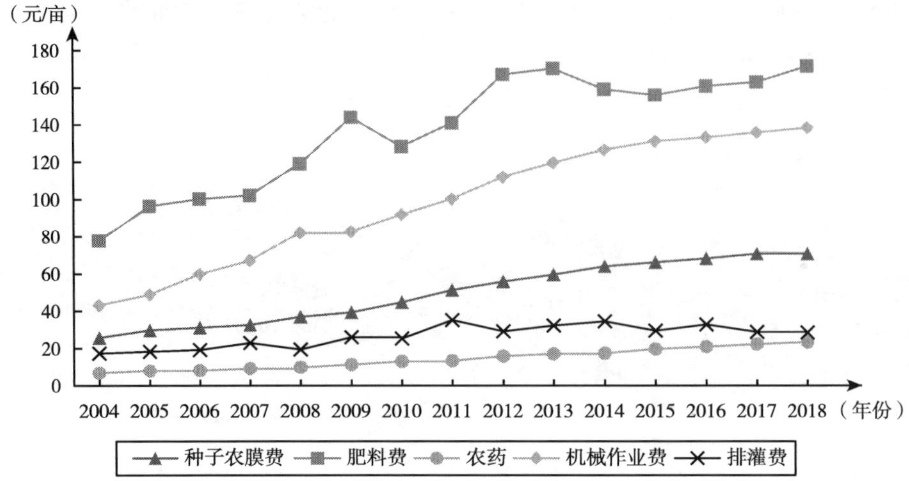

图 2.4 全国 2004~2018 年小麦直接费用主要构成情况

数据来源：《全国农产品成本收益资料汇编》（2005~2019 年）。

玉米的直接费用主要构成项目情况如图 2.5 所示，2004~2018 年全国玉米的直接费用保持不断增长的态势，由 2004 年的 154.82 元/亩上升到 2018 年的 371.62 元/亩，涨幅 140.03%，年均增长率 6.45%。从玉米的直接费用的构成情况来看，2004~2018 年肥料费呈波动增长态势，由 2004 年的 85.28 元/亩上升到了 2018 年的 150.59 元/亩，涨幅达 76.58%，年均增长率达 4.15%。2004~2018 年机械作业费一直保持快速增长的态势，由 2004 年的 18.85 元/亩上升到了 2018 年的 117.27 元/亩，年均增长率达 13.95%，其增长率最高。2004~2009 年种子农膜费保持平缓增长态势，2009~2013 年增长速度加快，到 2013 年又保持较平缓的增长速度，从 2004 年的 22.57 元/亩上升到了 2018 年的 60.23 元/亩，涨幅达 166.86%，年均增长率 7.26%。2004~2018 年农药费的增长率仅次于机械作业费，从 2004 年的 5.62 元/亩增长到 2018 年的 17.12 元/亩，涨幅高达 204.63%，年均增长率达 8.28%。排灌费与农药费近 15 年的增长较平缓，排灌费从 2004 年的每亩 9.27 元，到 2018 年的每亩 17.41 元，涨幅 87.81%，年均增长率为 4.6%。

二是间接费用分析。粮食生产过程中的间接费用包括固定资产折旧、保险费、管理费、财务费、销售费等。如图 2.6 所示，2004~2018 年三大主粮的间接费用总体变化态势基本一致，先下降后上升。2004~2008 年稻

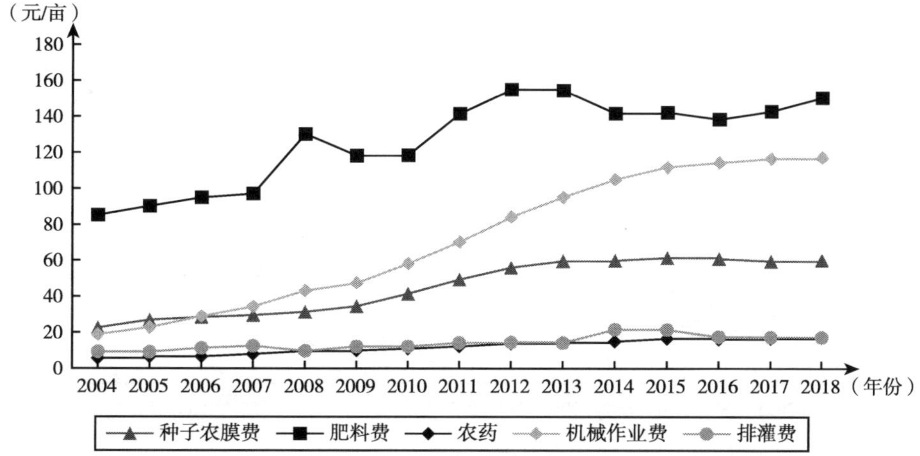

图 2.5 全国 2004~2018 年玉米直接费用主要构成情况

数据来源：《全国农产品成本收益资料汇编》（2005~2019 年）。

谷的间接费用先急剧下降，后缓慢下降，由 2004 年的 25.83 元/亩下降到 2008 年的 8.51 元/亩，跌幅 203.53%，2009~2018 年稻谷的间接费用保持稳步增长的态势，由 2009 年的 10.22 元/亩上升到 2018 年的 24.19 元/亩，涨幅 136.69%，年均增长率达 10.05%，其涨幅和年均增长率是三大主粮中最高的。2004~2007 年小麦和玉米的间接费用变化态势与稻谷相似，先急剧下降，后缓慢下降，小麦的间接费用由 2004 年的 20.9 元/亩下降到 2007 年的 4.21 元/亩，玉米的间接费用由 2004 年的 18.95 元/亩下降到 2007 年的 4.96 元/亩，玉米跌幅为 396.44%，小麦的跌幅为 282.06%。2008~2018 年小麦和玉米的间接费用保持稳步增长的态势，小麦由 2008 年的 4.41 元/亩上升到 2018 年的 11.31 元/亩，涨幅 156.46%，玉米由 2008 年的 5.32 元/亩上升到 2018 年的 12.14 元/亩，涨幅 128.2%。总体看来，中国三大主粮的间接费用增长速度较快。

（3）人工成本变动情况。

在粮食生产过程中离不开人工成本投入，农户在种粮时所花费的时间和付出的劳动都是人工成本。根据《全国农产品成本收益资料汇编》中的定义，人工成本是指粮食种植过程中耗费的所有劳动力成本的总和，包括家庭用工折价和雇工费用两部分。本节将具体分析 2004~2018 年三大主粮的人工成本变动情况。

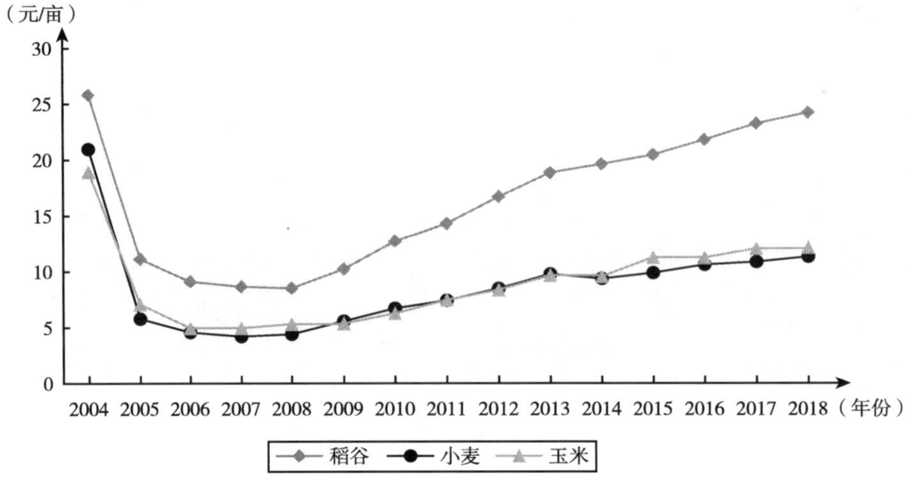

图 2.6　2004～2018 年三大主粮的间接费用变动情况

数据来源：《全国农产品成本收益资料汇编》（2005～2019 年）。

如表 2.2 所示，稻谷的人工成本与其中的家庭用工折价变化态势基本一致，2004～2015 年快速增加，2015～2018 年持续下降，涨幅明显大于跌幅，总体呈增长态势。人工成本从 2004 年的 171.44 元/亩上升到 2018 年的 473.85 元/亩，涨幅 176.39%，年均增长率 7.53%；家庭用工折价从 2004 年的 150.29 元/亩上升到 2018 年的 402.38 元/亩，涨幅 167.74%，年均增长率 7.29%。家庭用工折价在人工成本占比较大，近 10 年平均占比 86.6%。雇工费用在 2014 年有微小回落，其余年份均呈现增长趋势，总体呈稳步增长态势，从 2004 年的 21.15 元/亩上升到 2018 年的 71.47 元/亩，涨幅 237.92%，年均增长率达 9.09%。雇工费用在人工成本的占比相对较小，近 10 年平均占人工成本比重 13.4%。整体而言，稻谷的人工成本增长态势强劲，其中家庭用工折价占据主导地位。

表 2.2　全国 2004～2018 年三大主粮人工成本变动情况　单位：元/亩

指标	稻谷			小麦			玉米		
年份	人工成本	家庭用工	雇工费用	人工成本	家庭用工	雇工费用	人工成本	家庭用工	雇工费用
2004	171.44	150.29	21.15	111.84	109.05	2.79	140.49	128.64	11.85
2005	184.54	162.49	22.05	121.34	118.73	2.61	148.38	138.92	9.46

续表

指标 年份	稻谷			小麦			玉米		
	人工成本	家庭用工	雇工费用	人工成本	家庭用工	雇工费用	人工成本	家庭用工	雇工费用
2006	186.33	163.93	22.40	119.61	115.93	3.68	149.94	140.61	9.33
2007	194.35	168.30	26.05	124.72	120.99	3.73	159.78	147.92	11.86
2008	214.65	181.87	32.78	133.19	130.03	3.16	176.98	162.86	14.12
2009	226.82	191.90	34.92	145.64	142.75	2.89	192.61	178.39	14.22
2010	266.58	225.83	40.75	178.83	172.43	6.40	235.10	220.35	14.75
2011	327.96	282.32	45.64	225.68	219.80	5.88	295.49	276.28	19.21
2012	426.62	373.13	53.49	291.40	284.20	7.20	398.40	370.22	28.18
2013	489.31	430.78	58.53	343.78	333.54	10.24	455.37	426.97	28.40
2014	500.67	442.31	58.36	364.77	353.70	11.07	474.68	446.40	28.28
2015	508.59	447.72	60.87	364.39	352.40	11.99	468.72	447.17	21.55
2016	495.34	433.05	62.29	370.99	358.81	12.18	458.10	433.13	24.97
2017	482.93	415.50	67.43	361.87	348.02	13.85	441.20	417.66	23.54
2018	473.85	402.38	71.47	350.76	337.01	13.75	433.52	411.80	21.72

数据来源：《全国农产品成本收益资料汇编》（2005～2019年）。

小麦的人工成本从2004年的111.84元/亩上升到2018年的350.76元/亩，涨幅213.63%，年均增长率8.51%；家庭用工折价从2004年的109.05元/亩上升到2018年的337.01元/亩，涨幅209.04%，年均增长率为8.39%；2004～2018年雇工费用呈波动式增长态势，从2004年的2.79元/亩上升到2018年的13.75元/亩，涨幅高达392.83%，年均增长率达12.07%。总的来看，小麦人工成本增长速度较快，其中雇工费用涨幅是家庭用工折价的1.88倍，长期来看，小麦人工成本增长势头在未来一段时间依然强劲。

玉米人工成本从2004年的140.49元/亩上升到2018年的433.52元/亩，涨幅208.58%，年均增长率8.38%；家庭用工折价费用从2004年的128.64元/亩上升到2018年的411.8元/亩，涨幅220.12%，年均增长率为8.67%；2004～2018年雇工费用呈波动式增长态势，从2004年的11.85元/亩上涨到2018年的21.72元/亩，年均增长率为4.42%。

通过以上成本变动分析可以得出以下结论：小麦的人工成本增长速度最快，年均增长率8.51%，其次是玉米增长率为8.38%，最后是稻谷增长率为7.53%。家庭用工折价在三大主粮人工成本的比重占主导地位，三大主粮的人工成本在近15年的变化态势基本一致，均呈先上升再缓慢下降的趋势。

（4）土地成本变动情况。

土地是粮食生产所需的必要资源，本节要分析的三大主粮的土地成本是指在种植三大主粮的过程中平均每亩使用土地所需的费用，根据实际情况可将其分为流转地租金和自营地折租。

如表2.3所示，2004～2018年稻谷的土地成本、流转地租金和自营地折租均呈现持续增长态势，土地成本从2004年的56.96元/亩上升到2018年的235.12元/亩，涨幅312.78%，年均增长率10.66%；流转地租金从2004年的7.64元/亩上升到2018年的63.47元/亩，涨幅高达730.76%，年均增长率16.33%；自营地折租从2004年的49.32元/亩上涨到2018年的171.65元/亩，年均增长率为9.32%。自营地折租与流转地租金的比值由2004年的6.46：1缩短至2018年的2.7：1，流转地租金年均增长率是自营地折租的约1.75倍。

表2.3　全国2004～2018年三大主粮土地成本变动情况　单位：元/亩

指标／年份	稻谷			小麦			玉米		
	土地成本	流转地租	自营折租	土地成本	流转地租	自营折租	土地成本	流转地租	自营折租
2004	56.96	7.64	49.32	43.8	3.47	40.33	61.44	6.77	54.67
2005	66.32	9.56	56.76	51.92	2.27	49.65	67.82	5.58	62.24
2006	76.69	12	64.69	54.6	2.35	52.25	73.45	5.57	67.88
2007	84.88	13.6	71.28	68.88	3.67	65.21	91.18	6.47	84.71
2008	109.04	17.27	91.77	86.67	4.52	82.15	103.16	8.48	94.68
2009	122.53	20.13	102.41	103.88	4.7	99.18	117.44	9.09	108.35
2010	141.43	26.77	114.66	121.45	6.76	114.69	136.95	12.57	124.38
2011	159.68	32.58	127.1	129.27	7.04	122.23	160.29	13.62	146.67
2012	174.97	36.36	138.61	142.35	10.71	131.64	181.24	18.35	162.89
2013	193.28	44.11	149.17	153.85	13.97	139.88	196.96	20.76	176.2
2014	206.08	52.23	153.85	181.33	21.1	160.23	224.41	24.04	200.37
2015	214.84	53.82	161.02	199.68	26.6	173.08	238.78	28.82	209.96
2016	221.94	57.4	164.54	206.92	27.97	178.95	237.94	30.16	207.78
2017	229.31	59.47	169.84	207.12	29.22	177.9	210.3	26.51	183.79
2018	235.12	63.47	171.65	211.93	30.74	181.19	227.54	29.65	197.89

数据来源：《全国农产品成本收益资料汇编》（2005～2019年）。

2004～2018年小麦的土地成本、流转地租金和自营地折租总体保持持续增长，土地成本和自营地折租的变化态势相似，2004～2015年快速增长，2015～2018年的增长速度放缓。土地成本从2004年的43.8元/亩上升到2018年的211.93元/亩，涨幅383.86%，年均增长率11.92%；自营地折租从2004年的40.33元/亩上涨到2018年的181.19元/亩，年均增长率为11.33%。流转地租金2004～2009年平缓增长，2009～2018年增长速度加快，从2004年的3.47元/亩上升到2018年的30.74元/亩，涨幅785.88%，年均增长率高达16.86%。自营地折租与流转地租金的比值由2004年的11.62∶1缩小至2018年的5.89∶1。

2004～2018年玉米的土地成本和自营地折租变化态势基本一致，2004～2015年快速增长，2015～2017年出现较大程度回落，2018年恢复增长态势。玉米的土地成本从2004年的61.44元/亩上升到2018年的227.54元/亩，涨幅270.35%，年均增长率9.8%；自营地折租从2004年的54.67元/亩上升到2018年的197.89元/亩，年均增长率9.62%。2004～2018年流转地租金总体呈稳步上升态势，从2004年的6.77元/亩上升到2018年的29.65元/亩，涨幅337.96%，年均增长率11.13%。

根据对三大主粮的土地成本变动分析可知，2004～2018年小麦的土地成本增长速度最快，其次是稻谷，最后是玉米，年均增长率分别为11.92%、10.66%、9.8%。稻谷、小麦和玉米的土地成本占比中都是自营地折租比重最大。此外，三大主粮的流转地租金费和自营地折租都在不断上涨，未来土地成本可能会迅猛增加。

2.1.3 粮食主产区种粮成本比较分析

根据《全国农产品成本收益资料汇编》，选取粮食主产区省份2009～2018年的数据进行平均计算。其中粮食主产区种粮成本主要选取总成本、物质与服务费用、人工成本、土地成本指标，具体分析如下。

一是种粮总成本比较分析。如图2.7所示，近10年来，中国粮食主产区稻谷平均总成本为1056.73元/亩。其中，主产区有6个省低于全国平均水平，江西总成本最低，每亩总成本为904.97元；其次为湖南，每亩总成本为936.3元；再次是湖北，每亩总成本为950.13元。河北每亩高达

1746.53 元，高出全国平均水平 65.28%，为平均总成本最高的主产省；辽宁和内蒙古次于河北居二三位，平均总成本分别为 1362.79 元/亩和 1308.88 元/亩。近 10 年来，小麦平均总成本为每亩 862.56 元，主产区有 4 个省低于全国平均水平，黑龙江为最低，每亩总成本为 547.96 元，比全国平均水平低 314.6 元；其次是湖北，每亩总成本 633.78 元；内蒙古每亩总成本 1046.23 元，高出全国平均水平 21.29%，为平均总成本最高主产省级行政区。近 10 年来，全国玉米平均总成本为每亩 916.87 元，有两个省的每亩总成本过千元，即居最高的吉林和居第二的四川，分别为 1011.67 元/亩和 1007.35 元/亩；有 8 个省低于全国平均水平，安徽为主产区最低，每亩总成本 731.66 元，比全国平均水平低 25.31%。

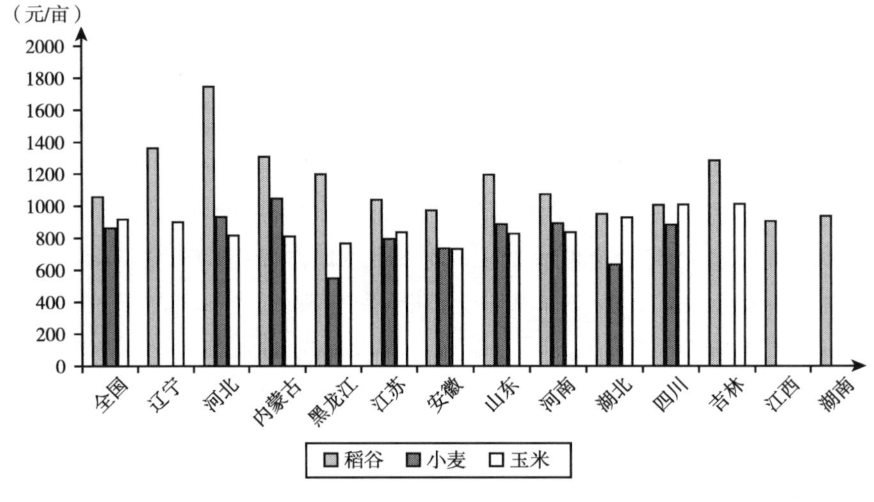

图 2.7　2010~2019 年全国粮食主产区稻谷、小麦和玉米年均总成本

数据来源：《全国农产品成本收益资料汇编》（2010~2019 年）。

二是物质与服务费用比较分析。据前面表 2.1 可看出，在三大主粮种植生产过程中，种子费、肥料费（化肥和农家肥）、农药费、机械作业费和排灌费的总和在物质与服务费用中占比高达 90% 以上。因此本节选取种子费、肥料费、农药费、机械作业费和排灌费来分析主产区三大主粮的物质与服务费用。

全国粮食主产区稻谷的物质与服务费用主要构成情况如图 2.8 所示，近 10 年来，全国稻谷平均物质与服务费为每亩 446.94 元，除安徽、河南、湖北、四川、江西和湖南6个主产省份稻谷的物质与服务费用低于全国平均值外，其他稻谷主产省份的物质与服务费用都高于全国平均值。其中四川省的物质与服务费用最低，为每亩322.54元，比全国平均水平低124.4元；河北的物质与服务费用最高，为每亩596.27元，高出全国平均水平149.33元。稻谷物质与服务费用中，主产区有5个省的种子费超过全国平均水平，其中内蒙古最高，为每亩65.94元；湖北次之，为每亩63.53元。各省种植稻谷的农药费与种子费相差不大，有6个省份的农药费高于全国平均水平，其中最高为江苏，每亩农药费为77.13元；其次是山东，为每亩61.94元。北方地区排灌费较高，辽宁、河北、内蒙古、黑龙江、山东和吉林的排灌费居主产区前列，其中河北最高，每亩排灌费119.53元；内蒙古次之，为每亩107.62元。南方地区的排灌费用较低，安徽、湖北、四川、江西和湖南的排灌费均不到每亩20元；湖南最低，为每亩7.87元。肥料费和机械作业费占物质与服务费用比重较大。辽宁、河北、内蒙古、黑龙江、安徽、吉林、湖南的机械作业费超过全国平均水平，其中辽宁机械作业费为每亩216.69元，高于全国平均水平63.97元，位列第一；黑龙江机械作业费为每亩205.79元，仅次于辽宁；四川和山东的机械作业费则较低，分别为每亩74.47元和100.65元。稻谷种植中肥料费全国平均为每亩130.44元，山东稻谷种植中肥料费最高，每亩为205.1元，比全国平均

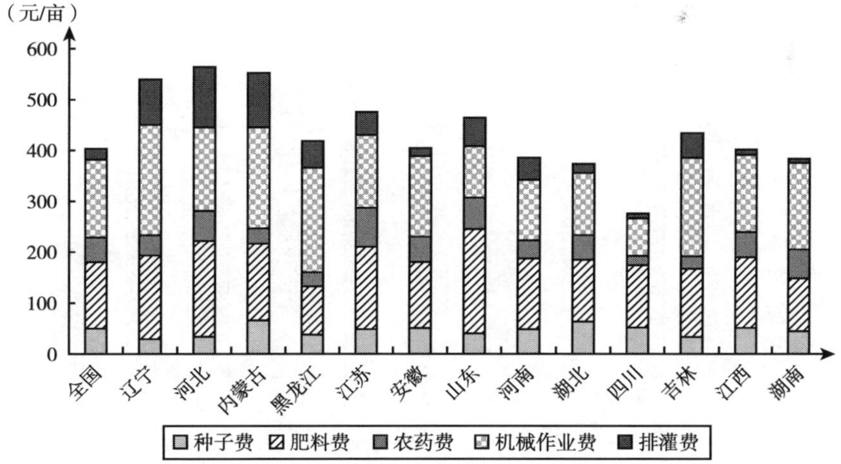

图2.8 全国粮食主产区稻谷的物质与服务费用主要构成情况

数据来源：《全国农产品成本收益资料汇编》（2010～2019年）。

水平高出 74.66 元/亩，黑龙江的肥料费在全国最低，为每亩 94.72 元，其中有 6 个省的肥料费位于 120 ~ 140 元。

全国粮食主产区小麦的物质与服务费用主要构成情况如图 2.9 所示，全国小麦平均物质与服务费用为每亩 396.97 元，粮食主产区中剔除非小麦种植的省份，剩余 9 个省份。除黑龙江、安徽、江苏、湖北、四川 5 个主产省份小麦的物质与服务费用低于全国平均值外，其余 4 个省份小麦的物质与服务费用都高于全国平均值，其中四川的物质与成本费用最低，为每亩 229.08 元，比全国平均水平低 167.89 元/亩。小麦物质与服务费用中，主产区有 6 个省的种子费超过全国平均水平，其中内蒙古最高，为每亩 99.04 元，黑龙江次之，为每亩 80.88 元。主产区每亩的农药费基本维持在 20 元以内，只有两个省份超过每亩 20 元，即位列第一的江苏和位列第二的河南，分别为每亩 31.86 元和每亩 21.92 元。黑龙江和湖北基本无排灌费，河北、内蒙古和山东的排灌费较高，分别为每亩 65.61 元、79.08 元和 42.51 元。河北、安徽、山东和河南的机械作业费超过全国平均水平，其中山东机械作业费为每亩 140.71 元，高出全国平均水平 23.54 元，位列第一；河北机械作业费为每亩 122.94 元，仅次于山东居第二；四川机械作业费最低，为每亩 55.6 元。小麦种植中肥料费全国平均为每亩 156.08 元，山东小麦种植中肥料费最高，为每亩 181.70 元，高出全国平均水平 25.62

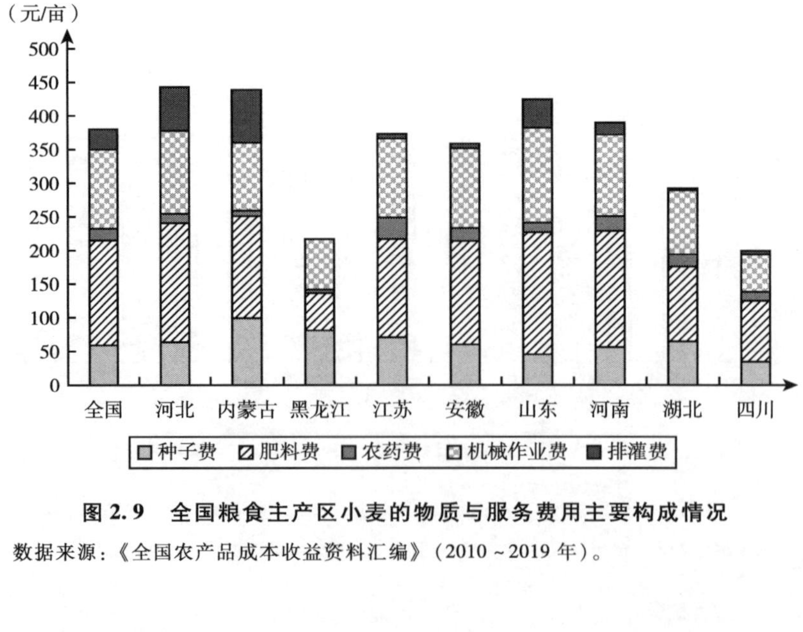

图 2.9　全国粮食主产区小麦的物质与服务费用主要构成情况

数据来源：《全国农产品成本收益资料汇编》（2010 ~ 2019 年）。

元；黑龙江的肥料费在全国最低，为每亩 55.33 元；四川和湖北处于一个较低水平，分别为每亩 90.03 元和每亩 111.42 元。

全国粮食主产区玉米的物质与服务费用主要构成情况如图 2.10 所示，全国玉米平均物质与服务费用为每亩 338.36 元，粮食主产区中剔除非玉米种植的省份，剩余 11 个省份。内蒙古、山东和吉林玉米的物质与服务费用高于全国平均值。玉米的物质与服务费用中，各个主产区的种子费相差不大，每亩在 45 ~ 55 元，最高是辽宁每亩为 55.2 元，最低河北每亩为 43.17 元。农药费基本维持在每亩 20 元以内。大部分省份排灌费为个位数，河北、内蒙古、山东、河南排灌费用较高，分别为每亩 25.67 元、35.05 元、25.83 元和 18.18 元。肥料费和机械作业费所占比例较大。吉林机械作业费为每亩 126.01 元，高出全国平均水平 33.95 元，位列第一；黑龙江机械作业费为每亩 117.03 元，位列第二；四川、湖北、江苏等地的机械作业费则较低，原因是受地势地形、技术普及、规模化变化影响较大，机械化水平低。玉米种植中肥料费全国平均为每亩 140.41 元，山东玉米种植中肥料费在全国遥遥领先，每亩为 165.12 元，高出全国平均水平 24.71 元；黑龙江的肥料费在全国最低，为每亩 107.11 元；河北、内蒙古、江苏、安徽、河南和四川的肥料费在每亩 120 ~ 140 元。

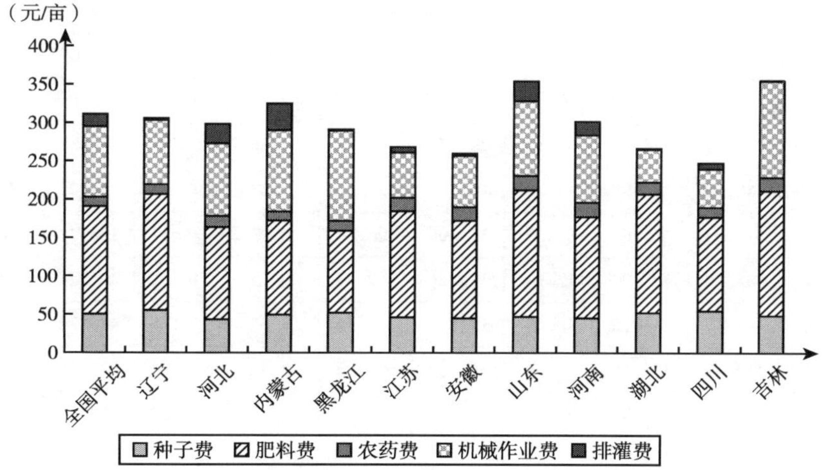

图 2.10　全国粮食主产区玉米的物质与服务费用主要构成情况

数据来源：《全国农产品成本收益资料汇编》（2010 ~ 2019 年）。

三是人工成本比较分析。全国粮食主产区三大主粮的人工成本构成如表 2.4 所示。近 10 年以来，全国稻谷平均人工成本为每亩 419.87 元，主产区有 5 个省份高于全国平均水平，分别是河北（每亩 625.83 元）、山东（每亩 510.93 元）、河南（每亩 505.34 元）、四川（每亩 582.82 元）和吉林（每亩 432.39 元）。黑龙江人工成本最低，为每亩 303.1 元。人工成本中，家庭用工折价费用占比较大。全国家庭用工折价平均值为每亩 364.49 元，主产区有 4 个省份超过全国平均水平，居第一位的是四川，为每亩 553.49 元；第二位是河北，为每亩 463.48 元；第三位是山东，为每亩 421.61 元；黑龙江人工成本最低的主要原因是家庭用工折价费用较低，为每亩 132.54 元。黑龙江的雇工费用却是粮食主产区中最高的省份，为 170.56 元/亩。

表 2.4　　全国粮食主产区三大主粮的人工成本构成情况　　单位：元/亩

全国/省域 \ 指标	稻谷			小麦			玉米		
	人工成本	家庭用工	雇工费用	人工成本	家庭用工	雇工费用	人工成本	家庭用工	雇工费用
全国	419.87	364.49	55.38	299.81	290.27	9.55	385.32	362.84	22.48
辽宁	407.08	302.81	104.27	—	—	—	303.26	260.95	42.30
河北	625.83	463.48	162.35	316.12	315.92	0.20	342.86	339.17	3.69
内蒙古	379.75	263.22	116.53	356.00	279.33	76.66	244.91	214.09	30.82
黑龙江	303.10	132.54	170.56	40.96	0.19	40.77	192.06	163.07	28.99
江苏	341.80	296.99	44.81	209.69	202.43	7.26	369.41	368.38	1.03
安徽	350.10	300.97	49.12	192.92	191.25	1.67	297.58	297.02	0.56
山东	510.93	421.61	89.32	304.64	304.31	0.33	329.11	328.48	0.64
河南	505.34	393.00	112.34	278.26	269.13	9.13	310.62	306.71	3.91
湖北	401.39	361.22	40.17	199.13	185.44	13.69	500.36	488.25	12.11
四川	582.82	553.49	29.34	560.34	557.92	2.42	630.91	622.96	7.95
吉林	432.39	333.01	99.37	—	—	—	333.32	263.11	70.21
江西	325.22	307.79	17.43	—	—	—	—	—	—
湖南	355.46	313.97	41.49	—	—	—	—	—	—

数据来源：《全国农产品成本收益资料汇编》（2010～2019 年）。

全国小麦平均人工成本为每亩299.81元。粮食主产区中剔除非小麦种植的省份，剩余9个省份。主产区有4个省份高于全国平均水平，分别是河北（每亩316.12元）、内蒙古（每亩356元）、山东（每亩304.64元）和四川（每亩560.34元）。黑龙江人工成本最低，为每亩40.96元，比全国平均水平低258.58元；江苏、安徽和湖北的人工成本在主产区处较低水平，约为每亩200元。全国小麦家庭用工折价平均值为每亩290.27元，主产区有3个省份超过全国平均水平，居第一位的是四川，为每亩557.92元；居第二位的是河北，为每亩315.92元；居第三位的是山东，为每亩304.31元；黑龙江的家庭用工折价最低，每亩仅为0.19元。从雇工费用来看，内蒙古的雇工费用最高，每亩为76.66元，远远超过其他省份，是全国平均水平的8.03倍；黑龙江次之，每亩为40.77元。而河北、山东等基本没有雇工费用，每亩均低于1元，另外，江苏、安徽、河南和四川等每亩雇工费用都在1~9.5元。

全国玉米平均人工成本为每亩385.32元，粮食主产区中剔除非玉米种植的省份，剩余11个省份。主产区仅有两个省份高于全国平均水平，分别是湖北（每亩500.36元）和四川（每亩630.91元），其中四川高出全国平均水平245.59元/亩。黑龙江人工成本最低，每亩为192.06元，近乎为全国平均水平的一半。全国家庭用工折价平均值为每亩362.84元。从主产区省份来看，主产区有3个省份超过全国平均水平，分别是江苏、湖北和四川，而内蒙古和黑龙江的家庭用工折价较低。在雇工费用中，吉林玉米生产雇工费用最高，为每亩70.21元，是全国平均水平的3.12倍，远远超过其他省份；安徽、山东等农村人口多的省份基本没有雇工费用，范围在0~1元；另外，河北、江苏、河南和四川的雇工费用都为个位数，范围在1~10元，远远低于全国平均水平。

四是土地成本比较分析。全国粮食主产区稻谷的土地成本构成如表2.5所示，近10年，全国稻谷平均土地成本为每亩189.92元，主产区有5个省份超过全国平均水平，分别是辽宁、河北、内蒙古、黑龙江和吉林。其中，河北的土地成本最高，为每亩524.44元，高出全国平均水平334.52元。在自营地折租费用中，河北最高，每亩为413.99元，是全国平均水平的2.85倍；第二位和第三位分别是辽宁（349.38元/亩）和吉林（326.68元/亩）；四川为土地成本较低省份，每亩为95.97元。全国稻谷平均土地流转地租金为每亩 44.63 元，黑龙江为全国最高，每亩为 234.5 元；河北和内蒙古分别排第二位和第三位，分别为每亩 110.44 元和 56.33 元；山东几乎无流转地租金，每亩仅为 1.21 元；四川也较低，为每亩 5 元，远低于全国平均水平。

表 2.5　　全国粮食主产区三大主粮的土地成本构成情况　　单位：元/亩

指标 全国/省域	稻谷			小麦			玉米		
	土地成本	流转地租	自营折租	土地成本	流转地租	自营折租	土地成本	流转地租	自营折租
全国	189.92	44.63	145.29	165.78	17.88	147.90	193.19	21.36	171.83
辽宁	387.77	38.39	349.38	—	—	—	256.06	23.35	232.71
河北	524.44	110.44	413.99	159.29	3.16	156.14	163.02	3.24	159.79
内蒙古	339.04	56.33	282.70	239.12	16.61	222.51	210.60	19.29	191.31
黑龙江	418.49	234.50	183.98	224.65	224.65	—	270.03	63.40	206.63
江苏	187.19	52.11	135.07	181.98	47.77	134.22	175.55	24.42	151.13
安徽	175.41	39.71	135.70	166.75	24.37	142.38	160.63	21.51	139.13
山东	170.10	1.21	168.88	142.32	1.02	141.30	130.87	0.96	129.91
河南	169.06	20.18	148.88	220.51	29.57	190.94	219.33	28.72	190.61
湖北	127.59	12.69	114.90	118.34	7.95	110.39	113.86	5.44	108.42
四川	100.97	5.00	95.97	93.45	2.14	91.31	92.57	1.87	90.70
吉林	378.35	51.67	326.68	—	—	—	305.98	39.84	266.15
江西	142.65	14.00	128.65	—	—	—	—	—	—
湖南	150.20	17.49	132.72	—	—	—	—	—	—

数据来源：《全国农产品成本收益资料汇编》（2010～2019 年）。

全国小麦平均土地成本为 165.78 元/亩，粮食主产区中剔除非小麦种植的省份，剩余 9 个省份。主产区有 5 个省份超过全国平均水平，分别是内蒙古、黑龙江、江苏、安徽和河南。其中，内蒙古的土地成本为主产区最高，为每亩 239.12 元，高出全国平均水平 73.34 元。河北、内蒙古和河南的自营地折租高于全国平均水平，其中内蒙古最高，为每亩 222.51 元，是全国平均水平的 1.5 倍；第二位和第三位分别是河南（190.94 元/亩）和河北（156.14 元/亩）；黑龙江无自营地折租；四川较低，为 91.31 元/亩。全国小麦平均土地流转地租金为每亩 17.88 元，黑龙江、江苏、安徽和河南的土地流转地租金超过了全国平均水平。其中，黑龙江为全国最高，即每亩 224.65 元；江苏和河南分别位列第二和第三，每亩分别为 47.77 元和 29.57 元；山东、四川和河北的土地流转地租金较低，每亩分别为 1.02 元、2.14 元和 3.16 元。

全国玉米平均土地成本为每亩 193.19 元，粮食主产区中剔除非玉米种植的省份，剩余 11 个省份。主产区有 5 个省份超过全国平均水平，分别是辽宁、内蒙古、黑龙江、河南和吉林。其中，吉林的土地成本为主产区最高，为 305.98 元/亩，每亩高出全国平均水平 112.8 元。辽宁、内蒙古、黑龙江、河南和吉林的自营地折租高于全国平均水平，其中吉林最高，为每亩 266.15 元，是全国平均水平的 1.55 倍，居第二位和第三位的分别是辽宁（232.71 元/亩）和黑龙江（206.63 元/亩），即东北三省的自营地折租在全国处于较高位置。全国玉米平均土地流转租金为每亩 21.36 元，其中辽宁、黑龙江、江苏、安徽、河南和吉林的土地流转租金超过了全国平均值，黑龙江为每亩 63.4 元，居全国最高；吉林和河南分别位列第二和第三，每亩分别为 39.84 元和 28.72 元。

2.1.4 中美种粮成本比较分析

中美两国农作物成本核算体系因其不同的国情、农情而存在一定的差异。美国农作物成本核算体系包括作物生产的运营成本和分摊费用两部分，其中，运营成本包含种子费、肥料费、农药费等投入品费用以及作业费、燃料动力费、修理费、排灌费、作业资本利息等方面；分摊费用包含雇工费用、家庭劳动（未付费劳动）机会成本、固定资产折旧、土地机会成本（地租）、税金与保险费以及农场生产经营过程中产生的管理费等。

中美农作物成本核算体系之间的差异不利于中美种植成本的比较研究与分析，故对两者成本指标进行相应调整，使两者具有更好的可比性。按照《全国农产品成本收益资料汇编》中提供的成本核算体系，本章将中美的核算体系拆分合并，如表 2.6 所示，将种植总成本分为直接费用、间接费用、人工成本和土地成本 4 项。

表 2.6　　中美两国粮食生产总成本构成

国家	中国	美国
直接费用	种子费、化肥及农家肥费、农药费、机械作业与畜力费、排灌费、燃料动力费、技术服务费、工具材料费、维护修理费	种子费、肥料费、农药费、作业费、排灌费、燃料动力费、修理费、利息
间接费用	固定资产折旧、保险费、管理费、财务费、销售费	固定资产折旧、税金和保险费、综合管理费
人工成本	家庭用工折价、雇工费用	家庭劳动机会成本、雇工费用
土地成本	流转地租金、自营地折租	土地机会成本

一是直接费用比较分析。中美两国稻谷的直接费用及其占总成本比重如图 2.11 所示，在中美稻谷种植的直接费用中，美国的直接费用高于中国，然而中国的增长速度迅猛，从 2004 年的 177.62 元/亩到 2018 年的 481.69 元/亩，涨幅达 171.19%，美国涨幅较小，从 2004 年的 448.72 元/亩到 2018 年的 571.65 元/亩，涨幅 27.4%，从趋势来看，未来中国的稻谷种植直接费用可能超过美国。中美两国的直接费用在总成本所占比重变化不大，中国稻谷种植的直接费用在总成本占比平均约为 40.74%，而美国的直接费用在总成本中占比平均为 54.54%，高于中国。

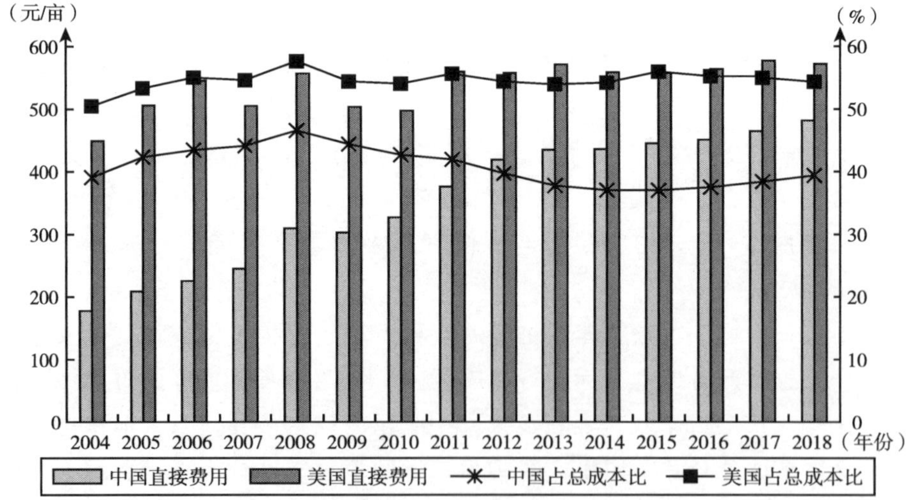

图 2.11　中美两国稻谷的直接费用及占总成本比重

数据来源：《全国农产品成本收益资料汇编》（2005～2019 年）。

如图 2. 12 和图 2. 13 所示，在直接费用的构成中，中国占比排名前五位的分别是肥料费（33. 92%）、机械作业费（33. 88%）、农药费（12. 26%）、种子（11. 47%）、排灌费（5. 8%），而美国排名前五位的分别是燃料动力费（22. 72%）、肥料费（19. 92%）、农药费（16. 24%）、作业费（15. 73%）、种子费（13. 9%）。中国的种子、肥料和农药的总占比为 57. 65%，美国的种子、肥料和农药的总占比为 50. 07%，且美国的机械化种植相关成本占比较大。

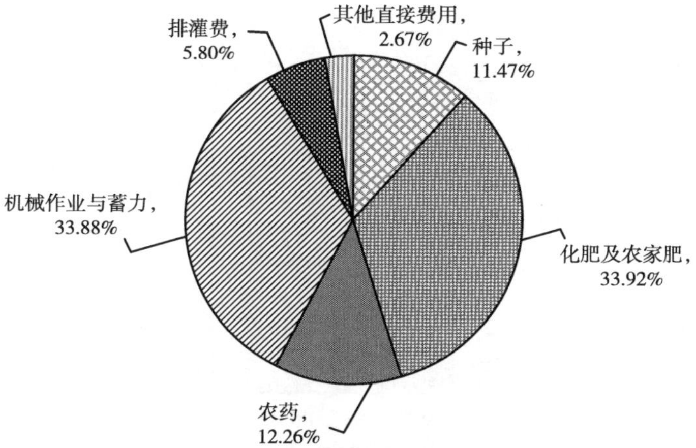

图 2. 12　中国稻谷的直接费用结构情况

数据来源：《全国农产品成本收益资料汇编》（2005～2019 年）。

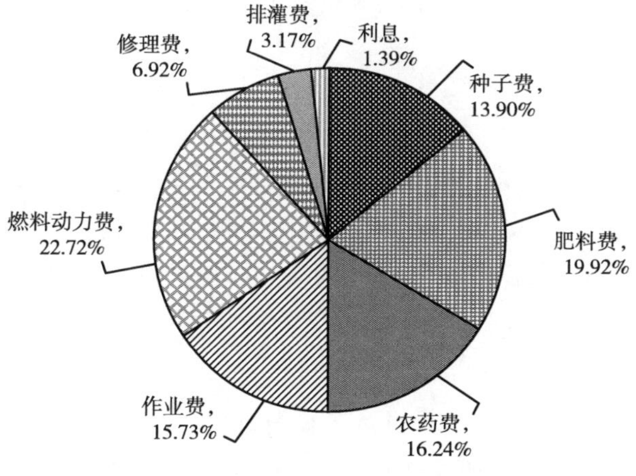

图 2. 13　美国稻谷的直接费用结构情况

数据来源：《全国农产品成本收益资料汇编》（2005～2019 年）。

中美两国小麦的直接费用及占总成本比重如图 2.14 所示，在中美小麦种植的直接费用中，中国的直接费用高于美国，且中国的直接费用增长速度迅猛，从 2004 年的 174.64 元/亩到 2018 年的 437.91 元/亩，涨幅为 150.75%；美国涨幅较小，从 2004 年的 96.6 元/亩到 2018 年的 118.22 元/亩，涨幅为 22.38%。从趋势来看，未来中美两国小麦种植的直接费用差值可能变大。中国小麦种植的直接费用在总成本中平均占比约为 47.94%，美国小麦种植的直接费用在总成本中平均占比约为 39.82%。

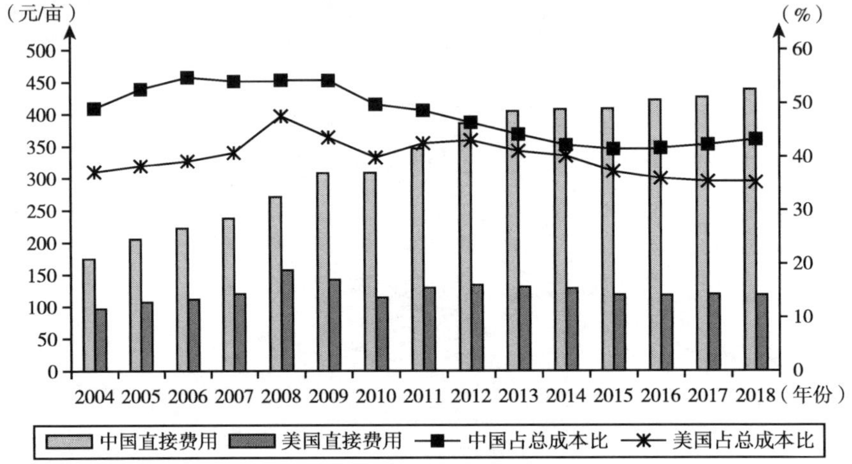

图 2.14　中美两国小麦的直接费用及占总成本比重

数据来源：《全国农产品成本收益资料汇编》（2005～2019 年）。

如图 2.15 和图 2.16 所示，在直接费用的构成中，中国占比排名前五位的分别是肥料费（41.44%）、机械作业费（29.68%）、种子费（15.04%）、排灌费（8.05%）、农药费（4.37%），而美国排名前五位的分别是肥料费（35.68%）、修理费（16.19%）、燃料动力费（15.5%）、种子费（11.94%）、农药费（11.17%）。中国的种子、肥料和农药的总占比为 60.85%，美国的种子、肥料和农药的总占比为 58.79%，这三项费用两国相差不大。

中美玉米的直接费用及占总成本比重如图 2.17 所示，在中美玉米种植的直接费用中，除 2015 年中国高于美国之外，其余年份均为美国更高，2004～2018 年，中国玉米种植直接费用的涨幅为 151.96%，美国玉米种植

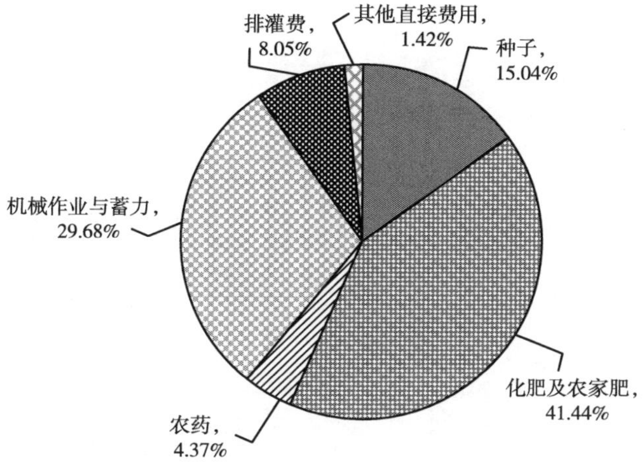

图 2.15　中国小麦的直接费用结构情况

数据来源：《全国农产品成本收益资料汇编》（2005～2019 年）。

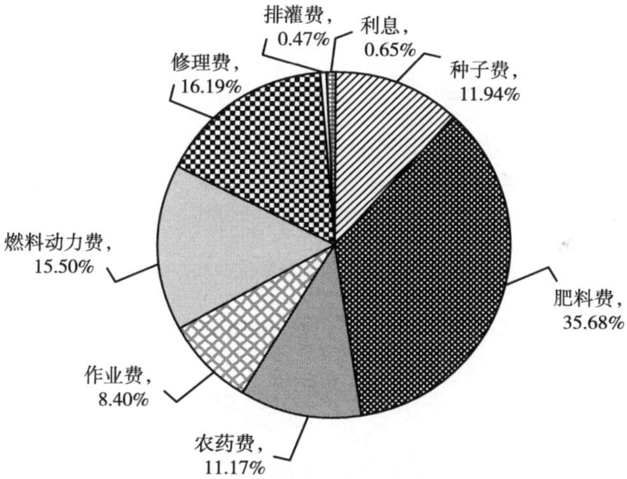

图 2.16　美国小麦的直接费用结构情况

数据来源：《全国农产品成本收益资料汇编》（2005～2019 年）。

直接费用的涨幅为 51.68%，从趋势来看，未来中国玉米种植的直接费用可能超过美国。美国玉米种植直接费用占比高于中国，中国玉米种植直接费用平均占比约为 37.03%，美国小麦种植直接费用平均占比约为 51.28%。

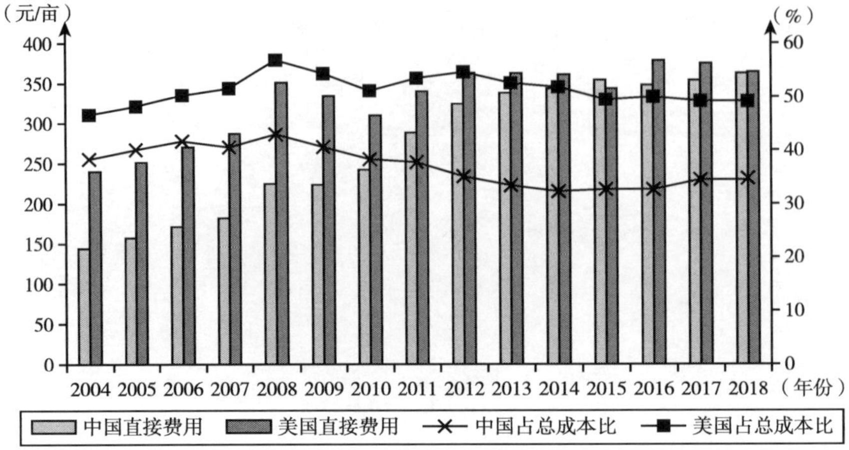

图 2.17 中美玉米的直接费用及占总成本比重

数据来源:《全国农产品成本收益资料汇编》(2005~2019 年)。

如图 2.18 和图 2.19 所示，在直接费用的构成中，中国占比排名前五位的分别是肥料费（46.86%）、机械作业费（26.33%）、种子费（15.51%）、排灌费（5.3%）、农药费（4.42%），而美国排名前五位的分别是肥料费（40.01%）、种子费（26.15%）、燃料动力费（10.81%）、农药费（9.75%）、修理费（7.37%）。中国的种子、肥料和农药的总占比为 66.78%，美国的种子、肥料和农药的总占比为 75.9%，相比于稻谷和小麦，美国玉米种植的种子、肥料和农药的总占比高于中国。

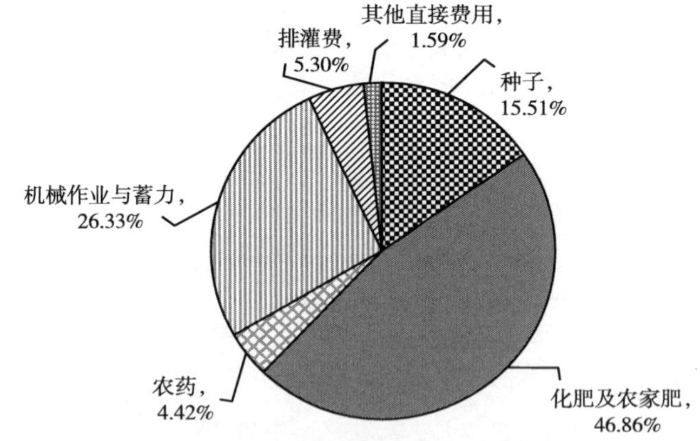

图 2.18 中国玉米的直接费用结构情况

数据来源:《全国农产品成本收益资料汇编》(2005~2019 年)。

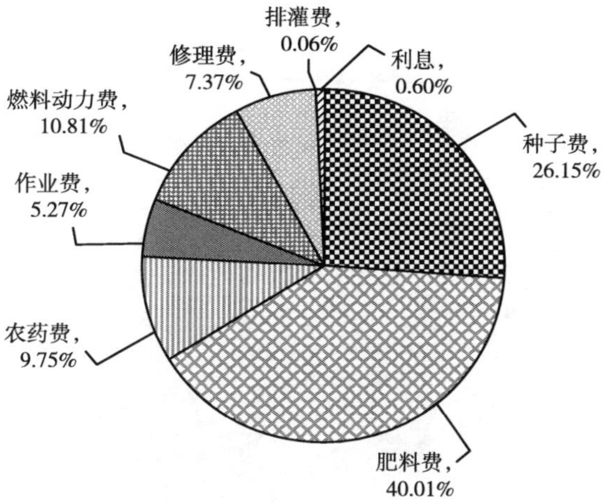

图 2.19 美国玉米的直接费用结构情况

数据来源：《全国农产品成本收益资料汇编》（2005～2019 年）。

二是间接费用比较分析。中美两国稻谷的间接费用及占总成本比重如图 2.20 所示，中国稻谷种植的间接费用呈先下降再上升的趋势，2004 年为 25.83 元/亩，随着 2004 年开始农业税改革，税金和保险费快速减少，导致间接费用逐渐下降。相较于美国而言，美国稻谷种植的间接费用比中国高，基本保持在 175～197 元/亩，远高于中国。在占总成本比方面，美

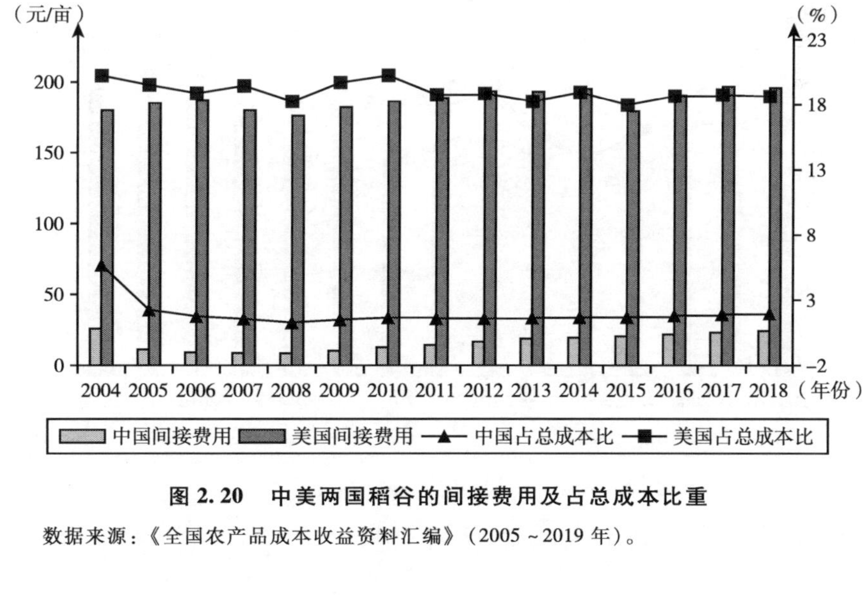

图 2.20 中美两国稻谷的间接费用及占总成本比重

数据来源：《全国农产品成本收益资料汇编》（2005～2019 年）。

国近 15 年来平均占比 19%，中国除了 2004 年占比 5.68% 外，其余年份基本保持在 1.97% 左右，远低于美国。由图 2.21 可知美国稻谷种植间接费用中的折旧费过高，占间接费用的 72.63%。

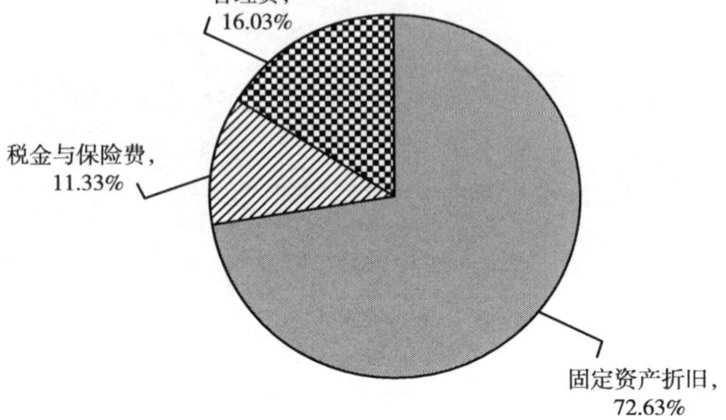

图 2.21　美国稻谷的间接费用结构情况

数据来源：《全国农产品成本收益资料汇编》（2005～2019 年）。

中美小麦的间接费用及占总成本比重如图 2.22 所示，中国小麦种植的间接费用呈先下降再上升的趋势，2004 年为 20.96 元/亩，与稻谷的间接费用变化趋势类似，随着 2004 年开始农业税改革，税金和保险费快速减少，导致间接费用逐渐下降，2018 年为 11.31 元/亩。相比于美国而言，

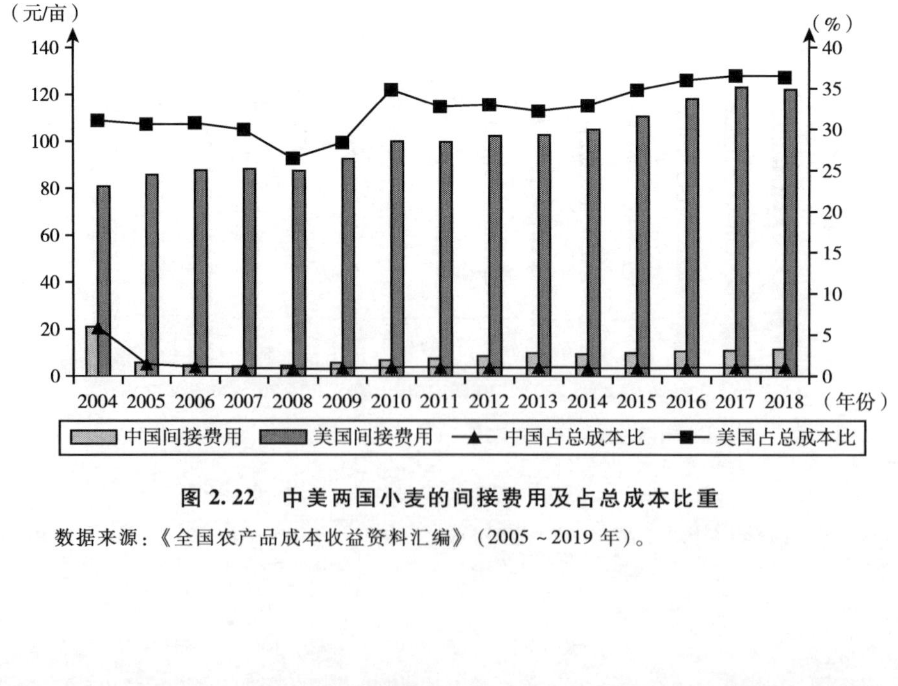

图 2.22　中美两国小麦的间接费用及占总成本比重

数据来源：《全国农产品成本收益资料汇编》（2005～2019 年）。

美国小麦种植的间接费用比中国高，且保持上升态势，2004 年美国的间接费用为 80.88 元/亩，到 2018 年间接费用涨到 122.09 元/亩，远远高于中国。在占总成本比方面，美国近 15 年来间接费用的平均占比为 32.45%，中国在 2004 年占比较高，达到 5.89%，其余年份基本保持在 0.88% ~ 1.49%，远低于美国。由图 2.23 可以看出，美国小麦种植的间接费用占比结构中，固定资产折旧费占间接费用的 80.43%，这是美国小麦种植间接费用较高的主要原因。

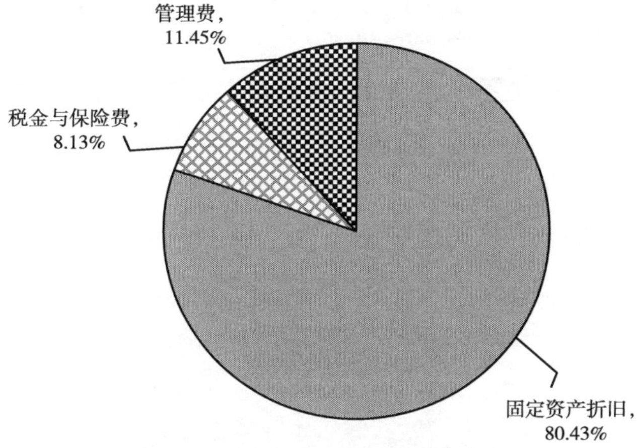

图 2.23 美国小麦的间接费用结构情况

数据来源：《全国农产品成本收益资料汇编》（2005 ~ 2019 年）。

中美玉米间接费用及占总成本比重如图 2.24 所示，中国玉米种植的间接费用与稻谷、小麦的变化趋势类似，呈先下降再上升的趋势，2004 年为 18.95 元/亩，2004 年开始农业税改革，税金和保险费快速减少，间接费用逐渐下降，随后又逐渐上升至 2018 年的 12.14 元/亩。相比于美国而言，美国玉米种植的间接费用比中国高，且保持上升态势，2004 年美国间接费用为 108.09 元/亩，到 2018 年间接费用涨到 165.82 元/亩，远远高于中国。在占总成本比方面，美国近 15 年来间接费用的平均占比 20.19%，中国在 2004 年占比较高，达到 5.04%，其余年份基本保持在 0.9% ~ 1.3%，远低于美国。由图 2.25 可以看出，美国玉米种植的间接费用占比结构中，固定资产折旧费占间接费用的 77.95%，是美国玉米种植的间接费用较高的主要原因。

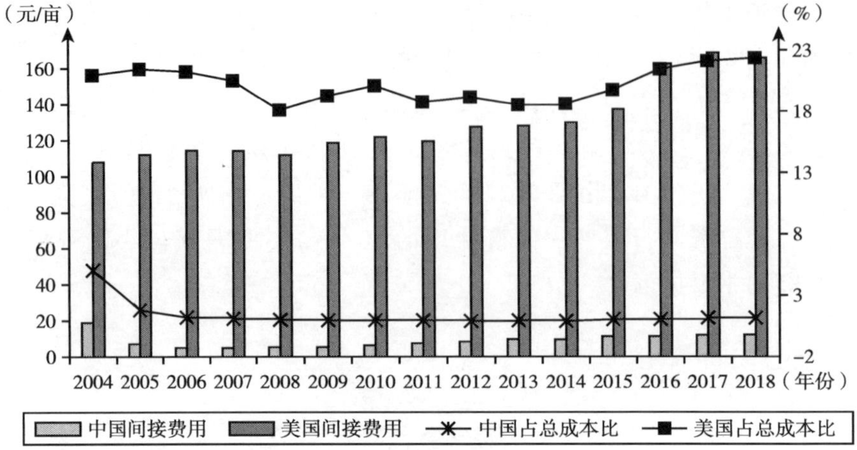

图 2. 24　中美两国玉米的间接费用及占总成本比重

数据来源：《全国农产品成本收益资料汇编》（2005～2019 年）。

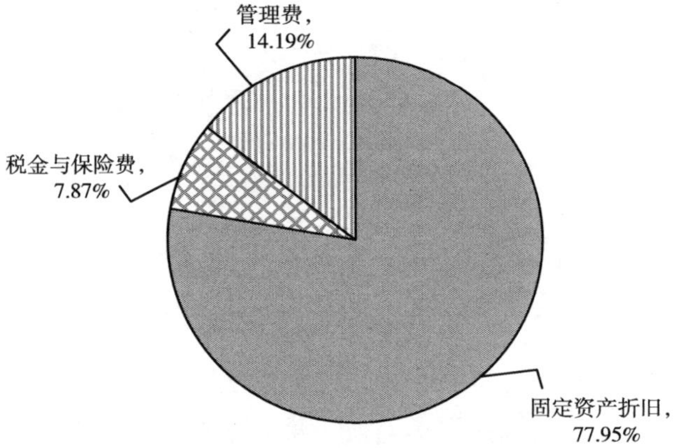

图 2. 25　美国玉米的间接费用结构情况

数据来源：《全国农产品成本收益资料汇编》（2005～2019 年）。

三是人工费用比较分析。中美稻谷的人工成本及占总成本比重如图 2. 26 所示，2004～2018 年，美国稻谷种植的人工成本保持较稳定态势，占总成本比重波动也较小，基本在 9. 15% 上下波动。中国的人工成本大幅度上升，中美两国稻谷种植人工成本的差距不断增大，2004 年中国稻谷种植人工成本为 171. 44 元/亩，比美国高 65. 16 元/亩，2014 年，为差距最高峰，达 428. 47 元/亩。2014～2018 年，差距有所减少，2018 年中国稻谷种植的人工成本为 473.85 元/亩，比美国高 353.86 元/亩。中国稻谷种植的人工成本平均占总成本比重为 39.68%，远高于美国人工成本占比。由于中美稻谷种植的土地规模、生产经营规模、机械化程度等差异导致中国稻谷人工成本显著高于美国，中国稻谷种植人工成本占总成本的比重也远远高于美国。

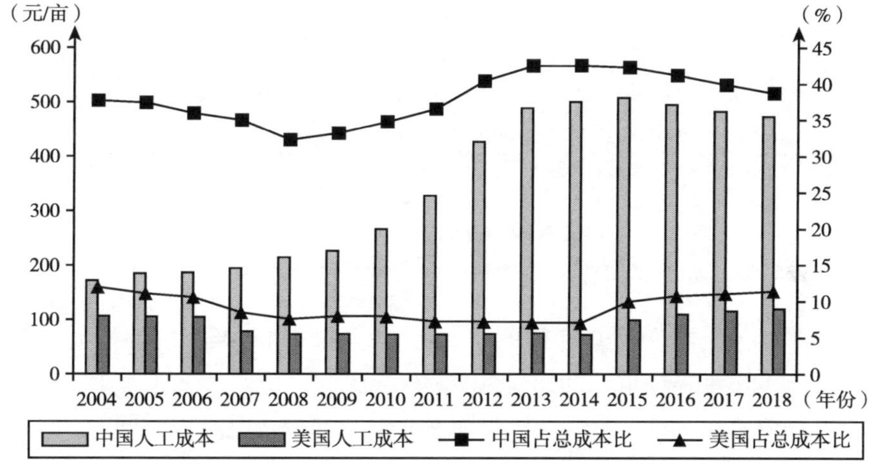

图 2.26 中美稻谷的人工成本及占总成本比重

数据来源：《全国农产品成本收益资料汇编》（2005～2019 年）。

中美两国小麦的人工成本及占总成本比重如图 2.27 所示，2004～2018 年，美国小麦种植人工成本呈现逐渐下降趋势，下降幅度较小，占总成本比重也逐渐下降，从 2004 年的 11.9% 下降至 2018 年的 7.51%。然而中国小麦种植的人工成本大幅度上升，中美两国小麦种植人工成本的差距不断增大，2004 年中国小麦种植人工成本为 111.84 元/亩，比美国高 80.89 元/亩，到 2016 年，差距拉大到最高峰值，比美国高 347.75 元/亩。2016～2018 年，差距有所减少，到 2018 年中国比美国高 325.54 元/亩。中国小麦种植人工成本平均占总成本比 32.55%，比美国人工成本占比高 24.28%。

中美玉米的人工成本及其占总成本比重如图 2.28 所示，2004～2018 年，美国人工成本一直比较稳定，占总成本比重也较稳定，从 2004 年的 8% 下降至 2018 年的 4.85%，平均为 5.06% 左右。反之，中国人工成本大幅度上升，中美两国人工成本差距逐渐增大，2004 年中国玉米种植人工成

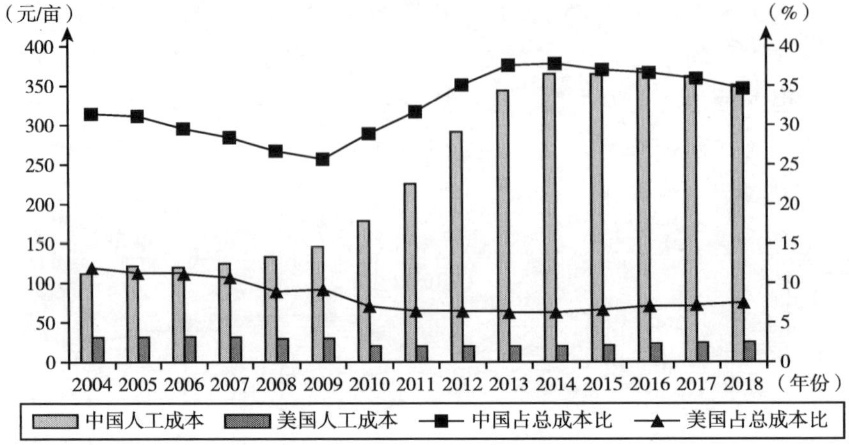

图 2.27　中美两国小麦的人工成本及占总成本比重

数据来源：《全国农产品成本收益资料汇编》（2005～2019 年）。

本为 140.49 元/亩，比美国高 99.32 元/亩，到 2014 年，差距拉大到最高峰值，为 446.44 元/亩。2014～2018 年，差距有所减小，但是依旧很大，平均占总成本比为 39.68%，远高于美国人工成本占比。相比于美国的全程机械化耕作方式，中国玉米生产机械化水平仍然较低，因为土地规模等原因，部分地区和作业环节无法实现大范围机械化，所以劳动力投入较大，导致中国玉米种植的人工成本显著高于美国。

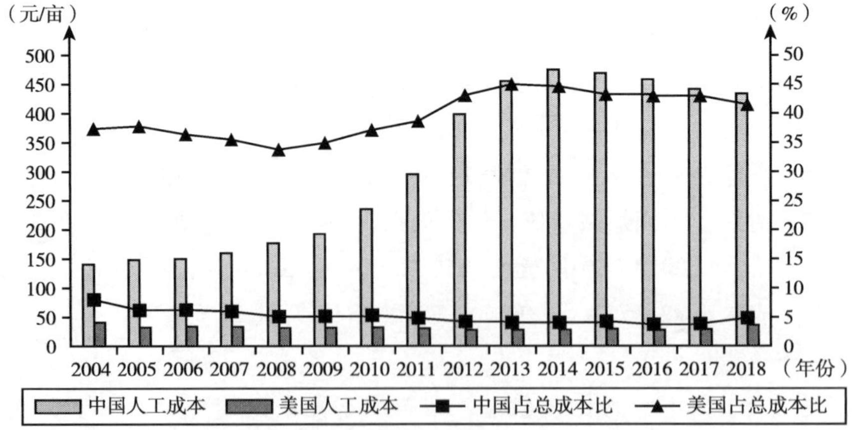

图 2.28　中美玉米的人工成本及占总成本比重

数据来源：《全国农产品成本收益资料汇编》（2005～2019 年）。

四是土地费用比较。中美稻谷的土地成本及占总成本比重如图 2.29 所示，美国稻谷种植土地成本呈先上升后下降态势，相对中国而言，中国稻谷种植土地成本总体上呈现逐渐增长的态势，2004 ~2018 年，中国稻谷种植土地成本的增长幅度为 312.78%，而美国的增长幅度仅为 6.72%，远远低于中国。2004 ~2013 年，美国稻谷种植土地成本一直高于中国，但差距逐渐缩小，2004 年美国稻谷种植土地成本比中国高 97.33 元/亩，2013 年缩小到 26.48 元/亩，2014 年，中国稻谷种植土地成本开始高于美国，并且差值在不断拉大，2018 年，中国稻谷种植土地成本高出美国 70.46 元/亩。美国的土地成本在总成本中所占的比例呈波动变化态势，2018 年占比 15.65%，比 2004 年低 1.7%。中国稻谷种植土地成本在总成本中的比重从 2004 年的 12.53% 增长到 2018 年的 19.21%，2015 年以前，除了 2009 ~2010 年中国土地占总成本比高于美国外，其余年份均比美国低，2015 年开始，中国占比超过美国，且差距越来越大，从趋势来看，中美两国的土地成本占比差可能越来越大。

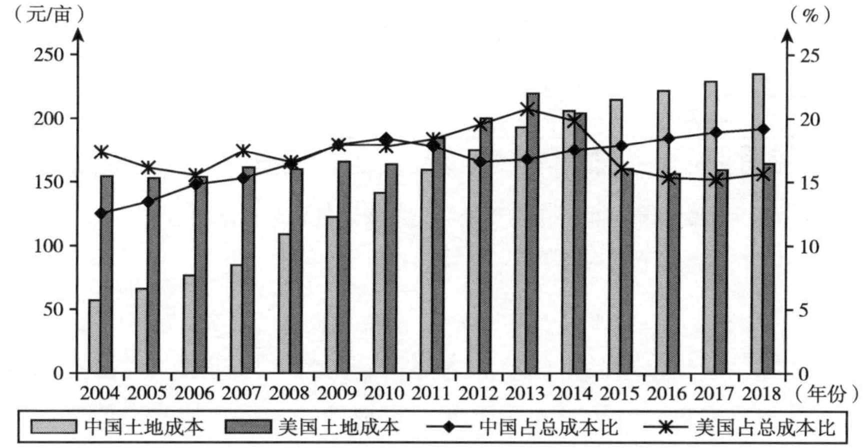

图 2.29　中美稻谷的土地成本及占总成本比重

数据来源：《全国农产品成本收益资料汇编》（2005 ~2019 年）。

中美两国小麦的土地成本及占总成本比重如图 2.30 所示，中国和美国小麦种植的土地成本总体上都呈现逐渐增长的态势，但相对美国而言，中国小麦种植的土地成本的变动较大，2004 ~2018 年，中国小麦种植土地成本的增长幅度为 383.86%，而美国的增长幅度仅为 36.4%，远低于中国。

2004～2005年，美国小麦种植的土地成本一直高于中国，但差距逐渐缩小，2004年美国小麦种植土地成本比中国高7.76元/亩，2005年缩小到3.49元/亩，2006年，中国小麦种植土地成本开始高于美国，并且差值在不断拉大，2018年，中国小麦种植土地成本比美国高141.6元/亩。美国的土地成本在总成本中所占的比例变化不大，在2008年最低，为16.98%，2015年达到最高，为21.32%，其余年份基本保持在18%～21%。中国土地成本在总成本中的比重从2004年的12.31%增长到2018年的20.92%。

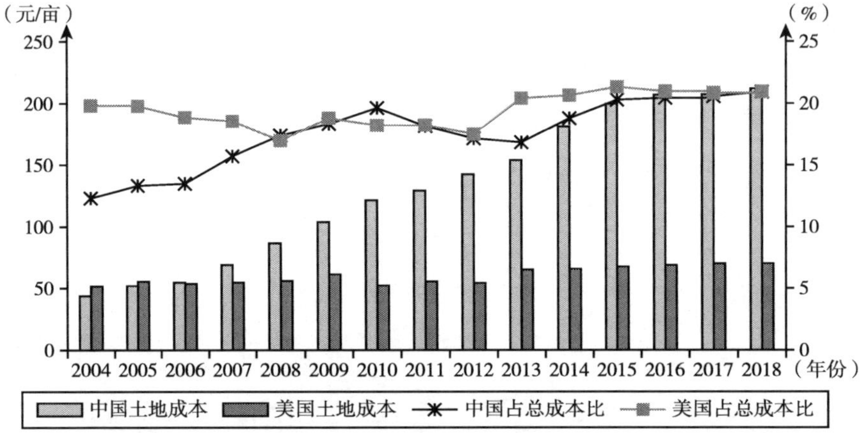

图 2.30　中美两国小麦的土地成本及占总成本比重

数据来源：《全国农产品成本收益资料汇编》(2005～2019年)。

中美玉米的土地成本及其占总成本比重如图2.31所示，中美两国土地成本总体都呈现逐渐增长再波动的趋势，但相对美国而言，中国玉米种植土地成本的变动更大，2004～2018年，中国玉米种植土地成本的增长幅度为270.35%，而美国的增长幅度仅为39.33%，远低于中国。2004～2010年，美国玉米种植土地成本一直高于中国，但差距逐渐缩小，2004年美国玉米种植土地成本比中国高64.25元/亩，2010年缩小到5.01元/亩，2011年，中国玉米种植土地成本开始高于美国，在2015年达到差值顶峰，比美国高54.91元/亩。美国的土地成本占总成本比重基本保持在23%上下波动，中国土地成本在总成本中的比重从2004年的16.35%增长到2018年的21.78%。

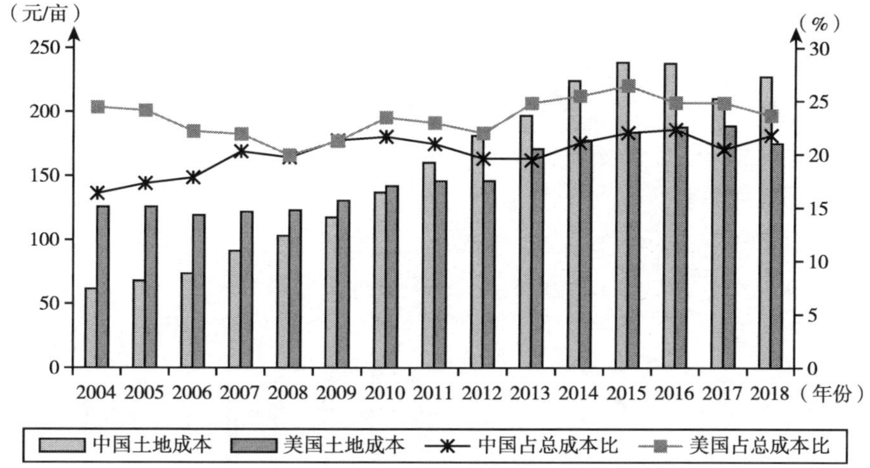

图 2.31　中美玉米的土地成本及占总成本比重

数据来源：《全国农产品成本收益资料汇编》（2005～2019 年）。

2.2　种粮收益变动及比较分析

2.2.1　全国种粮收益变动分析

根据 2005～2019 年《全国农产品成本收益资料汇编》，本书主要从三大主粮的平均每亩土地的产量、产值、净利润和成本利润率四个方面展开分析。

如图 2.32 所示，产量方面，2004～2018 年三大主粮的平均产量几乎无明显波动，增长幅度较小，由 2004 年的 404.8 公斤/亩上升到 2018 年的 449.3 公斤/亩，近 15 年涨幅为 10.99%。产值方面，2004～2018 年三大主粮的平均产值整体呈先上升后下降的趋势，由 2004 年的 591.95 公斤/亩上升到 2014 年的 1193.35 公斤/亩，2018 年又降至 1008.18 公斤/亩，近 15 年涨幅达 70.32%。净利润方面，呈现先下降后上升再下降的态势，净利润在 2004～2015 年为正值，并在 2011 年达到最高值 250.76 元/亩，2016～2018 年为负值，2018 年跌至 -85.59 元/亩。成本利润率整体呈波动下降趋势，

2004～2015年为正值，2016～2018年下降至负值，从2004年的49.69%下降至2018年的－7.83%，近15年跌幅－115.76%。总体来看，虽然三大主粮的平均产量和产值在近15年间呈现增长的趋势，但净利润和成本利润率呈现下降趋势，以成本利润率作为收益代表性指标，近15年全国种粮收益总体呈下降趋势。

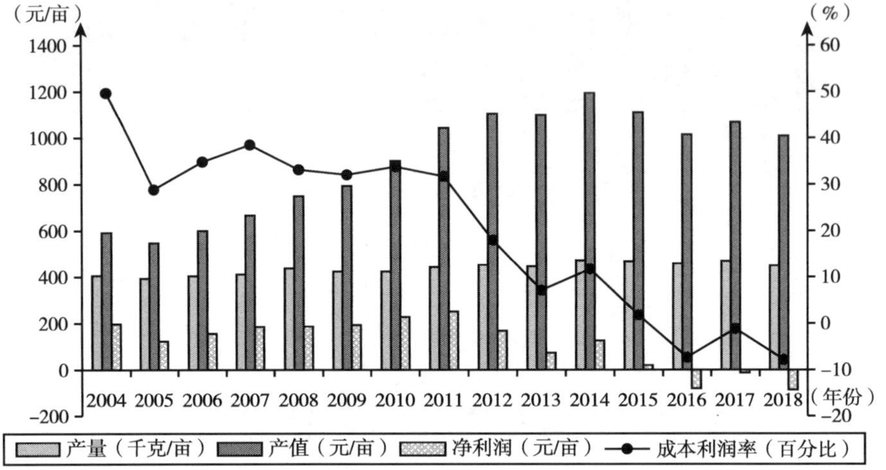

图2.32　三大主粮平均总收益变动情况

数据来源：《全国农产品成本收益资料汇编》（2005～2019年）。

2.2.2　三大主粮收益变动分析

一是稻谷收益变动分析。全国2004～2018年稻谷收益情况如图2.33所示，2004～2018年全国稻谷产量几乎无明显变化，产值和净利润总体呈先增长后下降的趋势，净利润下降的趋势较明显，以成本利润率作为收益代表性指标，近15年稻谷收益总体呈大幅度下降趋势。具体来看，2004～2018年稻谷产量除个别年份有小幅下降外，整体呈增长态势，由2004年的450.9公斤/亩上升到2018年的491.88公斤/亩，近15年增长40.98公斤/亩，涨幅9.09%。2004～2018年产量最低点是2005年的431公斤/亩，最高点是2015年的492.64公斤/亩。稻谷产值2004～2014年呈稳步上升态势，2015～2018年呈平缓回落态势，但总体呈增长态势，由 2004 年的 739. 73 元/亩上升到 2018 年的 1289. 53 元/亩，涨幅高达 74. 32%。2004 ~2018 年净利润整体呈波动式下降态势，由 2004 年的 285. 09 元/亩下降到 2005 年的 192. 71 元/亩，2006 ~2011 年处于增长阶段，2011 年达到最高点 371. 27 元/亩，2012 ~2018 年处于快速下降阶段，2018 年达到最低点 65. 89 元/亩。2004 ~2018 年稻谷的成本利润率波动较大，2004 ~ 2006 年和 2011 ~ 2013 年大幅下降，2004 年的 62. 71%是近 15 年的最高点，2004 ~2006 年由 62. 71%下降至 39. 05%，2007 年小幅回升至 41. 27%后，2008 年又下降至 35. 43%，2009 ~2011 年稳步上升至 41. 39%，2011 ~2013 年大幅度下降至 13. 45%，虽然在 2014 年微小提升至 17. 41%，但从 2014 ~2018 年又逐步下降，2018 年下降至最低点 5. 38%。

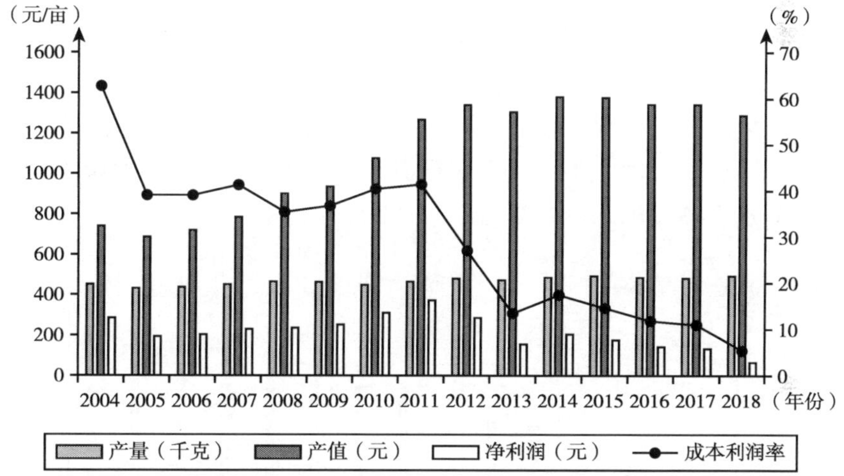

图 2. 33　全国 2004 ~2018 年稻谷收益情况

数据来源：《全国农产品成本收益资料汇编》（2005 ~2019 年）。

二是小麦收益变动分析。全国 2004 ~2018 年小麦收益情况如图 2. 34 所示，2004 ~2018 年全国小麦产量增长幅度微小，产值和净利润总体呈先增长后下降的趋势，以成本利润率作为收益代表性指标，近 15 年小麦收益总体呈大幅度下降趋势，并从 2016 年开始下跌至负值。具体来看，2004 ~2018 年小麦产量总体保持增长态势，2004 年小麦的产量是 339. 8 公斤/亩，2013 年增长至 374. 32 公斤/亩，2014 年达到最高点 428. 01 公斤/亩，2016 年下降至406.34公斤/亩，2017年又小幅上升至423.54公斤/亩，2018年大幅下降至368.99公斤/亩，总体来看，近15年涨幅为8.59%。2005～2018年小麦产值呈增长态势，由2004年的525.5元/亩，增长至2018年853.53元/亩，涨幅64.42%，2014年小麦产值达到最高点1052.96元/亩，2016年回落至930.36元/亩，2017年又上升至1013.74元/亩，2018年大幅下降至853.53元/亩。2004～2018年小麦净利润总体呈下降态势，2004年小麦净利润为169.58元/亩，是近15年最高点，2005年下降至79.35元/亩，2005～2008年呈回升态势，2008年上升至164.51元/亩，2008～2013年大幅下降，2013年下降至－12.78元/亩，且小麦的净利润近15年首次出现负值，2014年突然回升至87.83元/亩，2016年再次下降至－82.15元/亩，2017年上升到6.1元/亩，2018年下降至近15年最低点－159.41元/亩。2004～2018年小麦的成本利润率总体呈下降的趋势，2004年小麦的成本利润率为47.65%，是近15年最高点，2005年下降至20.37%，2008年回升至33%，2008～2013年再次下降，2013年下降至－1.4%，是近15年小麦成本利润率首次出现负值，2014年上升至9.1%，2016年下降至－8.11%，再次出现负值，2017年回升至0.61%，2018年大幅下降至近15年最低点－15.74%。

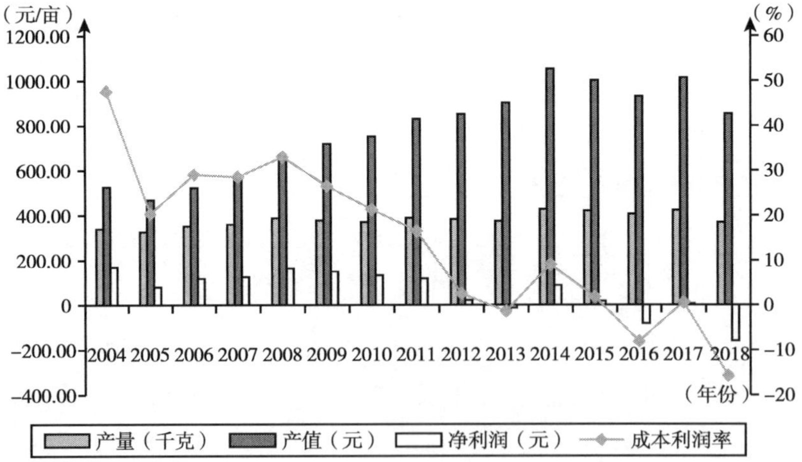

图2.34　全国2004～2018年小麦收益情况

数据来源：《全国农产品成本收益资料汇编》(2005～2019年)。

三是玉米收益变动分析。全国 2004 ~ 2018 年玉米收益情况如图 2.35 所示，2004 ~ 2018 年全国玉米产量呈微小幅度增长，产值呈先增长后下降再增长的趋势，净利润总体呈先增长后下降的趋势，并在 2015 年下跌至负值，以成本利润率作为收益代表性指标，近 15 年玉米收益总体呈大幅度下降趋势，但在 2016 ~ 2018 年有小幅度上升。具体来看，2004 ~ 2018 年玉米产量总体呈增长态势，由 2004 年的 423.6 公斤/亩上升至 2018 年的 487.02 公斤/亩，2017 年达到最高点 501.53 公斤/亩，近 15 年涨幅 14.97%。2004 ~ 2018 年玉米产值总体呈增长态势，2004 年的产值为 510.64 元/亩，2018 年上升至 881.48 元/亩，2014 年达到最高点 1145.71 元/亩，近 15 年涨幅 72.62%。2004 ~ 2018 年玉米净利润总体呈下降态势，2004 年净利润是 134.94 元/亩，2018 年下降为 -163.34 元/亩，2011 年净利润达到最高点 263.09 元/亩，2015 年净利润为 -134.18 元/亩，玉米产值首次出现负值，2016 年净利润达到最低点 -299.7 元/亩，近 15 年涨幅 -221.05%。2004 ~ 2018 年玉米成本利润率总体呈下降态势，2004 年玉米成本利润率为 35.92%，2018 年下降至 -15.63%，2007 年玉米成本利润率达到最高点 44.66%，2015 年成本利润率下降为负值，2016 年达到最低点 -28.13%。

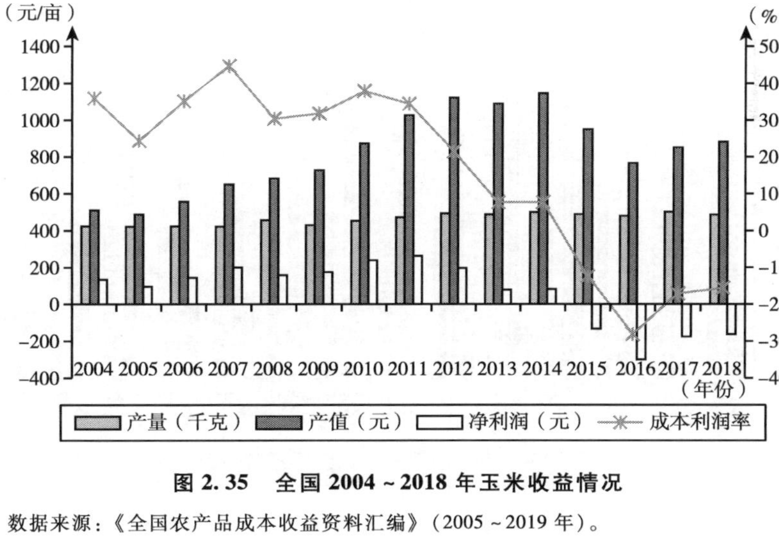

图 2.35 全国 2004 ~ 2018 年玉米收益情况

数据来源：《全国农产品成本收益资料汇编》（2005 ~ 2019 年）。

2.2.3 粮食主产区种粮收益比较分析

收益比较主要选取了每亩产量、每亩产值、每亩现金收益、每亩净利润、成本利润率指标，具体分析如下：全国粮食主产区平均稻谷收益情况如图 2.36 所示，在产量方面，全国稻谷平均亩产量为 476.05 公斤，主产区仅有两个省份低于全国亩产量，分别是江西（442.35 公斤/亩）和湖南（444.44 公斤/亩），有 9 个省份的亩产量高于 500 公斤。产量最高的省份为河北，亩产量为 639.57 公斤，每亩高出全国平均值 163.54 公斤。在产值方面，全国稻谷平均每亩产值为 1266.07 元，产值最高为河北，每亩产值为 1863.46 元；其次是辽宁，每亩产值为 1744.82 元；内蒙古、江苏、山东、吉林的每亩产值均超过 1500 元；产值最低的省份为江西，每亩产值仅为 1095.2 元，次最低为湖南，每亩产值为 1103.8 元。在现金收益方面，全国稻谷每亩平均现金收益为 719.12 元，主产区有 4 个省低于全国平均水平，分别是黑龙江、安徽、江西和湖南。其中黑龙江最低，每亩现金收益为 585.24 元；主产区每亩现金收益最高是山东，为 1107.41 元，高出全国平均 388.29 元。在净利润方面，全国稻谷平均净利润为每亩 209.34 元，

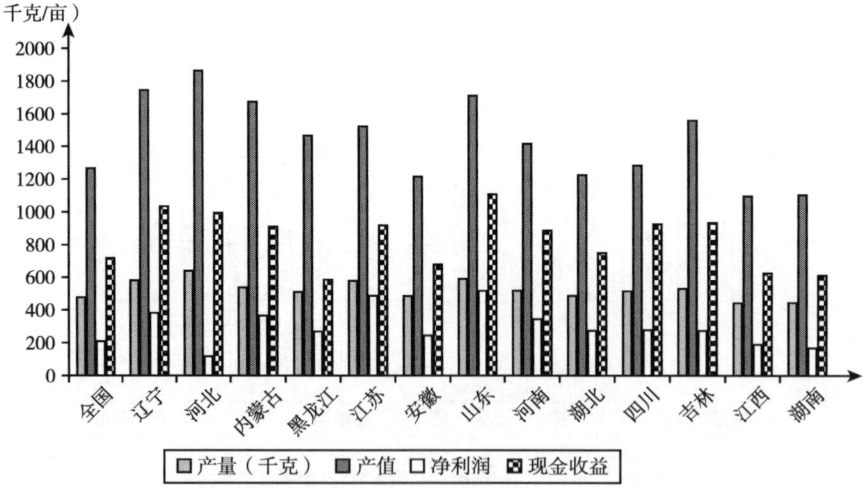

图 2.36 2004～2018 年全国粮食主产区平均稻谷收益情况

数据来源：《全国农产品成本收益资料汇编》（2005～2019 年）。

主产区有 10 个省的每亩净利润高于全国平均水平，山东省最高，每亩 516.92 元，高出全国平均水平 307.58 元，河北最低，每亩 116.93 元。如图 2.37 所示，在成本利润率方面，全国稻谷生产平均成本利润率为 21.92%，主产区仅有河北和湖南低于全国平均，分别为 8.62% 和 18.98%，江苏、山东、内蒙古、河南、湖北和四川的稻谷成本利润率较高，均超过了 30%，高于全国平均水平。总体来看，主产区省份稻谷的产量相差不大；产值方面有明显差距，北方地区产值较高，南方地区产值较低；以成本利润率作为收益代表性指标，除河北以外，北方地区以及农机技术水平发达省份的稻谷种植收益较好，南方地区收益较低。

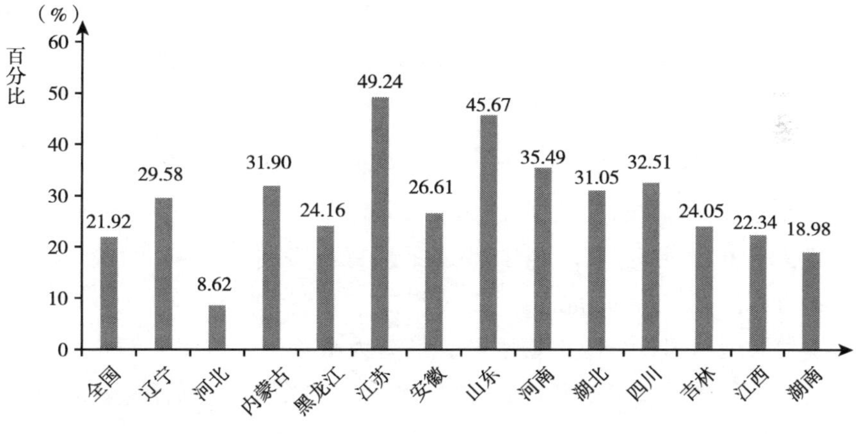

图 2.37　2004～2018 年全国粮食主产区平均稻谷成本利润率

数据来源：《全国农产品成本收益资料汇编》（2005～2019 年）。

全国粮食主产区平均小麦收益情况如图 2.38 所示，在产量方面，全国小麦平均每亩产量为 394.2 公斤，主产区有 4 个省低于全国平均水平，分别是内蒙古、黑龙江、湖北和四川，其每亩产量分别为 369.5 公斤、292.82 公斤、323.7 公斤和 240.72 公斤；有 4 个省份的每亩产量高于 400 公斤，产量最高的省份为山东，每亩产量达到 439.11 公斤，比全国平均值高 44.91 公斤。在产值方面，全国小麦平均每亩产值为 890.45 元，产值最高为内蒙古，每亩产值为 1075.61 元；其次是山东，每亩产值为 1023.8 元；产值最低的是四川，每亩产值仅为 550.25 元；次最低为黑龙江，每亩产值为 614.82 元。在现金收益方面，全国小麦每亩平均现金收益为 466.05 元，主产区有 5 个省低于全国平均水平，分别是黑龙江、江苏、安

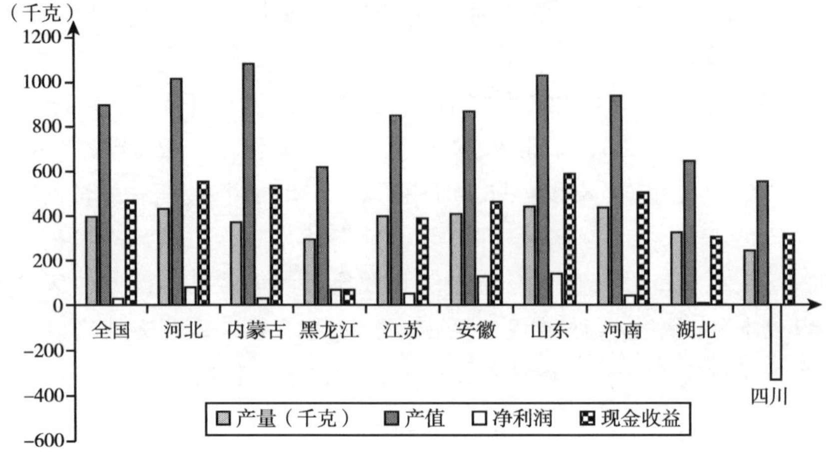

图 2.38　2004～2018 年全国粮食主产区平均小麦收益情况

数据来源：《全国农产品成本收益资料汇编》（2005～2019 年）。

徽、湖北和四川。其中黑龙江现金收益最低，每亩仅为 67.05 元；主产区每亩现金收益最高的是山东，为 583.97 元，每亩比全国平均水平高 117.92 元。在净利润方面，全国小麦平均每亩净利润为 27.89 元，除四川净利润为负值，其余均为正值。四川每亩净利润为 -332.62 元，山东和安徽的净利润远远超过全国平均水平，最高为山东，每亩净利润达到 138.36 元，其次是安徽，每亩净利润为 127.36 元。如图 2.39 所示，在成本利润

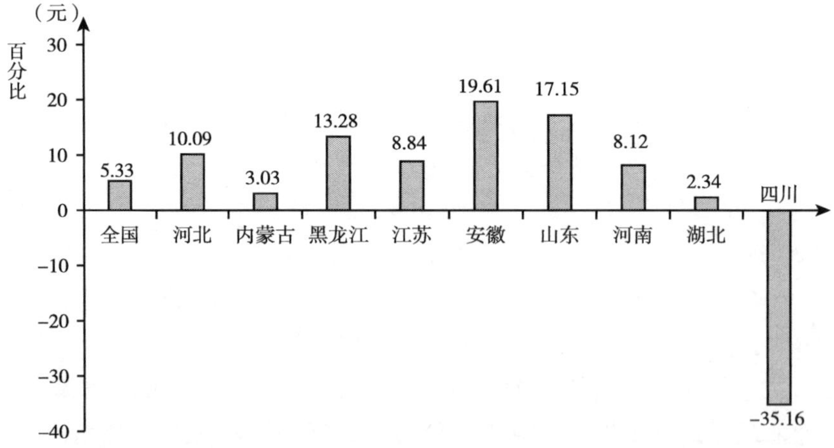

图 2.39　2004～2018 年全国粮食主产区平均小麦成本利润率

数据来源：《全国农产品成本收益资料汇编》（2005～2019 年）。

率方面，全国小麦生产平均成本利润率为 5. 33%。除四川为负值外，其余省份均为正值。四川的成本利润率最低，为 -35. 16%；安徽的成本利润率最高，为 19. 61%；山东的成本利润率次之，为 17. 15%。总体来看，主产区省份小麦的产量相差不大；产值方面有明显差距，北方地区产值较高，南方地区产值较低；以成本利润率作为收益代表性指标，传统产小麦大省的小麦种植收益较好。

全国粮食主产区平均玉米收益情况如图 2. 40 所示，在产量方面，全国玉米每亩产量为 479. 29 公斤。主产区有 3 个省份高于全国平均，分别是居第一位的吉林，每亩达到 526. 72 公斤；居第二位的内蒙古，每亩为 513. 79 公斤；居第三位的山东，每亩为 496. 87 公斤；湖北的产量最低，每亩为 395. 46 公斤。在产值方面，全国玉米平均每亩产值为 943. 08 元。主产区有 5 个省高于全国平均水平，其中内蒙古位列第一，每亩产值 1016. 98 元；吉林次之，每亩产值为 994. 66 元；湖北产值最低，每亩为 817. 89 元。在现金收益方面，全国玉米平均每亩现金收益为 560. 88 元，其中有 4 个省份的每亩现金收益超过了 600 元，最高是四川，每亩现金收益为 653. 65 元，而黑龙江的每亩现金收益最低，每亩为 424. 76 元。在净利润方面，全国玉米平均每亩净利润为 26. 22 元，除湖北、四川和吉林净利润为负值，其余均为正值。每亩净利润最低的省份为湖北，每亩为

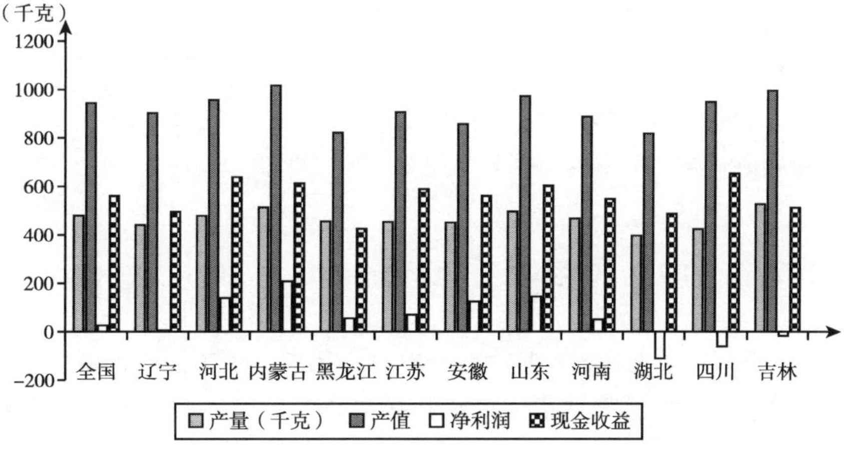

图 2. 40　2004 ~ 2018 年全国粮食主产区平均玉米收益情况

数据来源：《全国农产品成本与收益资料汇编》（2005 ~ 2019 年）。

-109.82 元。内蒙古、山东和河北的净利润远远超过全国平均水平。其中，最高省份为内蒙古，每亩净利润达 207.46 元；其次是山东，每亩净利润为 144.81 元；再次是河北，每亩净利润为 139.45 元；辽宁基本保持盈亏平衡，净利润为每亩 1.2 元。由图 2.41 可知，在成本利润率方面，全国玉米平均成本利润率为 6.76%，其中 4 个省的成本利润率低于全国平均水平，湖北和四川的成本利润率均为负值，湖北最低，为 -7.76%，其次是四川，为 -2.03%。内蒙古、安徽、山东和河北处于前列，远远高于全国平均水平，分别为 27.14%、23.93%、23.8% 和 22.93%，其中内蒙古的成本利润率为全国最高。总体来看，除了东北三省的辽宁和吉林外，北方地区玉米种植收益较好，南方地区玉米种植收益较低。

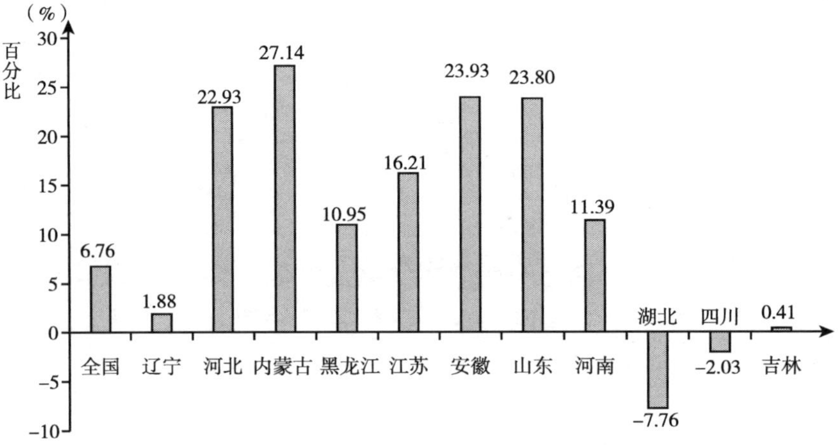

图 2.41　2004～2018 年全国粮食主产区平均玉米成本利润率

数据来源：《全国农产品成本收益资料汇编》（2005～2019 年）。

2.2.4　中美种粮收益比较分析

本部分对中美两国的种粮收益情况进行比较。由于国外数据获得的困难性，故主要选取代表性指标成本利润率作为中美两国种粮收益比较的指标。

从图 2.42 可以看出，2004～2012 年，除了 2008 年美国稻谷种植成本利润率高于中国外，其余年份中国均高于美国；2012～2018 年，中国稻谷种植成本利润率逐渐下滑，美国呈现先上升后下降再上升的趋势。

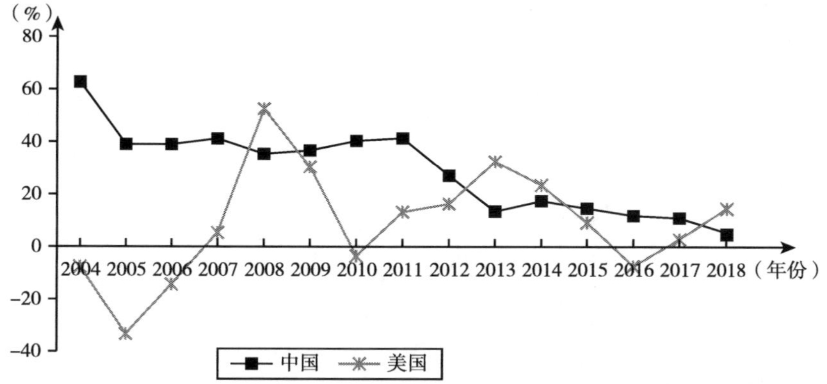

图 2.42　2004～2018 年中美稻谷成本利润率

数据来源：《全国农产品成本收益资料汇编》(2005～2019 年)。

从图 2.43 可以看出，2004～2011 年，中国小麦种植的成本利润率一直高于美国，且均为正值，美国除 2008 年外其余年份都呈现负值；2012 年美国的成本利润率首次超过中国；2013～2018 年，中美两国的成本利润率均出现下滑趋势，中国成本利润率仍高于美国，但逐渐开始出现负值。

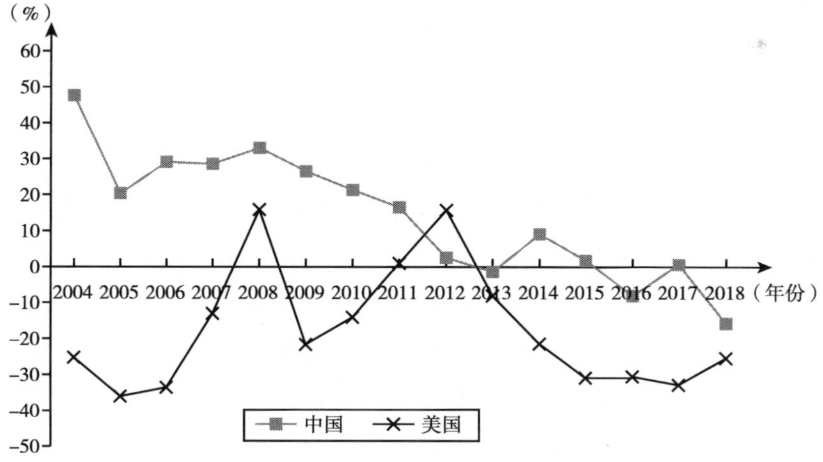

图 2.43　2004～2018 年中美小麦成本利润率

数据来源：《全国农产品成本收益资料汇编》(2005～2019 年)。

如图 2.44 所示，2004 年和 2005 年美国玉米种植的成本利润率都为负值，2005 年成本利润率最低，为 -32.68%，而 2006 年以后，美国的成本利润率逐渐呈波动上升态势，与中国的差距逐渐缩小，2012 年首次超过中国，随后逐渐下降，2015 年再次超过中国，而后保持高于中国的态势。

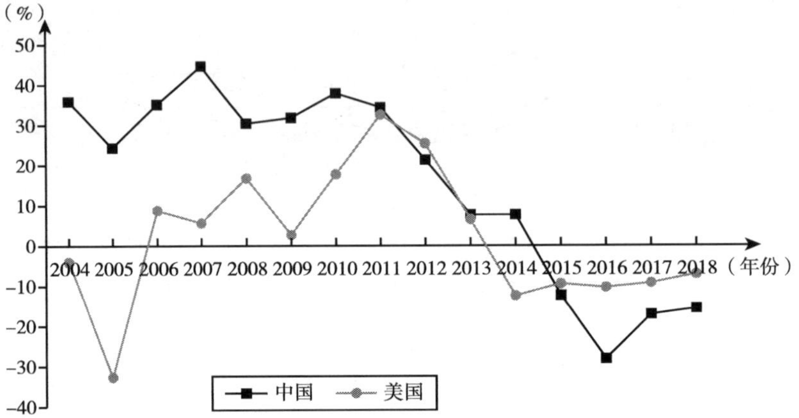

图 2.44　2004～2018 年中美玉米成本利润率

数据来源：《全国农产品成本收益资料汇编》（2005～2019 年）。

总体来看，中国三大主粮（稻谷、小麦和玉米）种植的成本利润率持续下降，美国三大主粮种植的成本利润率呈波浪式变动趋势，中国三大主粮的种植收益未来可能持续低于美国。

2.3　种粮成本与收益的问卷调查分析

随着工业化和城市化进程的迅速发展，粮食生产的制约因素正在逐步显现，中国的粮食安全形势已不容小觑。尤其是在粮食生产方面，由于农资费用、生产服务支出和人工成本的持续走高，种粮利润逐渐减少，甚至出现农民亏损的情况，农民的种粮积极性严重受挫，因此出现了大量转种其他经济作物或弃耕抛荒的现象。此外，随着许多农村青年和中年劳动力向城市的非农业产业转移，导致粮食种植的人口结构趋于老化和削弱，给粮食安全带来了隐患。

针对上述问题，需要全面深入了解中国粮食种植现状，包括当前种粮成本的结构和变化趋势、农民种植收益变动情况、农民种粮意愿以及农民种粮面临的主要困境和难题等。研究团队自2020年5月开始，通过“线上+线下”问卷、一对一入户访谈、电话访谈等方式对全国31个省区市进行了系统调研，掌握了丰富的一手资料。

2.3.1 调查问卷的设计

本书共设计了两份问卷。其中“农户种粮成本构成情况调查问卷”（详见附录中附件1），对全国31个省区市的一般农户进行调查。该调查问卷重在了解2015~2019年种粮农户基本情况、种粮成本和收入情况、农业补贴政策实施情况、农业基层建设和服务等，故问卷根据这些要求设计了三部分问题。第一部分是关于种粮农户的基本情况，包括种粮农户的年龄、文化程度、种植粮食作物的类型及种植土地情况。第二部分是关于各类种植成本和收益情况，包括播种总面积、租赁他人土地情况、粮食总产量、家庭人员从事农活情况、各类细化成本情况等。第三部分是关于农业基础设施与社会化服务情况，包括农用物资采购方式、种植技术和服务的来源、农地基础设施情况以及期望政府提供的粮食种植支持政策等。需要特别强调的是，该问卷转置成电子问卷时，由于问卷星系统的可操作性问题，电子问卷收集的是各统计指标近五年均值。

“主要农作物种植成本构成情况调查问卷”（详见附录中附件2），对全国部分省/县/乡整体情况进行调查。该调查问卷重在了解2015~2019年该地区主要粮食作物的基本情况。故问卷根据这些要求设计了三部分问题。第一部分调查粮食作物类型；第二部分调查2015~2019年种植基本情况，包括总播种面积、总产量、种植主体情况、农机设备普及情况、土地流转情况等；第三部分调查2015~2019年各项种植成本明细情况，包括总成本、物质与服务费用、人工费用以及土地费用。

2.3.2 调研样本范围

为有效地了解全国粮食种植成本与收益的总体情况，深刻地理解粮食种植存在的问题，比较各省区市粮食种植成本与收益的差异性，本书选取全国 31 个省区市的部分农户作为调研对象，调研对象的地区分布如表 2.7 所示。截至 2020 年 10 月，共收回农户调研问卷 1378 份，其中电子问卷 244 份，纸质问卷 1134 份；共收回省/县/乡一级问卷 18 份。农户调研问卷的有效问卷为 1271 份，有效问卷率为 92.24%；省/县/乡一级问卷的有效问卷为 17 份，有效问卷率为 94.44%。其中，江西省的问卷量为 960 份，占总问卷量的比重达到 69.67%，覆盖了江西省 11 个地级市。

表 2.7　　全国样本地区分布

省区市	市	县/区	样本数	百分比
北京		房山、顺义	2	0.15%
天津		蓟州、武清	2	0.15%
河北	邯郸市	永年、曲周	5	0.36%
	唐山市	丰南	10	0.73%
	保定市	阜平	3	0.22%
山西	临汾	吉县、洪洞	7	0.51%
	运城市	绛县	3	0.22%
内蒙古	巴彦淖尔市	临河、五原	5	0.36%
	包头市	达尔罕茂明安联合旗	2	0.15%
辽宁	铁岭市	清河、昌图	6	0.44%
	盘锦市	盘山	3	0.22%
吉林	松原市	长岭	8	0.58%
	白城市	洮北	6	0.44%
江西	吉安市	青原、遂川	10	0.73%
	萍乡市	芦溪	5	0.36%
	宜春市	上高、宜丰、丰城、高安	26	1.89%
	赣州市	宁都	8	0.58%
	景德镇市	浮梁、乐平	13	0.94%
	抚州市	南城、广昌、乐安、临川、东乡、宜黄、资溪	770	55.88%
	上饶市	余干、上饶、信山、铅山、广信、鄱阳、婺源	52	3.77%
	新余市	分宜	6	0.44%
	鹰潭市	月湖区、贵溪、余江	16	1.16%
	南昌市	新建、进贤、安义、南昌	33	2.39%
	九江市	都昌、柴桑、浔阳、湖口	21	1.52%
山东	济宁市	嘉祥	6	0.44%
	淄博市	高青	8	0.58%

续表

省区市	市	县/区	样本数	百分比	省区市	市	县/区	样本数	百分比
黑龙江	绥化市	肇东	92	6.68%	河南	三门峡市	渑池、灵宝	4	0.29%
	哈尔滨市	道里	11	0.80%		平顶山市	郏县、叶县	5	0.36%
上海		崇明	1	0.07%		开封市	杞县	11	0.80%
江苏	徐州市	睢宁	4	0.29%		郑州市	金水	9	0.65%
	宿迁市	泗阳	9	0.65%		驻马店市	新蔡	4	0.29%
	盐城市	阜宁、响水、盐都、建湖、滨海、射阳、亭湖	15	1.09%	湖北	黄冈市	蕲春、黄梅	6	0.44%
	扬州市	江都	4	0.29%		咸宁市	通城	5	0.36%
浙江	嘉兴市	海盐	6	0.44%	湖南	益阳市	赫山、资阳飞、南县、赫山	15	1.09%
	丽水市	青田	4	0.29%	广东	河源市	龙川	6	0.44%
安徽	六安市	裕安区	3	0.22%		韶关市	仁化、新丰	10	0.73%
	阜阳市	太和、颍上	7	0.51%	广西	贺州市	钟山、昭平	13	0.94%
	安庆市	岳西	5	0.36%	海南	儋州市	澄迈、文昌	7	0.51%
福建	龙岩	武平、上杭	9	0.65%	重庆		梁平、开州	9	0.65%
四川	阿坝州	小金、阿坝、若尔盖、黑水、茂县、松潘、九寨沟、理县、马尔康、金川	22	1.60%	甘肃	定西市	通渭	6	0.44%
贵州	铜仁市	德江、松桃	14	1.02%	青海	西宁市	湟中	3	0.22%
云南	昭通市	昭阳	7	0.51%	宁夏	吴忠市	同心	5	0.36%
西藏	山南市	桑日	2	0.15%	新疆	阿克苏	乌什	1	0.07%
陕西	商洛市	洛南、丹凤	8	0.58%	总计			1378	100.00%

2.3.3 调研样本的基本特征

农户是最主要的种粮主体，其年龄、文化程度等个人特质对粮食种植有一定影响。根据问卷调研结果（见表2.8），接受调查的粮食种植户主通常年龄较大，教育程度较低。参加调查的种粮农民年龄在31～87岁，平均年龄56.5岁；其中50岁以上的占75.28%，是粮食生产的主力军。被调查农户的文化水平从小学到本科都有分布，初中文化水平的农户占比最大，共702人，占比达到了55.23%，其次是小学、高中和大专以上文化，人数分别是265人、232人和72人，占比分别为20.85%、18.25%和5.66%。结合粮食单产来看，不同文化水平农户的粮食单产从高到低依次为高中、初中、大专以上、小学。其中初中文化农民的单产543.2公斤/亩，比调查总农户平均单产多7.5公斤/亩；高中文化农民的粮食平均单产544.4公斤/亩，比调查总农户平均单产增产8.7公斤/亩；只有小学文化水平的农民，其平均单产为516.4公斤/亩，比接受调查的总农户的平均单产少了19.3公斤/亩；大专以上文化农民的平均单产529.6公斤/亩。此外，从调研情况来看，粮食单产在650公斤/亩以上的农户，有的仅小学文化、初中文化。由此可以发现，种植粮食时农民投入的准确性和充分性是决定产量和利润的关键因素。无论农民的年龄和文化水平如何，如果使用优质品种，注重肥料和病虫害防治措施，都可以带来高产。

表2.8　被调查种粮农户户主年龄、文化程度与粮食产量情况

指标／年龄	小学			初中			高中			大专以上		
	人数	比例（%）	单产（公斤/亩）	人数	比例（%）	单产（公斤/亩）	人数	比例（%）	单产（公斤/亩）	人数	比例（%）	单产（公斤/亩）
30～39岁	—	—	—	9	0.71	500	22	1.73	537.5	—	—	—
40～49岁	—	—	—	135	10.62	557.2	85	6.69	537.2	63	4.96	548.1
50～59岁	98	7.71	519.2	450	35.41	536.4	125	9.83	550.3	9	0.71	400
60～69岁	135	10.62	507.2	108	8.50	560.1	—	—	—	—	—	—
70岁以上	32	2.52	542.5	—	—	—	—	—	—	—	—	—
小计/平均	265	20.85	516.4	702	55.23	543.2	232	18.25	544.4	72	5.66	529.6

2.3.4 调研结果分析

(1) 种粮成本和收益情况。

一是经营规模情况。1271 份有效问卷的数据显示，2019 年户均种粮面积为 48.55 亩，调研统计结果如表 2.9 所示。在被调查的农户中，包含低于 10 亩、10~100 亩、100~500 亩、500~1000 亩和 1000 亩以上的粮食种植户，占接受调查的粮食种植总户数的比重分别为 29.35%、63.18%、6.69%、0.55%和 0.24%，户均粮食播种面积分别为 4.22 亩、36.74 亩、206.68 亩、996 亩和 1524.45 亩。

表 2.9　　不同规模种粮户种粮面积情况（2019 年）

	10 亩以下	10~100 亩	100~500 亩	500~1000 亩	1000 亩以上
调查户数（户）	373	803	85	7	3
涉及亩数（亩）	1574.06	29502.22	17567.8	6972	4573.35
户均亩数（亩/户）	4.22	36.74	206.68	996	1524.45

注：依据统计问卷 2 中 2019 年的"播种总面积"。

二是种粮成本情况。一般而言，粮食成本主要包括肥料、种子、农药、灌溉、农业机械、人工和土地（包括自有土地和流转土地）七个方面。人工成本包括两部分：雇用劳动成本和家庭成员的劳动。其中，家庭成员的劳动支付方式为非现金支付，计算起来较为困难，而其他成本支出是现金支出或易于转换为现金支出的支付方式。因此，家庭成员劳动的成本是基于机会成本得出，即农民的家庭成员从事粮食种植的实际工作时间和当地的普通劳动力的工资或在外地工作的农民工的工资。其中，对于妇女和 55 岁以上的老年人，大多数地区是按照年轻男性劳动工资的七成来支付的①。应该注意的是，粮食种植农民的实际工作时间不包含从事农活的休息时间或从事其他劳动所花费的时间。例如，如果农民每天只需要花费一个小时来种植，那么粮食种植的人工成本只能以一个小时计算，而不是每天 8 个小时。因此，本书根据收回的调查问卷，计算得到了各省区市农民种粮成本的构成情况

① 调研过程中发现，农村妇女平均工资是农村青壮年男劳动力平均工资的 50%左右。这里采取保守的折算法，取值 70%。

（见表 2. 10）。由于北京、天津、上海、西藏和青海的问卷量较少，故计算出的结果可能与真实值相差较大，所以本部分仅对全国除北京、天津、上海、西藏和青海外的 26 个省区市的情况进行分析。

表 2. 10　　调研省份代表性粮食作物种植成本

省份＼指标	作物	产量	种子	化肥	农药	灌溉	农机	劳动用工	土地成本	总成本
贵州	稻谷	495.29	54.53	106.11	22.46	16.18	99.6	1117.76	170.76	1587.4
云南	稻谷	550.55	52.45	126.18	45.47	20.86	137.57	949.78	224.18	1556.49
黑龙江	稻谷	515.67	39.79	94.66	35.34	52.25	257.82	388.55	496.72	1365.13
福建	稻谷	493.2	67.62	140.37	65.32	8.8	199.16	636.55	225.97	1343.79
浙江	稻谷	544.7	49.55	144.63	109.94	15.59	269.13	360.78	358.88	1308.5
广西	稻谷	422.69	75.99	155.45	69.11	12.64	207.71	558.82	205.77	1285.49
江苏	稻谷	587.21	63.45	157.91	93.56	52.37	177.65	376.55	331.26	1252.75
内蒙古	小麦	369.5	109.03	151.74	12.28	79.08	110.53	425.99	320.38	1209.03
广东	稻谷	408.69	66.92	166.45	51.29	8.53	216.39	456.64	189.44	1155.66
重庆	稻谷	488.57	44.05	83.07	21.4	4.32	204.65	632.64	141.35	1131.48
江西	稻谷	452.49	63.37	137.82	66.48	14.29	195.34	436.77	189.78	1103.85
河北	小麦	429.64	75.45	153.44	19.78	65.6	150.94	428.61	202.13	1095.95
宁夏	小麦	333.98	95.23	128.51	13.41	54.25	125.9	454.04	223.38	1094.72
安徽	稻谷	512.28	68.71	136.82	51.88	22.35	189.19	378.74	236.72	1084.41
吉林	玉米	526.72	58.35	159.89	17.6	2.2	145.65	363.32	335.98	1082.99
甘肃	小麦	315.15	71.56	133.56	9.65	23.21	155.16	540.63	137.28	1071.05
河南	小麦	434.37	56.11	179.73	24.92	17.68	130.78	369.57	288.9	1067.69
海南	稻谷	359.68	79.38	172.69	28.72	7.46	217.88	465.88	90.88	1062.89
湖北	稻谷	537.67	97.46	123.55	64.33	25.71	205.44	409.69	129.82	1056
山西	小麦	328.17	80.18	160.91	15.23	70.48	142.27	398.64	160.55	1028.26
四川	稻谷	514.74	51.83	106.99	18.24	9.62	133.36	582.82	120.97	1023.83
湖南	稻谷	453.1	48.69	105.75	61.72	9.75	195.14	389.06	180.87	990.98
辽宁	玉米	441.09	58.2	144.12	16.65	2.58	119.36	360.87	286.06	987.84
新疆	玉米	671.77	68.86	143.41	12.72	72.42	140.32	314.21	234.04	985.98
山东	小麦	439.11	55.3	171.31	15.16	48.51	144.71	354.64	182.32	971.95
陕西	小麦	390.35	78.23	128.58	13.07	58.89	135.53	411.19	88.41	913.9

注：表中各项为各省调研样本中农民种粮的亩均成本和亩均产量的简单平均，成本单位为元/亩，产量单位为公斤/亩。

从表2.10可以看出，不同地区、不同作物的农民种粮成本存在一定相似，但也存在明显差异。从总成本的高低来看，稻谷种植总成本最高的省份是云南（1556.49元/亩），最低的是湖南（990.98元/亩）；小麦种植总成本最高的是内蒙古（1209.03元/亩），最低的是陕西（913.9元/亩）；玉米种植总成本最高的是吉林（1082.99元/亩），最低的是新疆（985.98元/亩）。从总成本的构成来看，全国26个省区市占比最高的两部分都是劳动用工成本和土地成本，且两者之和占总成本的比重在全国26个省区市中都超过了50%。其中，贵州的劳动用工成本和土地成本之和占总成本的比重达到了81.17%，湖北的占比最低，但也达到了51.09%。种子、化肥、农药和农机等农用物资的成本，在南北方之间存在差异。在北方，化肥费的占比较大，种子费和农药费支出相对较少。例如，山东的化肥成本占种粮总成本的比重达到17.63%，但种子成本和农药成本的占比则分别是5.69%和1.56%。而在南方，农民主要种植稻谷，农药费和农机费支出较多，其次是灌溉费用等支出。如湖南农民种植稻谷的亩均成本为990.98元，其中农机成本为195.14元/亩，占总成本的19.69%；农药费用为61.72元/亩，占总成本的6.23%，而灌溉费为9.75元/亩，占总成本比重仅为0.98%。其原因是，在大多数南部地区，灌溉稻谷所需的水通常是村庄的集体财产，在南部，降雨充沛，水资源丰富，因此灌溉成本更低。

本次调研回收的问卷中，关于稻谷种植成本和收益的问卷有942份，占总问卷数的68.36%。因此，我们以稻谷为例，分析拥有不同规模的稻谷种植者的家庭收益差异（见表2.11）。从成本来看，每亩不足10亩、10~100亩、100~500亩、500~1000亩、1000亩以上的稻谷种植户平均成本分别为962.85元、957.79元、1099.32元、1187.49元、1208.67元。随着稻谷种植规模的不断增加，我们可以看到，每亩稻谷种植者的成本先下降然后上升。在每个稻谷种植规模组别中，每组稻谷种植户的成本结构都有一定差异。从表2.11可知，在种植面积小于10亩的稻谷种植者中，成本最低的是土地和灌溉成本，这两个成本的总和占每亩稻谷种植者的平均成本比为12.8%，两部分成本之和占10~100亩、100~500亩、500~1000亩、1000亩以上的稻谷种植户平均成本分别为30.6%、32.04%、31.15%、32.32%。而投入的种子、肥料和杀虫剂的成本之和占每亩不足

10 亩、10～100 亩、100～500 亩、500～1000 亩、1000 亩以上的稻谷种植户平均成本分别是 34.49%、16.12%、16.36%、18.27%、17.25%。两者的区别是，首先，普通农民的劳动投入通常不包括在生产成本中，因此总成本很低，大户不得不雇用工人，而劳动力成本是必需的且更高。其次，由于种植规模的不断增加，劳动力成本也逐渐增加（根据研究团队对江西省部分地区调研的结果，2015 年短工的日工价是 160～180 元/天，2019 年上涨到 200～250 元/天），种粮大户进而减少了劳动力的雇佣，增加了对农业机械的需求，结果在农用机械上的支出也在增加。此外，大户的大部分土地都转让得到的，因此土地使用成本很高，即大户的土地成本（土地租赁费）相应增加。因此，大户每亩种植稻谷的成本远高于普通农户，种植越大，成本就越高。

表 2.11　被调研稻谷种植户的亩均成本情况　单位：元/亩

项目	低于 10 亩	10～100 亩	100～500 亩	500～1000 亩	1000 亩以上
种子	57.52	33.54	41.37	44.32	31.25
化肥	165.22	77.63	78.55	103.97	130.01
农药	109.33	43.24	59.97	68.67	47.29
灌溉	27.25	10.6	14.18	16.49	19.38
农机	231.21	166.65	189.78	206.31	236.94
劳动用工	276.32	343.65	377.39	394.3	372.59
土地成本	96	282.48	338.08	353.43	371.21
总成本	962.85	957.79	1099.32	1187.49	1208.67

注：表中各项为调研样本中农民种粮的亩均成本的简单平均，单位为元/亩。

三是种粮收益情况。农民的粮食种植收入减去粮食种植费用就可以产生农民的粮食种植收入。总体而言，地理条件和粮食作物差异很大，但所调查省份中农民的利润普遍较低，平均利润为 0.67%，不少省份在不考虑补贴的情况下是亏损的。其中，粮食主产省的种粮成本收益率普遍高于非粮食主产省，全国 13 个粮食主产省的平均成本利润率达到 7.22%，而非粮食主产省的成本利润率却为 -5.88%。考虑补贴的情况下，被调研农户的平均利润率为 8.04%。其中，含补贴的成本利润率最高的省份是四川，达到了 29.47%，其次是湖北、江苏和湖南，分别为 27.52%、25.59%、

25.25%。北方省份的成本利润率则相对偏低，如河北、陕西、吉林和河南的成本利润率都在10%以下，甘肃和山西的成本利润率为负值。结合表2.12来看，四川、湖北、湖南的成本利润率较高，主要是因为这些地区土地成本和劳动用工成本相对其他省份来说更低，因而种植总成本也相对更低。而江苏和黑龙江虽然种粮总成本很高，但总产值也相对较高，所以两省的成本利润率在全国来看仍比较可观。吉林、河南、湖北和陕西的种粮总成本相较于其他省份偏低，其总产值和补贴也相对较低，所以这些省份的成本利润率不高。

表 2.12　　被调研省份粮食种植利润情况

调研省份	粮食作物	亩均种粮成本（元）	亩均种粮总产值（元）	亩均种粮净收入（元）	不考虑补贴的成本利润率（%）	考虑补贴的成本利润率（%）
河北	小麦	1095.95	1051.19	-44.76	-4.08	6.31
山西	小麦	1028.26	877.76	-150.5	-14.64	-8.12
内蒙古	小麦	1209.03	1172.07	-36.96	-3.06	5.94
辽宁	玉米	987.84	1002.45	14.61	1.48	10.59
吉林	玉米	1082.99	1012.11	-70.88	-6.54	1.40
黑龙江	稻谷	1365.13	1455.11	89.98	6.59	11.85
江苏	稻谷	1252.75	1503.29	250.54	20.00	25.59
浙江	稻谷	1308.5	1334.39	25.89	1.98	7.33
安徽	稻谷	1084.41	1257.83	173.42	15.99	20.28
福建	稻谷	1343.79	1242.45	-101.34	-7.54	-3.05
江西	稻谷	1103.85	1091.57	-12.28	-1.11	1.81
山东	小麦	971.95	1054.46	82.51	8.49	21.35
河南	小麦	1067.69	1017.03	-50.66	-4.74	0.87
湖北	稻谷	1056	1291.57	235.57	22.31	27.52
湖南	稻谷	990.98	1136.18	145.2	14.65	25.25
广东	稻谷	1155.66	1145.81	-9.85	-0.85	4.56
广西	稻谷	1285.49	1149.51	-135.98	-10.58	-0.12
海南	稻谷	1062.89	824.69	-238.2	-22.41	-9.63
重庆	稻谷	1131.48	1205.81	74.33	6.57	18.83

续表

调研省份	粮食作物	亩均种粮成本（元）	亩均种粮总产值（元）	亩均种粮净收入（元）	不考虑补贴的成本利润率（%）	考虑补贴的成本利润率（%）
四川	稻谷	1023.83	1268.78	244.95	23.92	29.47
贵州	稻谷	1587.4	1423.53	-163.87	-10.32	-6.09
云南	稻谷	1556.49	1616.14	59.65	3.83	10.43
陕西	小麦	913.9	856.89	-57.01	-6.24	2.95
甘肃	小麦	1071.05	929.48	-141.57	-13.22	-1.62
宁夏	小麦	1094.72	906.23	-188.49	-17.22	-10.70
新疆	玉米	985.98	1126.37	140.39	14.24	16.06

注：①根据调研数据计算得到，计算方法为农户粮食销售总收入的简单平均；②计算方法为（种粮总产值 - 种粮成本）/种粮成本；③计算方法为（种粮收入 - 种粮成本 + 补贴收入）/种粮成本。

不同种植规模的成本利润率存在差异。将研究团队调研获得的942份稻谷调查问卷按种植规模分为10亩以下、10～100亩、100～500亩、500～1000亩、1000亩以上五个组别后，统计得出亩均成本、亩均总收入（含补贴）、亩均净收入和成本利润率，如表2.13所示。可以看出，2019年，稻谷种植面积分别为10亩以下、10～100亩、100～500亩、500～1000亩、1000亩以上的粮食种植户的含补贴总收入分别是1181.17元、1363.31元、1359.46元、1277.93元和1364.56元。随着稻谷种植规模的增加，每组每亩的总收入出现些许增加，其中，种植10～100亩和1000亩以上谷物的农户，其收入增长最多。就每亩纯收入而言，在10～100亩种植者群体中最大，而种植面积为100亩或以上的种植者每亩纯收入则呈现下降趋势，10～100亩的稻谷种植者的最高成本效益比为0.43，而500～1000亩的稻谷种植者的成本效益比最低。值得注意的是，去除补贴后，粮农大户的收入状况不一定良好。从表2.13可知，种植面积为100～500亩的种植者的每亩纯收入仅为95.64元，而种植面积为500～1000亩的种植者的收入为负值，即-74元。这充分表明，一些大户的当前收入主要来自政府补贴的收入，而稻谷种植的销售收入并不多，这极大地挫伤了种植者的积极性。在研究过程中，调研组还发现，大多数农民仅在一个季节种植稻谷。原因主要与稻谷种植成本高但大米价格低有关。近年来，稻谷种植的原材料及人工费用出现急剧上涨，但大米的市场价格并未相应地上涨。大户具有高度的风险意识，因此不敢增加其稻谷种植规模。通常，大户仅种植一个季节的稻谷，在种植期间不种植其他类型作物，并且根据特殊情况还可能存在抛荒行为。

表 2.13　　被调研种粮户不同组别的稻谷利润情况　　单位：元

项目	低于 10 亩	10 ~ 100 亩	100 ~ 500 亩	500 ~ 1000 亩	1000 亩以上
亩均成本	962.85	957.79	1099.32	1187.49	1208.67
亩均总收入（含补贴）	1181.17	1365.31	1359.46	1277.93	1464.56
亩均净收入	218.32	407.52	260.14	90.44	255.89
成本利润率（%）	0.23	0.43	0.24	0.08	0.21
亩均净收入（不含补贴）	146.18	213.97	95.64	-64.98	115.58

（2）农业基础设施与社会化服务情况。

一是农用物资采购方式。生产环节是决定种植收入水平的关键环节。农用物资的投入，如种子、农药和肥料的选择不当，将对粮食种植的产量和收益产生重大影响。购买农资的方式多种多样，如“农民 + 市场”“公司 + 农民”“农民 + 专业组织”等，换句话说，可以使农民单独到市场上购买，或者由农资公司提供，或者由合作社和乡村统一购买。这三种方法对农资的购买效率和收益有不同的影响。在购买农资的三种方法中，“农民 + 市场”这一模式的交易量最大，根据农用物资采购方式调查情况来看（见表 2.14），被调研的 1271 户农户中，采取“单独购买”方式的有 57.82%，采取“统一采购（搭伙购买、合作社、村集体）”方式的有 29.26%，而采用“由签协议企业统一提供”方式的则有 12.92%。农民到市场独自采购的方式，尽管数量很多，但是与其他具有较高组织结构的交易方式相比，该交易方式中农户的交易地位相对较低，农资价格更高，因此农资公司可以从农民那里受益更多。并且，当前的农资市场尚不规范，农资公司很多，但经营规模不大，小型生产企业大多没有营业执照，增加了农资市场的监管难度，假冒伪劣产品常有，农资质量难以保证。被调研的部分农户反映，曾多次购买过假种子、假化肥，粮食年产量因此大大下降。根据国外相关经验，成功解决农民与农资市场之间矛盾的一种方法是：通过在生产、加工等环节积极发展合作社，有效地结合家庭管理与组织化经营的优势。农民购买联盟是农业合作组织的主要形式之一，可以解决农民购买农资可能发生的一些问题。但是，尽管国家农业合作社已经发展到一定程度，但其数量仍很少，适用范围也不广。许多农业合作组织没有固定的办公点，也没有参与农资市场竞争的完整设施。

表 2.14　　被调查农户的农资采购方式

	选项及人数		
	单独采购	统一采购（搭伙购买、合作社、村集体）	由签协议企业统一提供
农机	712	423	121
种子	624	354	244
化肥	695	301	109
农药	668	292	131
农膜	58	25	11

二是种植技术和服务来源。如何提高农作物产量的研究已从经验驱动转变为技术驱动。问卷调研结果显示（见表 2. 15），48. 44% 的农户都是靠自己琢磨农业技术，而本应该是技术推广中坚力量的乡镇农技站服务占比却仅为 16. 8%。值得重视的是，农资销售店对农户在农药喷施、肥料优选等方面的服务占比为 12. 18%，但是，农资市场仍不够完善，存在出售种子质量差、存活率不高等问题，因此需要尽快规范农资市场运作。

表 2. 15　　被调查农户的种植技术和农业服务来源情况

技术来源	选择人数
自己琢磨（经验、查网络）	839
问街坊邻居	135
农资销售店	211
乡镇农技站	291
合作社	78
电视（广告、农技师）	63
相关农业企业	61
高校或科研机构	54

三是所耕种农地的基础设施情况。农业活动相关的基础设施是现代农业的基本发展条件。大户对农业活动的基础设施的依赖比传统农民更大，但是实际农业方面的基础设施建设情况与大户需求之间的矛盾变得更加突出。表2.16较为直观地反映了农业方面基础设施建设的差距。首先，农田涉及的水利建设出现功能严重退化现象。粮食丰收与否关键在水，但目前农田喷灌、滴灌等技术的使用情况和农田水渠的通达情况都不容乐观，相关的支持体系不完整、管理和维护不善以及其他问题严重影响了农业方面的基础设施。农民反馈特别强烈的"最后一公里"问题，如"断渠"和"泥渠"等问题严峻。其次，农村道路的运行和运输能力不足。由表2.17可知，对农田道路交通情况和农田平整集中情况感到一般或不满意的农户竟高达57.22%，机种、机收服务便利度，仅有13.63%觉得非常好。近年来，越来越多的大型拖拉机、播种机，与此同时，农用机械的道路破旧不堪，缺乏维修甚至被"侵占"。在调查中，大户多次指出："在这一季节，狭窄的道路使收割机械几乎无法通行，过往的农机要绕道行驶会严重影响生产效率。"最后，缺乏农业减灾的服务系统，特别是河流的防洪和排涝，57.15%以上的被调查农户认为当前农业基础设施的防洪与排涝能力较差或一般。

表2.16　　被调查农户所耕种农地的基础设施情况

	选项及人数					合计
	特别差	比较差	一般	比较好	非常好	
喷灌、滴灌等技术使用情况	125	123	374	373	78	1073
农田河道、水渠通达情况	91	156	510	412	74	1243
农田道路交通情况	58	84	539	448	77	1206
农田平整集中情况	58	108	501	413	71	1151
机种、机收服务便利度	25	56	466	391	148	1086
防洪与排涝能力	73	126	512	406	127	1244

表 2.17　　被调查农户期望政府在粮食种植方面解决的困难

	选项及人数			合计
	不需要	比较需要	非常需要	
农业技术知识培训	114	550	408	1172
农业的信贷/贷款担保服务	316	467	264	1147
继续施行粮食最低保护价	32	351	566	1049
协助流转土地，合并整理农田	128	450	497	1275
加大水利等基础设施建设	43	378	633	1154
控制地租价格抬高	149	414	497	1160
保障农资采购渠道	90	420	520	1130
完善农业灾害保险制度	35	336	602	1073
对大户补贴加大力度	27	293	830	1250

四是期望政府在粮食种植方面解决的困难。从前面分析可知，中国社会化农业服务业的发展仍相对缓慢，以往“七站八院”的服务效率过低，基层分布的农技人员往往待遇不足且人数也严重短缺，因此需要政府相关部门从政策供给、环境优化等方面采取有效激励机制。由表 2.17 可知，针对农技推广不足、农业技术服务差的问题，43.34%被调查农户认为非常需要政府多渠道提供农业技术知识培训。针对土地、人工、农资和农用机械的成本攀升所引起的成本上涨问题，51.47%被调查农户认为非常需要政府控制地租价格抬高；54.67%被调查农户认为非常需要政府协助流转土地，合并整理农田；54.87%被调查农户认为非常需要政府保障农资采购渠道。针对当前种粮成本高、收益低的问题，31.73%被调查农户认为非常需要政府提供农业信贷服务/贷款担保；63.49%被调查农户认为非常需要政府继续施行粮食最低保护价；74.4%被调查农户认为非常需要政府加大对大户的补贴力度。应对自然灾害、恶劣天气、农业面源污染等问题导致的损失，农户普遍对农业保险持不信任态度，65.42%被调查农户认为非常需要政府完善农业灾害保险制度，解决保险理赔中间的审核环节“自由裁量权”过多的难题。针对农田水利设施差的问题，63.52%的被调查农民则认为政府应注重保护农业用地，加强农业生产的基础设施的建设和管理。

2.4　粮食种植成本预测分析

国内研究人员对农产品成本收益的分析，始于20世纪50年代末，主要是对其核算指标的设置方式进行研究，并提出相应的优化建议。80年代后，研究人员的研究重心逐步转向对于成本收益的深层次分析[1]。目前，众多学者对粮食种植成本效益进行了深入细致的研究，主要集中在以下几个方面：一是粮食成本收益变动趋势分析。中国的粮食种植成本与经济周期的变动紧密相关，呈波浪上升的态势。二是粮食成本收益与不同农作物、不同地区及与全国平均的比较分析。关于造成粮食成本区域差异的原因，部分学者认为主要与中国各地的资源禀赋、环境、技术发展、地区政策、经营规模差异及要素价格差异有较大关系。三是中外粮食成本收益的比较分析。闫丽珍等通过研究发现，美国玉米生产和中国玉米生产的特征有所不同，分别呈现出“低成本、高产出、高补贴”和“高成本、低产出、低补贴”特征[2]。庞守林等认为中国粮食单位成本低于美国，尽管学者们对中美粮食生产成本的高低存在分歧，但是均认为美国的粮食补贴高于中国。四是粮食成本收益影响因素分析。人工成本的上涨、土地流转价格的提升和化肥、农药等成本的飞速提高是推动粮食成本上升的主要原因。提高粮食价格、控制成本和提升单产三者均为促进农户增收的有效手段。五是经济效益评价。部分学者分别采用成本收益关联指标法和综合评价方法对粮食经济效益进行了评价。

本部分依据2007～2018年中国粮食种植成本收益资料，试图运用Holt－Winters无季节性模型及ARMA模型构成的组合模型，对中国2007～2018年粮食种植成本进行预测分析，为相关部门降低粮食种植成本提供决策依据[3]。

2.4.1　数据来源及模型原理

(1) 数据来源。

本部分所预测分析的粮食种植成本是指粮食种植实际生产成本，即物质与服务费用、雇工费用及流转地租金之和，其数据直接来源于《全国农产品成本收益资料汇编（2008～2019 年）》。变量数据的取样时间段为 2007～2018 年。

（2）模型构建。

① Holt－Winters 无季节性模型。

Holt－Winters 无季节性模型适用于具有线性时间趋势但无季节变化的序列，模型形式如下：

$$a_t = \alpha y_t + (1-\alpha)(a_{t-1} + b_{t-1}) \tag{2.1}$$

$$b_t = \beta(a_{t-1} + b_{t-1}) + (1-\beta) b_{t-1} \tag{2.2}$$

$$\hat{y}_{t+k} = a_t + b_t k \tag{2.3}$$

其中，a^t 表示截距，b^t 表示斜率。参数 a^t、b^t 由递归式（2.1）、式（2.2）确定，α、β 在 0～1，为阻尼因子。y_t 平滑后的序列 $\hat{y}_t$ 由式（2.3）给出，k 为预测步长，k＞0，并由该式对时间序列进行预测。

② ARMA 模型。

ARMA 模型是指先拟合时间序列的确定性趋势，再根据随机理论对残差序列拟合自回归移动平均 ARMA 模型。该模型既能描述时间序列的确定性变动趋势，又能反映序列的随机变动规律，因此，用该模型预测时间序列，尤其是非平稳序列，效果较佳。

当时间序列 y_t 随时间变化呈现持续上升或下降的长期趋势，同时又无明显的季节波动时，可以建立 ARMA 模型，其形式如下：

$$y_t = f(t) + u_t \tag{2.4}$$

$$u_t = c + \phi_1 u_{t-1} + \cdots + \phi_p u_{t-p} + \varepsilon_t + \theta_1 \varepsilon_{t-1} + \cdots + \theta_q \varepsilon_{t-q} \tag{2.5}$$

其中，函数 f(t) 为时间序列的确定性长期趋势，反映了各种主要因素对 y_t 长期变动趋势的影响，t 为时间变量。ϕ_1，ϕ_2，…，ϕ_p 为自回归模型系数，θ_1，θ_2，…，θ_q 为移动平均模型系数，p、q 分别为自回归模型和移动平均模型的最高阶数。随机扰动项 u_t 服从 ARMA（p，q）过程，反映了随机因素及除主要因素之外的其他影响因素对 y_t 的影响，ε_t 为白噪声过程。

2.4.2 Holt－Winters 无季节性模型预测

本部分采用 EViews 对 2007～2018 年中国稻谷、小麦和玉米三种粮食作物的种植成本数据进行指数平滑，并对 2019～2023 年三种粮食作物的种植成本进行预测。其中指数平滑结果如表 2.18 所示。

表 2.18　2007～2018 年中国稻谷、小麦和玉米种植成本指数平滑结果

种类	系数 α	系数 β	残差平方和	误差均方根
稻谷	0.26	1	12364.35	32.1
小麦	0.37	1	2170.9	13.5
玉米	0.23	0.2	189969.7	125.8

由表 2.18 可得，稻谷指数平滑公式中的 α 和 β 分别是 0.26、1；小麦指数平滑公式中的 α 和 β 分别是 0.37、1；玉米指数平滑公式中的 α 和 β 分别是 0.23、0.2。2019～2023 年中国三种主要粮食种植成本预测如表 2.19 所示。

表 2.19　2019～2023 年中国稻谷、小麦和玉米种植成本指数平滑预测结果

预测年份	稻谷	小麦	玉米
2019	653.8986	504.9213	430.0098
2020	667.5555	514.0029	441.7987
2021	681.2124	523.0845	453.5876
2022	694.8693	532.1661	465.3766
2023	708.5262	541.2477	477.1655

2.4.3　ARMA 模型构建及预测

（1）模型形式分析。

2007～2018 年中国稻谷、小麦和玉米三种粮食作物种植成本的时间序列图以及一阶差分图如图 2.45～图 2.50 所示。

由图 2.45、图 2.46 和图 2.47 可知，从动态的角度分析，中国稻谷、小麦和玉米三种粮食作物种植成本总体呈上升趋势，并伴有一定的随机波动。由一阶差分图 2.48、图 2.49 和图 2.50 可知，粮食种植生产成本增长幅度总体亦呈上升趋势。

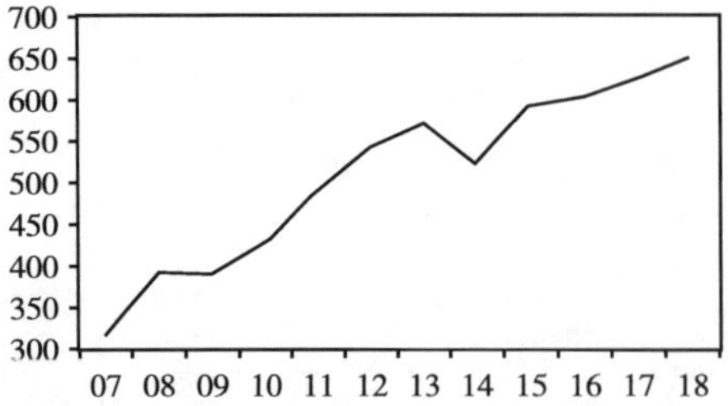

图 2.45　稻谷种植成本序列图

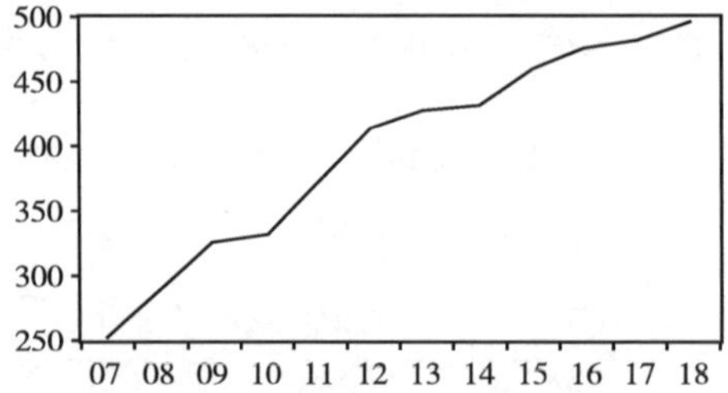

图 2.46　小麦种植成本序列图

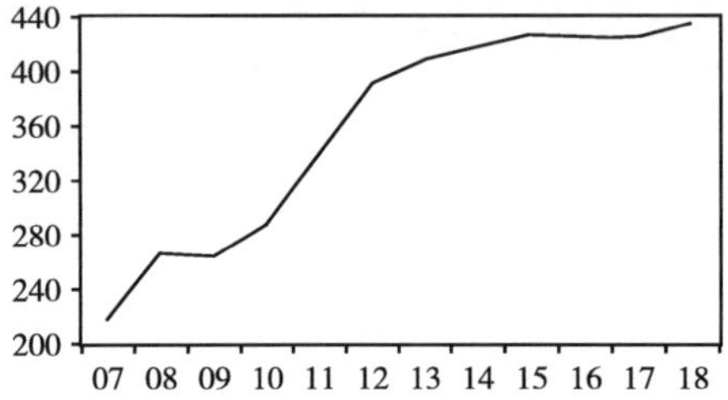

图 2.47　玉米种植成本序列图

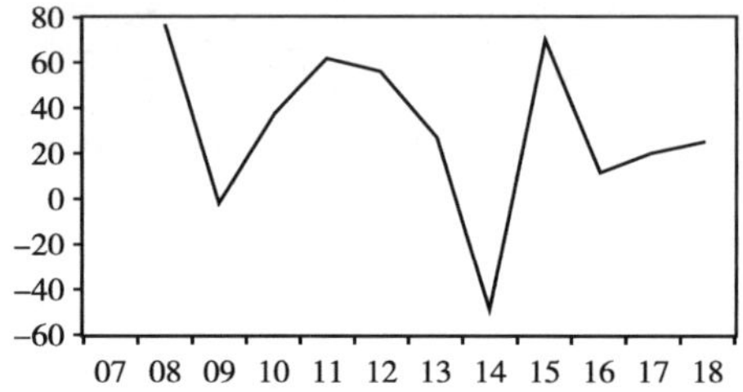

图 2.48　稻谷种植成本一阶差分序列图

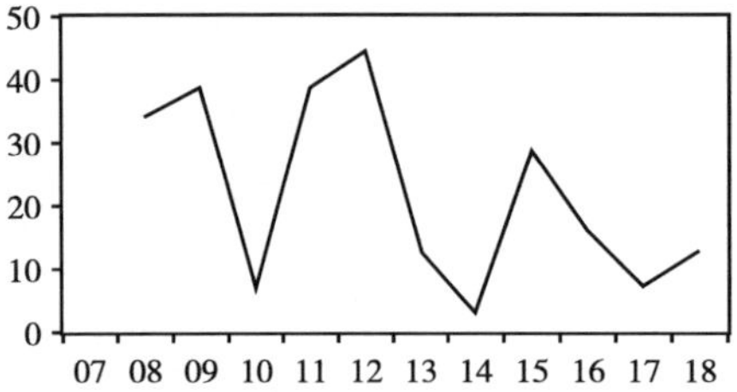

图 2.49　小麦种植成本一阶差分序列图

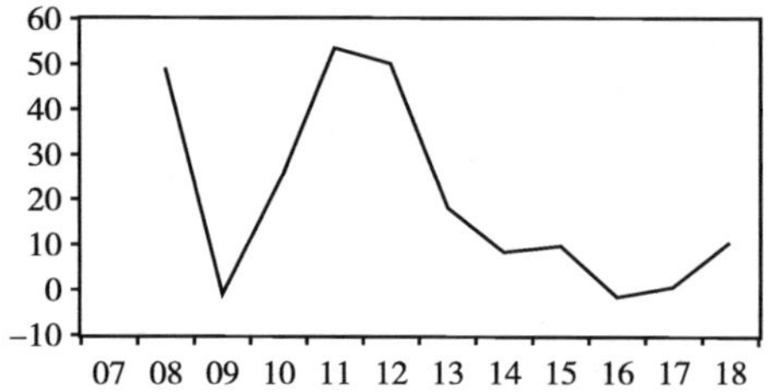

图 2.50　玉米种植成本一阶差分序列图

（2）模型识别。

为得到较为准确的判断结果，采用 ADF 单位根检验对稻谷、小麦和玉米生产成本进行平稳性检验，并分别用 DG、XM 和 YM 表示。如表 2.20 所示，可知残差序列在 1% 的置信水平上显著。只有平稳的时间序列才能够建立 ARMA 模型，因此，可对残差序列构建自回归移动平均模型。

表 2.20　　稻谷、小麦和玉米种植成本 ADF 单位根检验

变量	检验类型	t 统计量	P 值	结论
DG	(1, 0, 1)	-4.42	0.0084	平稳***
XM	(C, T, 1)	-4.68	0.0258	平稳**
YM	(C, 0, 0)	-6.61	0.0007	平稳***

注：检验类型中的 C 表示常数项（取 0 表示无常数项），T 表示趋势项（取 0 表示无趋势项），K 表示滞后阶数；***、**、* 分别表示在 1%、5%、10% 的水平上显著。

通过对变量的自相关与偏自相关系数可以识别 ARMA 模型中 p 和 q 的阶数。由自相关与偏自相关系数图可知，玉米、小麦自滞后 1 期开始，直至滞后 11 期的所有自相关系数均落入 95% 的置信区间，故移动平均参数 q 取 0；滞后 1 期的偏自相关系数均显著不为 0，其余各期的数值均在置信区间内，所以自回归参数 p 取 1。因此，可对玉米、小麦种植生产成本的残差序列建立 ARMA（1，0）模型，即 AR（1）模型。

（3）模型估计与检验。

由稻谷、小麦和玉米三种粮食作物种植生产成本的模型形式分析与模型识别可得到其 ARMA 模型，其基本形式如下：

$$PC_t = \beta_0 + \beta_1 t + u_t \tag{2.6}$$

$$u_t = \phi_1 u_{t-1} + \varepsilon_t \tag{2.7}$$

由 EViews 可得到 ARMA 模型的参数估计值，稻谷、小麦和玉米的拟合优度分别为 80.14%、88.55% 和 86.18%，表明组合模型拟合效果很高；F 值伴随概率均在 1% 的显著性水平上拒绝原假设，表明组合模型整体相关关系显著。

之后用 Q 检验的方法验证模型的随机误差项是否为白噪声序列，结果显示，所有的 Q 检验值均在 5% 的临界值水平内，u_t为白噪声序列。并且经过 ARCH 检验，此模型滞后一阶的 P 值为 0.6332，因此可以在 5% 的显著性水平上接受该模型不存在异方差的假设。稻谷、小麦和玉米的 ARMA 模型的残差序列均为平稳序列，同时，模型的估计值与实际值基本一致，表明模型的拟合度很高，其短期预测效果较高。

（4）ARMA 模型估计结果。

用 ARMA 模型对 2007～2018 年中国稻谷、小麦和玉米三种粮食作物种植生产成本进行预测，预测结果如表 2.21 所示。

表 2.21　　2019～2023 年中国粮食种植成本 ARMA 模型预测值

预测年份	稻谷	小麦	玉米
2019	661.419	511.454	430.996
2020	673.646	528.26	447.029
2021	686.27	535.154	463.222
2022	699.271	552.135	479.568
2023	722.629	579.201	496.062

2.4.4 组合预测模型在粮食种植成本中的应用

（1）建立组合模型。

组合模型为：$pcf = \alpha_1 pcf_1 + \alpha_2 pcf_2$，其中，pcf、$pcf_1$、$pcf_2$分别为粮食种植生产成本的组合预测值、指数平滑预测值及 ARMA 预测值，α_1、α_2分别为指数平滑模型及 ARMA 模型的组合权重，$\alpha_1 + \alpha_2 = 1$。

（2）确定组合权重。

本章遵循误差越大，在组合预测中所占的比重越小的原则，选取组合模型的权重为 $\alpha_i = \frac{(s_i^2)^{-1}}{\sum_{i=1}^{2}(s_i^2)^{-1}}$，其中，$S_i^2$（i = 1、2）分别为指数平滑模型及 ARMA 模型预测误差的平方和，通过计算，得到稻谷、小麦和玉米的组合权重如表 2.22 所示。

表 2.22　　2007～2018 年中国粮食种植成本组合模型的组合权重

	α_1	α_2
稻谷	0.33	0.67
小麦	0.21	0.79
玉米	0.95	0.05

（3）中国稻谷、小麦和玉米种植成本组合预测。

运用 Holt－Winters 无季节性模型及 ARMA 模型构成的组合模型，可以得到中国三种主要粮食作物种植成本预测结果，如表 2.23 所示。

表 2.23 2019～2023 年中国三种粮食作物种植成本组合模型预测值

	年份	平滑预测值	ARMA 预测值	组合预测值
稻谷	2019	653.90	661.42	658.95
	2020	667.56	673.65	671.65
	2021	681.21	686.27	684.61
	2022	694.87	699.27	697.83
	2023	708.53	722.63	718.00
小麦	2019	504.92	511.45	510.10
	2020	514.00	528.26	525.30
	2021	523.08	535.15	532.64
	2022	532.17	552.14	547.98
	2023	541.25	579.20	571.31
玉米	2019	430.01	431.00	430.06
	2020	441.80	447.03	442.05
	2021	453.59	463.22	454.05
	2022	465.38	479.57	466.06
	2023	477.17	496.06	478.07

2.5 本章小结

分析种粮成本的变动态势，并科学预测未来走势，对评估种粮成本变动对粮农收入和国家粮食安全的影响有着重要的意义。

本章基于历年统计年鉴的数据，计算了全国及粮食主产区省份主要粮食作物（稻谷、小麦和玉米）的总成本及各类细分成本均呈上升趋势，各类细化成本在总成本种的比重存在较大差异。其中，物质与服务费用在粮食生产总成本中比重最大，其后为人工成本，土地成本占比最小。化肥费用在物质与服务费用中比重最大，其次是机械作业费、农药费和种子费。并且，在不同省份间，各类成本占总成本的比重存在一定差别。如北方地区的排灌费较高；南方地区的排灌费用较低，肥料费和机械作业费较大。此外，中国虽然是粮食生产和消费大国，但与世界农业发达地区和国家相比，种粮收益仍然比较低下，粮食生产在国际上竞争优势不明显[4]。而不同的国情、农情使各国农作物成本核算体系有所不同，科学对比国内外种粮成本和收益，对找准中国粮食在国际市场中的定位十分重要。因此，本章还以中美为例，比较了两国的成本核算体系以及近些年两国的种粮成本与收益情况。研究发现中国的人工成本远高于美国，而美国的直接费用和间接费用高于中国，两国土地成本相差不大。在种粮收益方面，在 2008 年之前，中国的种粮收益相较于美国更高，但是 2008 年之后两国粮食收益相差不大。接着，对回收的问卷进行分析，深入了解粮食种植成本和收益变动情况、社会化服务相关问题、基础设施建设问题以及粮食储备情况等。分析发现：近五年来，主要地区的种粮成本都呈增加态势，农民种粮收益的增收压力加大，在自然灾害、突发疫情等的影响下，农民甚至出现亏损；不同地区、不同作物及不同规模的农民种粮成本存在一定相似，但也存在明显差异；超过一半的被调查农户表示非常需要政府从技术培训、信贷服务、最低保护价等多方面继续给予支持。此外，基层粮食储备面临设备老旧、员工结构趋于老龄化且待遇和福利得不到保障等问题。最后，依据 2007～2018 年中国粮食种植成本收益资料，本章运用 Holt－Winters 无季节性模型及 ARMA 模型构成的组合模型，对中国 2007～2018 年粮食种植成本进行预测分析，预测得出未来五年中国三种粮食作物的种植成本增长情况，以期为相关部门降低粮食种植成本提供决策依据[5]。

本章主要参考文献

[1] 范成方．山东省粮食种植效益研究［D］．泰安：山东农业大学，2014.

[2] 闫丽珍，成升魁，闵庆文，等．中美玉米生产成本的动态比较［J］．中国农村经济，2004（08）：65－72.

[3] 范成方，史建民．基于 Holt－Winters 及趋势—ARMA 组合模型的粮食种植成本预测分析——以山东省玉米、小麦为例［J］．中国农业资源与区划，2014，35（03）：45－51.

[4] 国家统计局重庆调查总队课题组，童泽圣．我国粮食供求及“十三五”时期趋势预测［J］．调研世界，2015（03）：3－6．

[5] 丁晨芳．组合模型分析方法在我国粮食产量预测中的应用［J］．农业现代化研究，2007（01）：101－110．

3　近年来中国种粮成本上涨的原因分析

粮食种植成本上涨是多种影响因素综合作用的结果。目前，已有不少学者对种粮成本上升的原因进行了探究，为本章分析中国近年来种粮成本上涨的原因提供参考依据和理论支持。

3.1　选取影响因素

3.1.1　物质与服务费用

根据（2014～2019 年）《全国农产品成本收益汇编》数据显示，2013～2018 年，中国主要粮食作物亩均主产品产量仅增加 1.04%，但总成本上涨了 6.59%。为探讨中国种粮成本上涨的主要原因，我们需要深入剖析种粮成本的构成，并基于历年种粮成本的相关数据进行实证研究。

物质与服务费用主要包含直接、间接费用两部分。根据 2014～2019 年《全国农产品成本收益资料汇编》相关数据显示，对中国三种主要粮食作物而言，化肥费用和租赁作业费用占物质与服务费用比例较大，种子费和农家肥费以及农膜费上涨较慢且所占比重较低（见图 3.1）。

间接费用则主要包括固定资产折旧、保险费、管理费、财务费和销售费。2013～2018 年粮食种植的物质与服务费用（间接费用）的变动情况如图 3.2 所示，固定资产折旧和保险费占比较大，且保险费呈现明显上涨趋势。

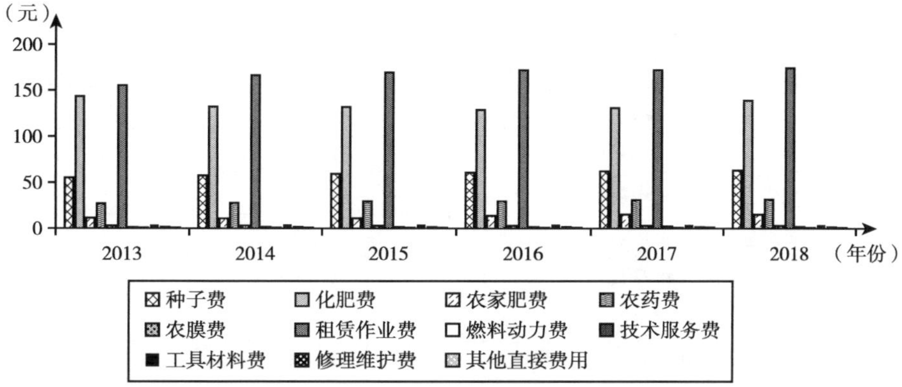

图 3.1　全国 2013～2018 年稻谷、小麦和玉米种植亩均物质与服务费用（直接费用）

数据来源：全国农产品成本收益资料汇编（2014～2019 年）。

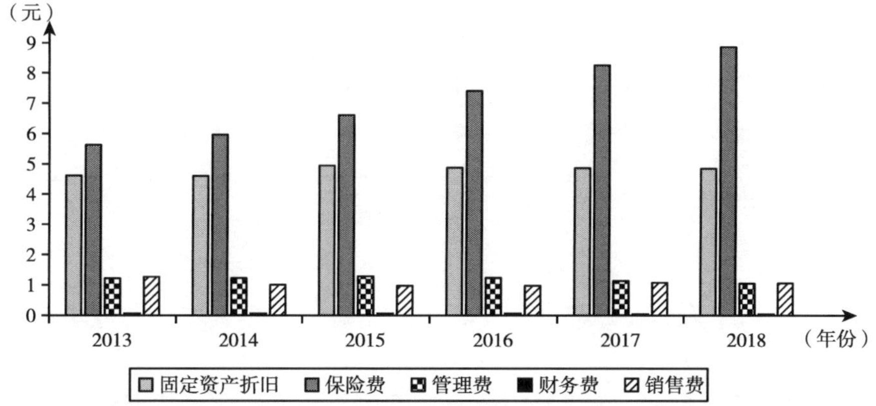

图 3.2　全国 2013～2018 年稻谷、小麦和玉米种植亩均物质与服务费用（间接费用）

数据来源：2014～2019 年《全国农产品成本收益资料汇编》。

如表 3.1 所示，农业生产资料价格指数在 2010 年为 102.9，2014 年为 99.1，2018 为 103.1，呈现波浪形变动趋势。除农业生产服务价格指数呈持续增长态势外，其余价格指数均呈波浪式变动趋势（为便于分析比较，本部分以 2009 年为基期，基数为 100）。

表 3.1　　全国 2010 ~ 2018 年农业生产资料价格指数

指数	2010 年	2012 年	2014 年	2016 年	2018 年
农业生产资料指数	102.9	105.6	99.1	100.1	103.1
农用手工工具指数	102.5	104.4	103.1	101	103.8
机械化农具生产资料价格指数	101.4	102.1	100.6	100	101.8
化学肥料生产资料价格指数	98.6	106.6	94.2	96.9	107.4
农药及农药械生产资料价格指数	100.4	102.4	101.2	99.9	104.8
化学农药生产资料价格指数	100.2	102.2	101.3	—	—
农药器械生产资料价格指数	102.4	103.7	100.7	—	—
农用机油生产资料价格指数	110.3	104.2	98.2	96.6	112.6
其他农业生产资料价格指数	107.2	105.9	102.1	99.9	101.3
农用种子生产资料价格指数	109	108.2	102.5	—	—
农业生产服务价格指数	104.3	108.3	104	102.8	101.5

数据来源：国家统计局/统计数据/年度数据（http：//data.stats.gov.cn/）。

据课题调研结果，黑龙江、山东、河南和江西等粮食主产区的间接费用呈降低趋势，在粮食生产总成本中所占比例较小。其主要原因在于近年来中国的各种农业扶持政策力度不断加大，特别是2003年以后，中国逐渐免除了农业税和其他各项农业种植费用，使间接费用占粮食生产成本的比重不断走低，对种粮成本的影响已微乎其微[1]。

3.1.2　人工成本

在种粮总成本中，人工成本所占比重也较高，主要包括家庭用工折价和雇工费用两部分。根据《全国农产品成本收益资料汇编》相关数据显示，2013 ~2018 年全国粮食种植人工成本中，主要农产品的年均每亩雇工费用为33.556元，占年均人工成本的7.7%，主要农产品的年均每亩家庭用工折价为402.24元，占年均人工成本的92.3%。这一方面说明中国的农业生产活动主要由家庭劳动力完成，雇工仅仅是为了解决如农忙时节劳动力不足等问题，使中国家庭用工成本较高；另一方面也说明随着近些年中国科技的不断发展以及农村农业机械化程度的不断提高，雇工需求亦随之下降（见图3.3）。

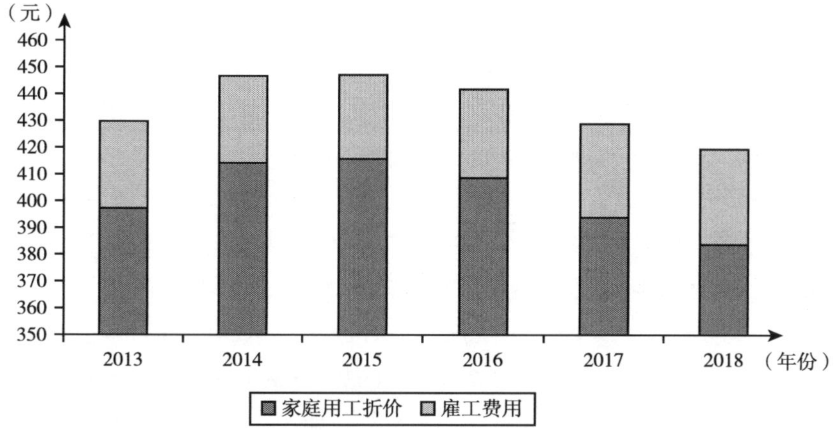

图 3.3　全国 2013～2018 年稻谷、小麦和玉米种植的亩均人工成本变动明细

数据来源：2014～2019 年《全国农产品成本收益资料汇编》。

近些年来，三种粮食作物平均每亩家庭用工折价呈波浪式上升趋势，同时雇工费用也持续增长。究其原因，主要有以下两个方面：一是教育和生活等生活服务成本的不断提高，促使家庭用工折价和雇工费用不断攀升；二是需求和供给的相对变化和结构性短缺也使人工成本不断攀升。随着中国经济的快速发展和社会建设步伐的不断加快，城市劳动力需求不断加大，农村人口向城市流动速度加快。尽管中国大部分粮食主产区的劳动力数量相对较多，但是人口流出和需求的快速扩张，人工成本上涨无疑是一个必然结果[2]。

3.1.3　土地成本

自 1978 年改革开放拉开帷幕以来，以家庭联产承包责任制为基础的土地政策改革在全国逐步推行，但农村土地的流转依然存在层层困难。自 2003 年《中华人民共和国农村土地承包法》实施以来，土地经营权逐渐突破了原有的限制，经营权可以以多种方式进行流转，流转性租金开始计入土地成本当中[3]。因此，种粮土地成本主要以流转性租金和自营地折租两种形式存在。

近年来，城镇化和工业化进程不断加快，土地资源供给越来越紧张，土地成本连年增加，其中，自营地折租占土地成本的比例高达 80% 以上。

《全国农产品成本收益资料汇编》的相关数据显示（见图 3.4），2013～2018 年，我国稻谷、玉米和小麦三种主要粮食的平均土地成本由 2013 年的 181.36 元/亩增加到 2018 年的 224.87 元/亩，增加了 23.99%。动态来说，土地成本在种粮总成本中所占比重也在逐渐增加。2013 年，全国土地成本为 181.36 元/亩，其中流转性租金为 26.28 元/亩，自营地折租为 155.08 元/亩，分别占 14.49% 和 85.5%；2018 年，中国三种主要粮食土地成本增加到了 224.87 元/亩，其中流转性租金为 41.29 元/亩，自营地折租为 183.58 元/亩，分别占 18.36% 和 81.64%。以山东省为例，小麦和玉米土地成本占总成本的比重自 2010 年的 16.3% 和 16.8% 分别增加到了 2018 年的 21.6% 和 22.1%。

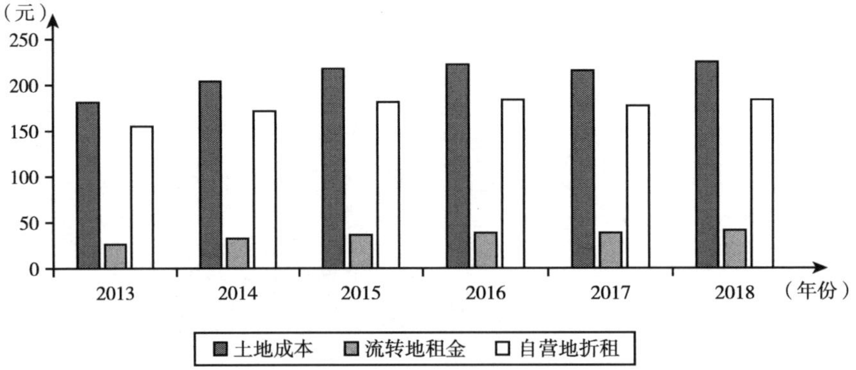

图 3.4　全国 2013～2018 年稻谷、玉米和小麦种植平均每亩土地成本明细

数据来源：2019 年《全国农产品成本收益资料汇编》。

3.2　种粮成本影响因素的敏感性实证分析

本部分数据除特殊注明外均来源于国家统计局以及 2008～2019 年《全国农产品成本收益资料汇编》，变量所取时间为 2007～2018 年。为使数据在年度间具有可比性，在对粮食生产成本进行平减时，实证分析均以 2007 年的数据为基期。本部分所分析的粮食种植成本是《全国农产品成本收益资料汇编》中的生产成本扣除家庭用工折价与自营地折租后的部分。

（1）农业播种面积。

中国特殊的地理特征以及政策的影响，使目前部分农户的耕地面积狭小、地块分散，这对粮食种植成本产生了两大影响：一方面，较为分散的地块使农户无法进行标准化机械作业，不能合理有效地使用农业生产资料，引发生产资料大量浪费；另一方面，部分农村规模小且分散化的农业经营方式使农业生产效率很难得到大幅提高，因此难以实现规模经济效益，不利于粮食种植成本的下降。

（2）农田水利建设。

中国农业生产过程中经常遭遇旱灾，有学者预测中国北方未来40年（2011～2050年）部分地区有干旱化趋势，重度和极端季节性干旱发生频率将增加（Kim et al.，2009；胡实等，2015）。然而，分散化的农业生产导致农户并不愿意进行田头农田水利建设。同时，大部分的农村集体缺乏资金进行农业灌溉基础设施建设。因此，中国目前部分地区农业基础设施较差、抗旱能力不足，使中国粮食种植成本上涨。

（3）每亩种子和种苗费。

中国小麦、玉米和稻谷三种粮食作物的平均每亩种子与种苗费在2013年、2016年和2018年分别为55.37元、60.73元、63.28元，分别占当年物质与服务费用的13.33%、14.14%和14.28%。由此可以看出，每亩种子和种苗费会对粮食种植成本产生一定的影响。

（4）每亩农药费。

中国小麦、玉米和稻谷三种粮食种植所产生的农药费用呈逐年递增的趋势，农药费用的提高造成了粮食种植成本的增加。2013年平均每亩农药费用为26.97元，2015年为29.15元，2017年为30.68元，2018年为31.37元，分别占当年物质与服务费用的6.5%、6.9%、7%和7.1%。

（5）每亩化肥使用量。

在粮食生产过程中，中国小麦、稻谷和玉米三种主要粮食作物的平均每亩化肥量在2013年和2015年分别为23.44公斤和24.11公斤，到2018年涨至24.91公斤，呈增长趋势。随着城市化、工业化进程的加快，人多耕地少的矛盾将愈演愈烈，为了缓解这种矛盾，需要加大化肥施用量以提高每亩粮食产量，虽然化肥的使用量提升幅度不大，但由于其基数较大，导致粮食种植成本较高。[4]。

（6）每亩机械作业费。

近年来，中国小麦、玉米和稻谷三种粮食作物的平均每亩机械作业费呈逐年递增趋势，2013～2018年分别为155.42元、166.21元、169.33元、171.84元、172.03元、174.27元。2013～2018年，机械作业费占物质与服务费用的比重平均为37.8%，居物质与服务费用影响因素首位。

（7）每亩人工成本。

中国小麦、玉米和稻谷三种粮食作物的平均每亩人工成本在2013～2018年较为稳定，2013年每亩人工成本为429.71元，占当年粮食种植总成本的41.87%；2018年每亩为419.35元，占当年粮食种植总成本的38.3%。每亩人工成本虽然波动幅度不大，但是占粮食种植总成本的比重较大，因此每亩人工成本对粮食种植成本的影响也较大。

（8）每亩土地成本。

近年来，随着城市化进程的加快和农村耕地的减少，每亩土地成本逐年增加，2007年每亩土地成本为81.64元，2018年则增加到224.87元，分别占当年粮食种植总成本的20.4%和25.9%，占比较大。2007～2018年，每亩土地成本增幅高达175%，故每亩土地成本对粮食种植成本的上涨会产生较大影响。

通过上述分析发现，主要有八个变量影响着粮食种植成本。因此，在本部分选取每亩实际种植成本（PC）为被解释变量，以播种面积（SA）、有效灌溉面积（IA）、每亩种子和种苗费（SF）、每亩农药费（ACC）、每亩化肥使用量（CFA）、每亩机械作业费（MWC）、每亩人工成本（LC）、每亩土地成本（FC）作为解释变量。

采用线性回归模型对小麦、玉米和稻谷三种粮食的平均种植成本影响因素进行协整和贡献率分析。

$$PC = \beta_0 + \beta_1 SA + \beta_2 IA + + \beta_3 CFA + \beta_4 MWC + \beta_5 SF + \beta_6 ACC + \beta_7 LC + \beta_8 FC + u \quad (3.1)$$

其中，β_0为常数项，β_j（j＝1，2，3，4，5，6，7，8）为偏回归系数，μ为随机变量，表示除上述因素之外的其他随机因素对平均每亩实际种植成本的影响。

3.2.1 单位根检验

单位根检验的目的在于检验该序列是否平稳，从而判断该序列是否存在“伪回归”。本部分先逐步判断该序列是否存在截距项或者趋势项，再根据施瓦茨准则确定最优滞后期进行单位根检验。

在表3.2中，检验类型中的C表示常数项，0表示无常数项，T表示趋势项，0表示无趋势项，K表示滞后阶数。从表中可以得出，粮食各变量均为非平稳变量，可能存在“伪回归”。除了DIA和DMWC外，其余一阶差分变量均在5%的显著性水平上拒绝原假设。DIA和DMWC则在二阶差分的5%显著性水平上拒绝原假设。经差分之后各个变量之间较为平稳，满足协整检验的前提条件，可检验小麦、玉米和稻谷三类主要作物的种植成本与各影响因素之间是否存在协整关系。

表3.2　　粮食各变量单位根检验结果

变量	检验类型（C，T，K）	P值	结论
PC	C，0，0	0.5566	非平稳
DPC	C，0，2	0.0005	平稳
SA	C，T，0	0.9998	非平稳
DSA	0，0，2	0.0069	平稳
IA	C，T，0	0.7054	非平稳
DIA	C，0，2	0.003	平稳
CFA	C，T，0	0.0962	非平稳
DCFA	0，0，2	0.0009	平稳
MWC	C，T，0	0.9755	非平稳
DMWC	0，0，2	0.0001	平稳
SF	C，T，0	0.8118	非平稳
DSF	C，0，2	0.0179	平稳
ACC	C，T，0	0.3629	非平稳
DACC	0，0，2	0.0001	平稳
FC	C，0，0	0.4291	非平稳
DFC	0，0，2	0.004	平稳
LC	C，T，0	0.9543	非平稳
DLC	0，0，2	0.0002	平稳

3.2.2 模型估计与协整检验

本部分采用 Johansen 协整检验法判断粮食种植成本与各影响因素是否存在协整关系。先用 OLS 法对模型进行回归，并得出其非均衡误差 e_t；然后用 ADF 单位根法检验 e_t 的单整性，若 e_t 服从一阶单整，则粮食种植成本与其影响因素之间存在稳定的长期均衡关系。

首先，进行模型估计，运用 EViews 可得到结果，如表 3.3 所示。

表 3.3 模型估计结果

变量	系数	标准误	t 检验	P 值
C	-160.9585	1260.22	-0.1277	0.9064
LC	1.2644	0.569736	2.219257	0.0113
ACC	29.35379	18.56044	1.581524	0.0211
FC	-0.489679	1.77207	-0.276332	0.8002
IA	-0.01079	0.25231	-0.429651	0.0687
MWC	0.854885	5.103213	0.167519	0.0087
SA	0.005626	0.009103	0.618054	0.0583
SF	-5.645236	2.92639	-1.931555	0.0148
CFA	-0.369213	17.75427	-0.020796	0.0984
R^2	0.998076		残差平方和	765.8507
$\bar{R}^2$	0.992947		W 检验	2.339876
F 检验	194.5742		P 值	0.000552

由表 3.3 可知，R^2 为 0.998076，修正的 R^2 为 0.992947，F 值为 194.5742，伴随的 P 值在 1% 的显著性水平上拒绝原假设。由此可见模型的拟合优度较好，回归模型的整体拟合程度很高，三种主要粮食作物的种植成本与各个影响因素之间在整体上的线性回归关系显著，即模型的整体回归效果良好。

其次，计算该线性回归模型的随机误差项 e_t，并进行协整检验，运用以下公式可以得出随机误差项 e_t。

$$\widehat{PC} = \hat{\beta}_0 + \hat{\beta}_1 SA + \hat{\beta}_2 IA + \hat{\beta}_3 CFA + \hat{\beta}_4 MWC \tag{3.2}$$

$$e_t = PC - \widehat{PC} \tag{3.3}$$

通过对 e_t进行绘图，分析该随机误差项是否存在截距项和趋势项，得出折线图如图 3.5 所示。

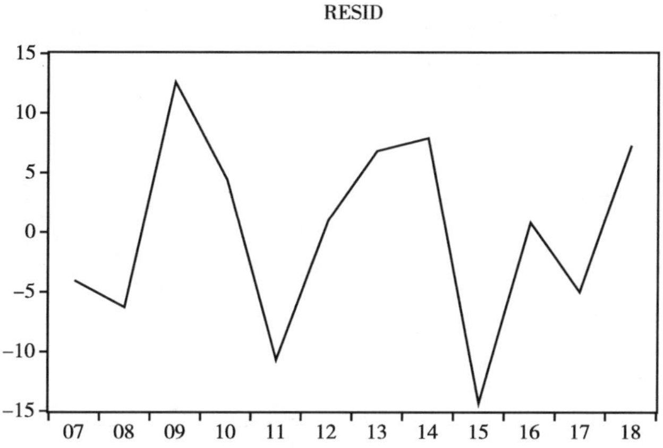

图 3.5 残差图

由图 3.5 可以看出，该随机扰动项不存在截距项和趋势项。再运用 EViews 对非均衡误差序列 e_t进行 ADF 单位根检验，检验的最优滞后项由 EViews 根据施瓦茨标准自动确定。

由单位根检验结果可知，非均衡误差项 e_t 的 ADF 检验结果为 -7.30786，在 1% 的临界值水平上为 -2.937216，在 5% 的临界值水平上为 -2.006292，在 10% 的显著性水平上为 -1.598068。检验结果表明，非均衡误差序列在 1% 的显著性水平上为均衡序列 I（0），这表明 PC 和 SA、IA、SF、ACC、CFA、MWC、LC、FC 之间存在着长期稳定的均衡关系。因此，尽管 PC、SA、IA、SF、ACC、CFA、MWC、LC、FC 都是非平稳时间序列，但它们之间存在协整关系，所求得线性回归方程为协整方程，模型偏回归系数具有显著意义。

3.2.3 模型估计结果解释

在所求的线性回归方程中，由于 PC、MWC、SF、ACC、LC、FC 的度量单位为“元/亩”，CFA 的度量单位为“公斤/亩”，SA、IA 的度量单位为千公顷，为了消除度量单位对于回归结果的影响，需要标准化处理该回归方程。

令变量 X_i（i = 1，2，3，4，5，6，7，8）表示粮食种植生产成本的各影响因素，即分别为变量 SA、IA、SF、ACC、CFA、MWC、LC、FC。变量 Y 表示小麦、玉米和稻谷三种粮食作物的平均生产成本。$\bar{X}_i$ 和 $\bar{Y}_j$ 分别表示变量 X 和 Y 的均值，变量 Sx_i 和 Sy_j 分别表示变量 X 和 Y 的标准差，则有：

$$\frac{Y_j - \bar{Y}_j}{S_{Y_j}} = \sum_{i=1}^{k} \bar{b}_i \frac{X_i - \bar{X}_i}{S_{x_i}} \tag{3.4}$$

由此，可得到原回归方程的标准化形式：

$$PC = -160.9625 + 0.005626SA - 0.01079IA - 0.369CFA + 0.855MWC - 5.645SF + 29.353ACC + 1.264LC - 0.49FC + u \tag{3.5}$$

其中，SA、IA、SF、ACC、CFA、MWC、LC、FC 分别表示相应变量的标准化变量。

根据标准化的线性回归方程，可以得出以下回归结果：

在不考虑其他随机扰动项或者随机误差项的前提下，PC 与 SA、MWC、ACC 及 LC 呈正相关，随着 SA、MWC、ACC 和 LC 的增长，种植成本 PC 也随之增长。PC 与 IA、SF、CFA、FC 存在负相关关系，即 IA、SF、CFA、FC 增加，种植成本反而随之减少。

3.3 种粮成本影响因素的贡献率分析

3.3.1 贡献率测算公式

根据曾福生、戴鹏（2011）的贡献率测算公式，可以对种粮成本的影响因素进行贡献率分析。小麦、玉米和稻谷三种粮食作物的平均播种面积、有效灌溉面积、每亩种子和种苗费、每亩农药费、每亩化肥使用量、每亩灌溉费用、每亩人工成本、每亩土地成本在第 t 期的变动量分别记作 ΔSA、ΔIA、ΔSF、ΔACC、ΔCFA、ΔMWC、ΔLC 和 ΔFC。在玉米、小麦和稻谷未标准化的回归中，系数 β_i 表示第 i 个影响因素每变动一个单位所引起的每亩实际种植成本平均变动的数量。

因此，每亩实际种植成本变动量等于各因素第 t 期变动所引起的每亩实际种植成本平均变动的数量之和，记作 S_t，即：

$$St = \beta_1\Delta SA + \beta_2\Delta IA + \quad + \beta_3\Delta CFA + \beta_4\Delta MWC + \beta_5\Delta SF + \beta_6\Delta ACC + \beta_7\Delta LC + \beta_8\Delta FC \tag{3.6}$$

因此，小麦、玉米和稻谷三种粮食作物的平均 SA、IA、SF、ACC、CFA、MWC、LC 和 FC 的第 t 期变动对于实际种粮成本变动的贡献率为：

$$CR_{SA} = \frac{\hat{\beta}_1\Delta SA}{S_t},\ CR_{IA} = \frac{\hat{\beta}_2\Delta IA}{S_t},\ CR_{CFA} = \frac{\hat{\beta}_3\Delta CFA}{S_t},\ CR_{MWC} = \frac{\hat{\beta}_4\Delta MWC}{S_t} \tag{3.7}$$

$$CRSF = \frac{\beta_5\Delta SF}{St},\ CR_{ACC} = \frac{\beta_6\Delta ACC}{S_t},\ CR_{LC} = \frac{\beta_7\Delta LC}{S_t},\ CR_{FC} = \frac{\beta_8\Delta FC}{S_t} \tag{3.8}$$

3.3.2 贡献率分析

将 2007~2018 年分为三个阶段，分别为 2007~2010 年、2011~2014 年和 2015~2018 年。根据式（3.7）和式（3.8）依次计算这三个阶段以及 2007~2018 年整个过程中小麦、玉米和稻谷三种粮食作物的实际种植成本各影响因素的贡献率。

根据式（3.6）计算可得，每亩实际种植成本变动量 S_t 等于 468.1476733，并可计算得出各个影响因素的贡献率，如表 3.4 所示。

表 3.4　小麦、玉米和稻谷三类主要作物的种植成本各影响因素贡献率

年份	CR_{SA}	CR_{IA}	CR_{CFA}	CR_{MWC}	CR_{SF}	CR_{ACC}	CR_{LC}	CR_{FC}
2007~2010	0.0685	-0.818	-0.001	0.557	-0.147	0.265	0.182	-0.054
2011~2014	0.054	-0.061	-0.0008	0.065	-0.137	0.261	0.442	-0.057
2015~2018	-0.023	-0.051	-0.0006	0.017	-0.046	0.139	-0.075	-0.007
2007~2018	0.133	-0.251	-0.0025	0.172	-0.43	0.827	0.701	-0.15

由表 3.4 可得出以下结论：

（1）每亩农药费对于种粮成本的贡献率最大，2007～2018年，小麦、玉米和稻谷三种粮食作物平均每亩农药费的贡献率为82.7%，居贡献率首位，远超其他影响因素。因此，每亩农药费用的增加对粮食种植成本的增加影响极大。

（2）每亩人工成本对种粮成本的贡献位居第二，仅次于每亩农药费贡献率，比其他六个影响因素贡献率都高。2007～2010年，其贡献率为18.2%，2011～2014年为44.2%，由此可看出每亩人工成本的增加会提高粮食种植成本。

（3）每亩机械作业费在种粮成本中位居第三，仅次于每亩农药费和每亩人工成本，2007～2010年以及2011～2014年其贡献率分别为55.7%和6.5%。因此，我们必须加快机械化和工业化进程，提高科技创新水平，加快建设现代化强国，降低机械作业费从而降低种粮成本，保障粮食安全[5]。

（4）播种面积在粮食种植成本贡献率中位居第四，其贡献率在三个时间段分别为6.85%、5.4%和-2.3%，可以看出播种面积对于种粮成本增加的影响较小且不稳定，播种面积的增加对种粮成本的推动作用较小。

（5）每亩化肥使用量在粮食生产总成本的贡献率中位居第五。2007～2018年这一总体阶段的贡献率为-0.25%，可见每亩化肥使用量对于在粮食生产总成本的增加起负面推动作用。

（6）每亩土地成本在粮食种植成本的贡献率中位居第六，在三个阶段以及2007～2018年整体阶段的贡献率都为负值，分别为-5.4%、-5.7%、-0.7%以及-15%，由此可见每亩土地成本对于粮食种植成本呈负向推动作用。

（7）有效灌溉面积在粮食种植成本的贡献率中位居第七，2007～2018年的贡献率为-25.1%。因此，有效灌溉面积对于粮食种植成本影响较大，且随着有效灌溉面积的增加，种植成本会随之减少。

（8）每亩种子和种苗费的贡献率在粮食生产总成本最低。每亩种子和种苗费贡献率2007～2010年、2011～2014年和2015～2018年三个阶段分别为-14.7%、-13.7%和-4.6%，可见每亩种子和种苗费对于粮食种植成本变动的推动作用在逐年减弱。

3.4 省域间粮食种植成本的比较分析

3.4.1 省域间粮食种植成本敏感性系数分析

本节采取定量分析方法，对不同省、自治区、直辖市之间的粮食种植成本进行比较和分析。为保证数据的真实性和完整性，本节数据全部来源于《全国农产品成本收益资料汇编》。采取的解释变量和被解释变量如3.2节种粮成本影响因素的敏感性实证分析所示，首先，根据ADF单位根检验，得出各个省区市解释变量经过一阶差分在5%的显著性水平上平稳；其次，利用线性回归模型 $PC = \beta_0 + \beta_1 SA + \beta_2 IA + \beta_3 CFA + \beta_4 MWC + \beta_5 SF + \beta_6 ACC + \beta_7 LC + \beta_8 FC + u$，得出影响中国各省区市所有粮食作物种植成本的解释变量的敏感性系数，如表3.5所示。

表3.5　中国省级区域粮食种植成本各解释变量敏感性系数

省区市	SA	SF	ACC	IA	CFA	MWC	LC	FC	常数
山东	-0.012	-0.06	0.453	0.033	7.676	5.351	0.189	-0.462	131.658
河南	0.015	2.089	-1.127	-0.007	-6.11	2.166	1.094	0.452	116.569
黑龙江	0.006	4.12	0.415	-0.04	-15.751	0.876	2.33	0.834	183.75
安徽	-0.022	1.061	7.008	-0.011	4.301	-1.317	1.037	0.724	180.342
吉林	-0.042	-2.872	-2.683	0.041	8.572	1.056	1.232	0.15	211.062
河北	0.039	0.73	-6.034	0.057	-4.994	1.24	1.351	-0.159	-229.513
湖北	0.097	0.406	5.777	1.897	-33.058	0.805	0.001	-0.546	-726.26
湖南	-0.039	0.023	1.156	2.164	-21.965	-0.183	1.327	1.805	709.437
辽宁	0.571	-0.19	0.821	8.196	-495.5	-483.964	-485.066	1454.168	-1614.05
重庆	0.022	0.289	1.062	1.342	0.963	0.136	1.06	0.901	-216.432
江苏	-0.005	3.525	0.905	0.148	-14.05	1.006	1.096	-0.188	-74.251
内蒙古	0.052	-0.612	-4.654	-0.158	5.758	3.411	1.513	-0.659	169.417
四川	-0.069	1.237	2.805	-0.057	-2.017	0.201	1.139	-0.301	742.983
江西	-0.142	0.357	-9.353	9.572	-11.986	1.501	1.419	2.488	-42.028
云南	0.043	-0.31	4.209	-8.596	33.274	2.909	0.808	3.283	-132.043

续表

省区市	SA	SF	ACC	IA	CFA	MWC	LC	FC	常数
新疆	-0.039	0.021	-0.708	-1.231	9.064	3.035	0.755	0.991	-23.294
陕西	-0.104	0.126	-7.715	-15.646	-1.072	-2.131	1.771	8.159	248.236
甘肃	0.009	-0.084	3.981	8.716	-0.57	0.579	1.011	0.255	234.519
山西	-0.276	-0.239	-6.579	-0.486	9.681	6.245	0.571	2.746	1034.419
广西	1.275	0.762	6.384	19.318	3.843	5.394	-0.141	-1.58	-5505.18
广东	-1.862	-2.574	15.234	-8.237	-66.807	2.377	-0.457	-10.004	12819.72

从表3.5可以看出，广西和辽宁播种面积对于粮食种植成本增长的敏感性系数最大且为正值，分别为1.275和0.571，说明粮食播种面积每上涨1%时，该省区粮食种植成本将分别增加127.5%和57.1%。而黑龙江和甘肃播种面积对粮食种植成本增长的敏感性系数为最小的正值，其敏感性系数分别为0.006和0.009，相较而言，广东和山西的粮食播种面积对于粮食种植成本的敏感性系数为负值，且数值最大，分别为-1.862和-0.276。

江苏和黑龙江的每亩种子费用对于粮食种植成本增长的敏感性系数最大且为正值，分别为3.525和4.12，说明每亩种子费用每上涨1%时，该省粮食种植成本将分别增加352.5%和412%。而新疆和湖南每亩种子费用对粮食种植成本增长的敏感性系数为最小的正值，其敏感性系数分别为0.021和0.023，相较而言，吉林和广东的每亩种子费用对于粮食种植成本的敏感性系数为负值，且数值最大，分别为-2.872和-2.574。

广东和安徽的每亩农药费用对于粮食种植成本增长的敏感性系数最大且为正值，分别为15.234和7.008，说明每亩农药费用每上涨1%时，将引起该省粮食种植成本分别增加1523.4%和700.8%。而山东和黑龙江每亩农药费用对粮食种植成本增长的敏感性系数为最小的正值，其敏感性系数分别为0.453和0.415，相较而言，陕西和江西的每亩农药费用对于粮食种植成本的敏感性系数为负值，且数值最大，分别为-7.715和-9.353。

广东和江西的有效灌溉面积对于粮食种植成本增长的敏感性系数最大且为正值，分别为19.318和9.572。而吉林和山东的有效灌溉面积对粮食种植成本增长的敏感性系数为最小的正值，其敏感性系数分别为0.041和

0.033，相较而言，云南和陕西的有效灌溉面积对于粮食种植成本的敏感性系数为负值，且数值最大，分别为 -8.596 和 -15.646。

云南和山西的每亩化肥使用量对于粮食种植成本增长的敏感性系数最大且为正值，分别为 33.274 和 9.681。而广西和重庆的每亩化肥使用量对粮食种植成本增长的敏感性系数为最小的正值，其敏感性系数分别为 3.843 和 0.963，相较而言，广东和辽宁的每亩化肥使用量对于粮食种植成本的敏感性系数为负值，且数值最大，分别为 -66.807 和 -495.5。

山西和广西的每亩机械作业费对于粮食种植成本增长的敏感性系数最大且为正值，分别为 6.245 和 5.394。而四川和重庆的每亩机械作业费对粮食种植成本增长的敏感性系数为最小的正值，其敏感性系数分别为 0.201 和 0.136，相较而言，安徽和陕西的每亩机械作业费对于粮食种植成本的敏感性系数为负值，且数值最大，分别为 -1.317 和 -2.131。

黑龙江和陕西的每亩人工成本对于粮食种植成本增长的敏感性系数最大且为正值，分别为 2.33 和 1.771。而山东和湖北的每亩人工成本对粮食种植成本增长的敏感性系数为最小的正值，其敏感性系数分别为 0.189 和 0.001，相较而言，广西和广东的每亩人工成本对于粮食种植成本的敏感性系数为负值，且数值最大，分别为 -0.141 和 -0.457。

陕西和云南的每亩土地成本对于粮食种植成本增长的敏感性系数最大且为正值，分别为 8.159 和 3.283。而甘肃和吉林的每亩土地成本对粮食种植成本增长的敏感性系数为最小的正值，其敏感性系数分别为 0.255 和 0.15，相较而言，广西和广东的每亩土地费用对于粮食种植成本的敏感性系数为负值，且数值最大，分别为 -1.58 和 -10.004。

3.4.2 省域间粮食种植成本贡献率分析

由式（3.7）和式（3.8）的贡献率测算公式可以得出 2009~2018 年，各省区市之间粮食作物的实际种植成本各影响因素的贡献率。为便于计算和分析，本部分根据 2019 年各省区市粮食产量排名，将排名后 11 位的剔除，即只选取粮食产量居前 20 位的省区市。由表 3.6 可知，中国 20 个省区市的粮食种植实际种植成本各影响因素的贡献率。

表 3.6　2009～2018 年中国省域间粮食作物的种植成本各影响因素贡献率

省区市	CR_{SA}	CR_{IA}	CR_{CFA}	CR_{MWC}	CR_{SF}	CR_{ACC}	CR_{LC}	CR_{FC}
山东	-0.04	0.00	0.01	0.03	-0.01	1.00	0.13	-0.11
河南	0.04	0.12	-0.03	0.00	-0.04	0.27	0.54	0.11
黑龙江	0.04	0.06	0.01	-0.24	-0.10	0.17	0.73	0.33
安徽	-0.07	0.12	0.33	-0.05	0.05	-0.30	0.47	0.45
吉林	-0.17	-0.06	-0.07	0.04	0.12	0.19	0.87	0.07
河北	0.03	0.03	-0.09	-0.01	-0.04	0.15	0.97	-0.03
湖北	0.08	0.47	0.44	0.06	-0.15	0.16	0.00	-0.06
湖南	-0.01	0.02	0.08	0.09	-0.12	-0.04	0.50	0.47
重庆	0.00	0.01	0.03	0.01	0.02	0.02	0.84	0.07
江苏	0.00	0.31	0.04	0.13	-0.09	0.15	0.56	-0.09
内蒙古	0.01	0.00	-0.01	-0.01	0.00	0.03	0.02	0.95
四川	0.06	0.06	0.02	-0.04	0.00	0.02	0.91	-0.03
江西	-0.05	0.12	-0.71	0.34	-0.06	0.37	0.57	0.42
云南	0.01	-0.11	0.11	-0.17	0.15	0.21	0.50	0.31
新疆	0.07	-0.06	-0.07	-0.02	0.14	0.46	0.24	0.24
陕西	0.03	0.11	-0.41	-0.16	0.00	-0.25	1.36	0.34
甘肃	0.00	-0.01	0.21	0.01	0.00	0.08	0.70	0.03
山西	-0.01	-0.12	-0.34	-0.01	0.13	0.73	0.33	0.29
广西	-0.52	0.26	0.40	0.38	0.01	0.76	-0.08	-0.21
广东	0.79	0.38	0.89	-0.29	-0.13	0.52	-0.24	-0.92

以山东、江西和黑龙江为例进行分析，2009～2018 年，山东每亩农药费对于粮食种植成本的贡献率最高，为 100%，而每亩土地成本对于粮食种植成本的贡献率最低且为负值，其贡献率为 -11%；江西人工成本对于粮食种植的贡献率最高，贡献率为 57%，有效灌溉面积对于粮食种植成本增加的贡献率为最低的正值，其贡献率为 12%，每亩化肥使用量对于粮食种植成本增加的贡献率为最大的负值，为 71%，说明 2009～2018 年每亩化肥使用量的变动对于粮食种植成本的变动起反向作用；黑龙江除了种子费和机械作业费外，其余成本费用的贡献率均为正值，每亩人工成本对于粮食种植成本增加的贡献率最高，为 73%，每亩化肥使用量对于粮食种植成本的贡献率为最小的正值，贡献率为 1%。具体情况如表 3.6 所示。

3.5 区域间粮食种植成本比较分析

3.5.1 指标选取和数据来源

为比较中国不同区域间各影响因素对于粮食种植成本的敏感性和贡献率，选取每亩实际种植成本（PC）为被解释变量，以播种面积（SA）、有效灌溉面积（IA）、每亩种子和种苗费（SF）、每亩农药费（ACC）、每亩化肥使用量（CFA）、每亩机械作业费（MWC）、每亩人工成本（LC）、每亩土地成本（FC）作为解释变量。根据2014年《中国区域经济统计年鉴》的划分，剔除2019年国家公布的粮食产量最低的10个省区市，剩余的21个根据年鉴分为4个区域：东部、中部、西部和西北。其中，东部地区包括河北、江苏、山东和广东；中部地区包括山西、安徽、江西、河南、湖北和湖南；西部地区包括内蒙古、广西、重庆、四川、云南、陕西、甘肃和新疆；东北三省包括辽宁、吉林和黑龙江。为保证数据的真实性和完整性，本节数据全部来源于《全国农产品成本收益资料汇编》和各地区统计年鉴。

3.5.2 粮食种植成本敏感性系数分析

本节采取定量分析方法，对中国不同区域之间的粮食种植成本进行比较和分析。采取的解释变量和被解释变量如3.2节所示，首先根据ADF单位根检验，可以得出各省区市间解释变量经过一阶差分在5%的显著性水平上平稳，然后利用线性回归模型 $PC = \beta_0 + \beta_1 SA + \beta_2 IA + \beta_3 CFA + \beta_4 MWC + \beta_5 SF + \beta_6 ACC + \beta_7 LC + \beta_8 FC + u$，可以得出影响中国四大区域所有粮食作物种植成本的解释变量的敏感性系数，如表3.7所示。

表3.7 中国四大区域粮食种植成本各解释变量敏感性系数

区域	SA	SF	ACC	IA	CFA	MWC	LC	FC	常数
东部	-0.164	6.432	-2.004	-0.007	2.24	-1.5	0.764	2.897	3482.982
中部	0.21	0.036	-2.771	-0.09	-33.53	3.51	0.73	0.813	-3633.02
西部	0.003	0.796	-2.577	-1.314	2.84	2.898	0.464	1.724	4176.057
东北	-0.004	1.35	0.768	0.018	-20.95	2.299	0.088	0.615	1316.331

从表3.7可以看出，中国不同区域的各解释变量敏感性系数存在显著差异。东部地区每亩种子和种苗费用以及土地成本对粮食种植成本的敏感性系数较高，分别为6.432和2.897，人工成本对于粮食种植成本的敏感性系数为最低的正值，其系数值为0.764。此外，每亩农药费和机械作业费对于粮食成本的敏感性系数为最大的负值，分别为－2.004和－1.5，这说明随着每亩农药费和机械作业费每增加1%时，东部地区的粮食种植成本反而减少，减少的幅度分别为－200.4%和－150%。

中部地区每亩机械作业费和土地成本对于粮食种植成本的敏感性系数较高，分别为3.51和0.813，播种面积和每亩种子费用对于粮食种植成本上升的敏感性系数为最低的正值，分别为0.21和0.036。每亩化肥使用量和每亩农药费用对于粮食成本的敏感性系数为最大的负值，这说明随着每亩化肥使用量和每亩农药费用的增加，粮食种植成本反而减少。

西部地区机械作业费和每亩化肥使用量对于粮食种植成本的敏感性系数最高，分别为2.898和2.84，播种面积和每亩人工费用对于粮食种植成本上升的敏感性系数为最低的正值，分别为0.003和0.464。有效灌溉面积和每亩农药费用对于粮食成本的敏感性系数为最大的负值，分别为－1.314和－2.577，这说明随着每亩化肥使用量和每亩农药费用的增加，粮食种植成本反而减少。

对于中国东北地区，每亩种子费和机械作业费对于粮食种植成本的敏感性系数较高，分别为1.35和2.299，有效灌溉面积和人工成本对于粮食种植成本上升的敏感性系数为最低的正值，分别为0.018和0.088。每亩化肥使用量和播种面积对于粮食成本的敏感性系数为负值，分别为－20.95和－0.004，这说明随着每亩化肥使用量和播种面积的增加，粮食种植成本反而减少。

3.5.3 区域间粮食种植成本贡献率分析

由式（3.7）和式（3.8）的贡献率测算公式可以得出2009～2018年中国四大区域粮食作物的实际种植成本各影响因素的贡献率，经计算得出的中国四大区域粮食种植实际种植成本各影响因素的贡献率如表3.8所示。

表 3.8 2009～2018 年中国四大区域粮食作物的种植成本各影响因素贡献率

区域	CR_{SA}	CR_{IA}	CR_{CFA}	CR_{MWC}	CR_{SF}	CR_{ACC}	CR_{LC}	CR_{FC}
东部	-0.14	0.36	-0.06	0.00	0.01	-0.26	0.44	0.66
中部	0.21	0.02	-0.14	-0.05	-0.28	0.63	0.33	0.28
西部	0.00	0.52	-0.06	-0.33	0.01	0.35	0.35	0.17
东北	-0.01	0.03	0.02	0.05	-0.14	0.45	0.38	0.21

从表 3.8 可以看出，中国四大区域 2009～2018 年粮食种植成本各影响因素贡献率存在差异。在东部地区，土地成本和人工成本对于粮食种植成本增长的贡献率最高，达到 66% 和 44%；机械作业费和每亩种子费用对于粮食种植成本增长的贡献率为最低的正值，分别是 0.1% 和 1%；播种面积和每亩农药费对于粮食种植成本增长的贡献率为最大的负值，分别达到了 14% 和 26%。

对中部地区而言，每亩农药费和人工成本对于粮食种植成本增长的贡献率较高，达到 63% 和 33%；有效灌溉面积和播种面积对于粮食种植成本增长的贡献率为最低的正值，分别是 2% 和 21%；每亩化肥使用量和每亩种子费对于粮食种植成本增长的贡献率为最大的负值，分别达到了 -28% 和 -14%。

对西部地区而言，有效灌溉面积和人工成本、每亩农药费对于粮食种植成本增长的贡献率较高，分别达到 52%、35% 和 35%；播种面积和每亩种子费对于粮食种植成本增长的贡献率为最低的正值，分别是 0.01% 和 1%；每亩化肥使用量和机械作业费对于粮食种植成本增长的贡献率负值，分别达到了 -6% 和 -33%。

对东北地区而言，每亩农药费和人工成本对于粮食种植成本增长的贡献率较高，达到 45% 和 38%；有效灌溉面积和每亩化肥使用量对于粮食种植成本增长的贡献率为最低的正值，分别是 3% 和 2%；播种面积和每亩种子费对于粮食种植成本增长的贡献率为负值，分别达到了 -1% 和 -14%。

3.6 本章小结

(1) 通过 ADF 单位根检验对中国粮食种植成本数据进行检验可得，播种面积（SA）、有效灌溉面积（IA）、每亩种子和种苗费（SF）、每亩农药费（ACC）、每亩化肥使用量（CFA）、每亩机械作业费（MWC）、每亩人工成本（LC）、每亩土地成本（FC）这八个主要解释变量经过二阶差分在5%的显著性水平上拒绝原假设，各变量均呈平稳态势，具有协整关系。

（2）根据回归分析得出敏感性分析结论，即小麦、玉米和稻谷三类主要作物的平均实际种植成本对于每亩农药费最为敏感，其次为每亩种子和种苗费、每亩人工成本、每亩机械作业、每亩土地成本、每亩化肥使用量、有效灌溉面积和播种面积。并且每亩人工成本、每亩农药费、机械作业费、播种面积与三种主要粮食作物平均每亩种植成本呈正向关系，即在其他影响因素不变的情况下，随着LC、ACC、MWC和SA的增加，每亩粮食作物种植成木也随之不同程度的增加。而土地成本、有效灌溉面积、每亩种子和种苗费、每亩化肥使用量与三种主要粮食作物平均种植成本呈反向关系，即在其他影响因素不变的情况下，随着FC、IA、SF和CFA的增加，每亩粮食作物种植成本随之不同程度的减少。

由贡献率分析可知，八个影响因素对于种粮成本上升的贡献率依次为每亩农药费、每亩人工成本、机械作业费、播种面积、每亩化肥使用量、每亩土地成本、有效灌溉面积和每亩种子和种苗费。

本章主要参考文献

[1] 张泽鑫，史清华．财政支农与粮食增产：总量与结构分析 [J]．农业现代化研究，2020，41（02）：200－209.

[2] 冀名峰．农业生产性服务业：我国农业现代化历史上的第三次动能 [J]．农业经济问题，2018（03）：9－15.

[3] 张学博，丁卉．新中国70年视野下的农村土地制度新一轮改革与创新 [J]．党政研究，2019（03）：15－27.

[4] 王善高，田旭．中国粮食生产成本上升原因探究——基于稻谷、小麦、玉米的实证分析 [J]．农业现代化研究，2017，38（04）：571－580.

[5] 虞松波，刘婷，曹宝明．农业机械化服务对粮食生产成本效率的影响——来自中国小麦主产区的经验证据 [J]．华中农业大学学报（社会科学版），2019（04）：81－89，173.

4　近年来中国农民种粮收益下降的影响因素分析

粮食安全事关中国国民经济发展、社会稳定和国家自立，是中国重大战略问题。长期以来，中国农业种植效益不高，农民对于种粮的积极性较低，国家粮食安全问题日益突出。因此，保障国家粮食安全的关键举措就在于提高农民粮食种植收益，分析粮食种植收益的变动趋势及其影响因素，具有重大现实意义[1]。

4.1　变量选取和模型建立

4.1.1　变量选取

2007～2018年，物质与服务费用在种粮总成本中的比例不断提高，但若将物质与服务费用的主要构成要素作为种粮收益的影响因素直接加入计量经济模型中，则变量太多，会影响结论的准确性。故本章在进行计量经济分析时，将物质与服务费用作为一个整体影响因素加入模型中进行敏感性分析，然后单独分析其主要费用构成要素对种植收益的敏感性[2]。

种粮总成本除物质与服务费用外，还包括人工和土地成本。人工成本又包括家庭用工折价和雇工费用。2007～2018年三大主粮作物平均家庭用工折价占人工成本的比例高达91.3%，可见，人工成本主要是由家庭用工折价构成。鉴于目前中国人口众多，农业人口流动性较大，家庭用工折价很难实现，因此本章不将人工成本纳入种植收益的影响因素。自营地折租则是反映了自营地投入生产时的机会成本[3]，中国2007~2018年稻谷、小麦和玉米三种粮食作物平均自营地折租占土地成本的90.3%。鉴于目前中国耕地使用权流转市场机制不够完善，因此本章在分析影响种植收益的主要因素时，不考虑土地成本。

尽管中国不断加大农业补贴力度，但是补贴力度有限，因此事实上政策性成本数值较小，对净收益的影响并不显著，故政策性成本未被视为解释变量[4]。因此，本章分别选取玉米、小麦和稻谷三大主粮的每亩实际净收益作为被解释变量，再选取三大主粮作物每50公斤主产品实际平均出售价格、平均每亩产量及平均每亩实际物质与服务费用等指标作为解释变量进行协整与贡献率分析。

(1) 每50公斤粮食实际平均出售价格（HP）。随着粮食价格的上升，在其他影响因素不变的情况下，种粮收益也将随之增加。本章对2007~2018年玉米、小麦和稻谷三大主粮作物每50公斤平均出售价格分别做平减处理，得到实际价格，并以HP表示。

(2) 每亩实际产量（PMY）。在其他影响因素不变的情况下，每亩实际产量与粮食种植收益呈正相关，即粮食种植收益随着每亩实际产量的增加而增加。本章选取2007~2018年每亩产量数据作为每亩实际产量的取值，以PMY表示。

(3) 每亩物质与服务费用（MWC）。每亩物质与服务费用在粮食种植成本中所占比例较高，2018年，物质与服务费用占粮食种植成本的41.1%。因此，物质与服务费用和粮食种植收益呈负相关，即随着物质与服务费用的增加，粮食种植收益会随之减少。将2007~2018年玉米、小麦和稻谷三大主粮作物的平均每亩物质与服务费用数据作为每亩实际物质与服务费用的取值，并以MWC表示。

4.1.2 数据来源

本章的粮食成本及收益数据来源于《全国农产品成本收益资料汇编》(2008~2019年)。变量数据的取样时间段为2007~2018年。本章根据《全国农产品成本收益资料汇编》对物质和服务费用的类别进行了整理和研究，再通过敏感性分析和贡献率得出了各个指标在物质和服务费用中的敏感度和贡献率。为使数据在年度间具有可比性，本章以 2007 年的数据为基期数据进行平减处理。

4.1.3 模型构建

采用对数线性回归模型对小麦、玉米和稻谷三种农作物的种植收益的影响因素进行分析，具体模型如下：

$$Y = \beta_0 + \beta_1 HP + \beta_2 PMY + \beta_3 MWC + u \quad (4.1)$$

其中，β_0为常数，βi 为敏感性系数且表示各个解释变量每变动一个单位时引起的被解释变量变动的比例，u 为随机扰动项。

根据本书第 2 章分析结果可知，中国三大主粮的产量和种植面积在农产品总产量和种植面积中所占比重较大，因此选取小麦、玉米和稻谷三大主粮的 HP、PMY 和 MWC 并探讨其对于粮食种植收益 Y 的影响，这对于提高农产品收益、保障国家粮食安全有着极为重要的意义。根据 2007 ~ 2018 年《全国农产品成本收益资料汇编》的数据，从敏感性和贡献率两个方面来分析粮食种植收益的各个影响因素。

4.2 粮食种植收益的敏感性分析

4.2.1 平稳性检验

采取 ADF 单位根检验法对模型进行平稳性检验，以避免“伪回归”情况。先依据原变量和差分变量的折线图确定其检验模型是否带截距项或趋势项，再依据施瓦茨准则自动确定检验的最优滞后期进行单位根检验。

表 4.1　　各变量单位根平稳性检验结果

变量	检验类型（C，T，K）	P 值	结论
Y	C，T，0	0.3552	非平稳
DY	0，0，2	0.0008	平稳

续表

变量	检验类型（C，T，K）	P 值	结论
HP	C，0，0	0.2288	非平稳
DHP	C，0，1	0.00001	平稳
PMY	C，T，0	0.3212	非平稳
DPMY	C，0，1	0.0066	平稳
MWC	C，0，0	0.0029	平稳

注：检验类型中的 C 表示常数项（取 0 表示无常数项），T 表示趋势项（取 0 表示无趋势项），K 表示滞后阶数。

由表 4.1 得知，除了 MWC 服从零阶单整外，Y、HP、PMY 的差分变量均在 5% 的显著性水平上平稳，因此该模型各变量均服从零阶或者一阶单整，较为平稳。这表明，在满足协整检验的前提条件下，可以检验三大主粮作物的种植收益与其他各影响因素之间是否存在协整关系[5]。

4.2.2 模型估计

为分析各解释变量对于被解释变量的影响程度并对模型是否符合高斯假设进行检验，故采用普通最小二乘法（OLS）估计方程并计算非均衡误差 e_t，然后检验 e_t 的单整性。如果 e_t 经过单位根检验服从 I（0），就说明粮食种植收益与各个影响因素呈现长期均衡态势。

对模型采用 White 检验方法检验异方差，结果表明粮食种植收益回归模型不存在异方差问题，模型设计较为合理。由表 4.2 可知，小麦、玉米和稻谷三大主粮作物粮食种植成本的各个解释变量的偏回归系数均在 1% 的显著性水平上显著。F 检验对应的 P 值在 5% 的显著性水平上拒绝原假设，模型整体显著，对该模型进行估计所得到的 R^2 以及修正的 R^2 分别为 0.943134 和 0.921809，这表明回归模型的拟合优度很高，粮食种植收益和各个影响因素之间在整体上线性回归结果显著，因此该模型的拟合度较高，回归效果较好。

表 4.2　　　　模型估计结果

变量	系数	标准误	t 检验	P 值
C	-222.155	984.0025	-0.563842	0.5883
MWC	-3.1193	0.361981	-8.617396	0.0000
HP	8.7001	1.238924	7.022354	0.0001
PMY	1.2498	1098348	1.13793	0.0288
R^2	0.943134		残差平方和	8760.283
$\bar{R}^2$	0.921809		DW 检验	1.531137
F 检验	44.22731		P 值	0.0000

接下来，用式（4.2）和式（4.3）对非均衡误差项 e_t 进行计算和协整性检验。

$$\hat{Y} = \hat{\beta}_0 + \hat{\beta}_1 HP + \hat{\beta}_2 PMY + \hat{\beta}_3 MWC \quad (4.2)$$

$$E_t = Y - \hat{Y} \quad (4.3)$$

用 EViews 对非均衡误差序列进行 ADF 单位根检验。由 e_t 序列的折线图确定玉米、小麦的检验类型均不带截距项和趋势项（见图 4.1）。

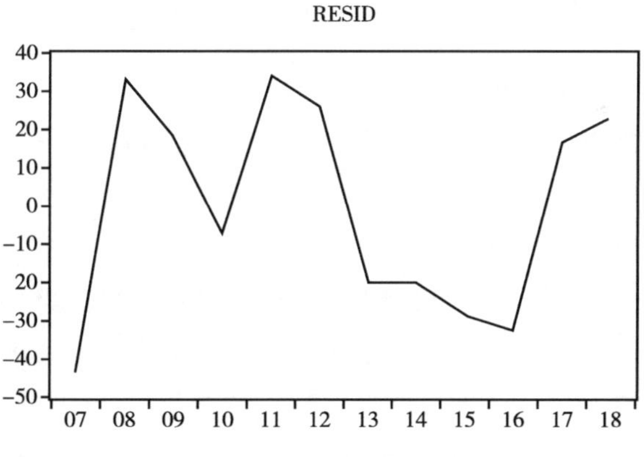

图 4.1　残差图

由单位根检验结果可知，非均衡误差项 e_t 的 ADF 检验结果为 -4.2753，在 1% 的临界值水平上为 -4.297.73，在 5% 的临界值水平上为 -3.212696。经检验表明，三大主粮的非均衡误差序列在 5% 的显著性水平上为均衡序列，这表明粮食种植收益和每 50 公斤粮食价格、每亩实际粮食产量和物质及服务费用之间存在着长期稳定的均衡关系，因此所求得线性回归方程为协整方程模型偏回归系数具有显著意义。

4.2.3 模型结果解释

通过对模型的估计和协整分析，可以得出在长期均衡的条件下，三大主粮作物各影响因素对粮食种植收益的影响程度。根据回归结果可知，在其他影响因素不变的情况下，三大主粮作物实际平均出售价格每提高 1%，每亩实际净收益平均提高 8.7%；每亩产量每提高 1%，每亩实际净收益平均提高 1.25%；每亩实际其他物质与服务费用每提高 1%，每亩实际净收益平均降低 3.12%。

通过对回归系数的分析，可以得出结论：在粮食种植收益的三大影响因素中，种植收益对每 50 公斤产品平均实际出售价格最为敏感，其次是物质与服务费用，最后是三大主粮作物的每亩实际产量。

4.2.4 物质及服务费用主要构成要素对粮食种植收益的敏感性分析

为了更好地分析得出粮食种植收益的影响因素及影响程度，本节利用物质及服务费用的主要构成要素对粮食种植收益进行敏感性分析，从而找到降低粮食种植成本的方向，以提高粮食种植收益，保障国家粮食安全[6]。为了恰当选择净收益的主要影响因素，将物质与服务费用中的租赁作业费进一步细分，即机械作业费、排灌费及畜力费。2007～2018 年，种子费、化肥费、农药费、机械作业费分别占三大主粮作物平均物质和服务费用的 13%、34%、7%、27%，居物质与服务费用的前四位，且累计占比达到 81%。由此可知，种子费、化肥费、机械作业费及农药费是影响粮食种植收益的主要费用因素。为探讨物质和服务费用主要构成要素对于粮食种植收益的敏感性，本节将种子费、化肥费、机械作业费和农药费分别命名为 SC、CFC、MSC 和 PC。

令费用构成要素的敏感性系数为 SF，则 SF = 实际净收益的增长率/费用构成要素的增长率，表示各费用构成要素每变动 1% 时，三大主粮作物平均每亩实际净收益平均变动的百分比，结果如表 4.3 所示。

表 4.3　2007～2018 年三大主粮作物平均每亩主要费用构成要素敏感性系数

主要费用	种子费（SC）	化肥费（CFC）	机械作用费（MSC）	农药费（PC）
敏感性系数	0.2	0.3	0.17	0.27

由表 4.3 可知，在三种主要粮食作物中，粮食种植收益对于化肥费用最敏感，其后依次是农药费、种子费用和机械作业费。换而言之，粮食种植收益对于化肥费用的变动最敏感，而机械作业费的变动对于粮食种植收益的影响最小。

4.3　粮食种植收益影响因素的贡献率分析

4.3.1　单产、价格及物质与服务费用贡献率测算

（1）贡献率测算公式

参考第 3 章的式（3.7）和式（3.8）的贡献率测度推导公式，对种植收益影响因素进行贡献率分析，每 50 公斤粮食实际平均出售价格、每亩产量、每亩实际物质与服务费用在第 t 期的变动率依次分别记作：

$$R_{t,p} = \frac{\Delta HP_t}{HP_t},\ R_{t,pmy} = \frac{\Delta PMY_t}{PMY_t},\ R_{mwc} = \frac{\Delta MWC_t}{MWC_t} \tag{4.4}$$

其中，小麦、玉米和稻谷三大主粮作物回归系数 β_j 表示第 j 个影响因素每变动 1% 引起的每亩实际净收益平均变动的百分比，影响因素 i 的第 t 期变动率与相应的回归系数之乘积代表第 i 个影响因素第 t 期变动所引起的每亩净收益平均变动的百分比。S^t 表示每亩实际净收益变动率，即各影响因素第 t 期变动导致的每亩实际净收益平均变动的百分比之和。

$$S_t = \hat{\beta}_1 R_{t,hp} + \hat{\beta}_2 R_{t,pmy} + \hat{\beta}_3 R_{t,mwc} \tag{4.5}$$

因此，三种主粮每 50 公斤主产品实际平均出售价格、平均每亩产量、平均每亩实际物质与服务费用第 t 期变动对实际净收益变动的贡献率依次分别为：

$$CR_{hp} = \frac{\hat{\beta}_1 R_{t,hp}}{S_t}, \ CR_{pmy} = \frac{\hat{\beta}_2 R_{t,pmy}}{S_t}, \ CR_{mwc} = \frac{\hat{\beta}_3 R_{t,mwc}}{S_t} \quad (4.6)$$

（2）贡献率分析

将2007～2018年分为2007～2010年、2011～2014年和2015～2018年三个阶段，依据上述公式分别计算了三个阶段及整个分析时期三大主粮作物种植收益各影响因素的贡献率，计算结果如表4.4所示。

表4.4　2007～2018年粮食种植收益影响因素的贡献率　单位：%

年份	CR_{hp}	CR_{pmy}	CR_{mwc}
2007～2010	149	2.7	-52
2011～2014	240	15.3	-170
2015～2018	96	1	3.1
2007～2018	219	10	-129

由表4.4可以得出以下结论：

①每50公斤粮食平均出售价格是影响粮食种植收益的首要因素。2007～2018年每50公斤粮食平均出售价格对于粮食种植收益的贡献率为219%，超过物质和服务费用以及每亩粮食产量对于粮食种植收益增长的贡献率。此外，2007～2010年、2011～2014年和2015～2018年，小麦、玉米和稻谷三大主粮作物每50公斤粮食平均出售价格对于粮食种植收益的贡献率分别是149%、240%和96%，均远高于同时期其他影响因素对于粮食种植收益的影响。

②粮食种植收益第二影响因素是每亩实际产量。从动态角度分析，2007～2014年，每亩实际产量对于粮食收益的影响均超过物质和服务费用对于粮食种植收益的影响，2007～2010年和2011～2014年，每亩实际产量对于粮食种植收益的贡献率分别为2.7%和15.3%。从整体来看，2007～2018年，三大主粮作物平均每亩实际产量对于粮食种植产量的贡献率为10%。此外，产量的贡献率呈现“上升—下降”的过程，说明每亩实际产量对收益增加的影响是先上升后下降的。

③物质与服务费用是阻碍粮食种植收益增长的重要因素。玉米、小麦和稻谷三大主粮作物平均每亩物质和服务费用对其净收益的平均贡献率为负值，2007～2018年，物质和服务费用的贡献率为-129%，这表明物质

和服务费用对于粮食种植净收益具有显著的负面作用。

4.3.2 物质与服务费用主要构成要素贡献率分析

（1）物质与服务费用主要构成要素贡献率测算公式

物质和服务费用主要构成要素贡献率的测算方法与单产、价格、物质和服务费用贡献率的方法原理基本相同，只是需要把上述贡献率测算公式中的 β_j 换成物质及服务费用主要构成要素对粮食种植收益的敏感性系数 SF。种子费、化肥费用、机械作业费以及农药费在第 t 期的变动公式为：

$$R_{t,sc}=\frac{\Delta SC_t}{SC_t},\ R_{t,cfc}=\frac{\Delta CFC_t}{CF_t},\ R_{t,msc}=\frac{\Delta MSC_t}{MSC_t},\ R_{t,PC}=\frac{\Delta PC_t}{PC_t} \tag{4.7}$$

然后，把 S_t 函数中的 β_j 替换成敏感性系数可得到种子费、化肥费、机械作业费、农药费的贡献率公式：

$$CR_{sc}=\frac{SF_{sc}\times R_{t,sc}}{S_t},\ CR_{cfc}=\frac{SF_{cfc}\times R_{t,cfc}}{S_t} \tag{4.8}$$

$$CR_{msc}=\frac{SF_{msc}\times R_{t,msc}}{S_t},\ CR_{pc}=\frac{SF_{pc}\times R_{t,pc}}{S_t} \tag{4.9}$$

其中，

$$S_t=SF_{sc}\times R_{t,sc}+SF_{cfc}\times R_{t,cfc}+SF_{msc}\times R_{t,msc}+SF_{pc}\times R_{t,pc} \tag{4.10}$$

（2）贡献率分析

从表 4.5 得知，2007～2018 年，小麦、玉米和稻谷三大主粮作物种子费、化肥费、机械作业费、农药费对净收益提高的平均贡献率均为正，且各约占 25%。粮食四种主要物质与服务费用因素中对于种植收益贡献率最大的是农药费用，其次是种子费、机械作业费和化肥费用，其贡献率分别为 26%、25.8%、24.4%和 23.8%。

表 4.5　2007～2018 年粮食主要因素对种植收益的贡献率　单位：%

年份	CRsc	CRcfc	CR_{msc}	CR_{pc}
2007～2010	27.1	24.2	26.2	22.5
2011～2014	29.3	6.9	33.5	30.3
2015～2018	21.3	26.6	18.1	34
2007～2018	25.8	23.8	24.4	26

2007~2010 年和 2015~2018 年，三大主粮的种子费和机械作业费对于粮食种植收益的贡献率经历了先上升后下降的过程，2011~2014 年达到顶峰，之后趋于下降。这表明 2015~2018 年，种子费和机械作业费的产出效率较低。

2007~2010 年和 2015~2018 年两个时间段内，化肥费用对于粮食种植收益的贡献率呈现先降低再提高的态势，这表明 2015~2018 年，化肥费的产出率有所提高，这可能是化肥减量增效对粮食种植收益的影响。

农药费用在这三个时间段对粮食种植收益的贡献率是持续增加的，2007~2010 年、2011~2015 年以及 2015~2018 年的贡献率分别为 22.5%、30.3% 和 34%，这表明农药费对于粮食种植收益的推动作用不断增加。

4.4 省域粮食种植收益的比较分析

4.4.1 省域粮食种植收益敏感性分析

本节采取定量方法，对不同省区市的粮食种植收益情况进行比较和分析。为保证数据的真实性和完整性，本章数据全部来源于《全国农产品成本收益资料汇编》。采取的解释变量和被解释变量与 4.2 节相同，首先根据 ADF 单位根检验，可以得出各个省区市解释变量经过一阶差分在 5% 的显著性水平上平稳，然后利用线性回归模型 $Y = \beta_0 + \beta_1 HP + \beta_2 PMY + \beta_3 MWC + u$，可以得出影响中国各省区市所有粮食作物种植收益的解释变量的敏感性系数，如表 4.6 所示。

表 4.6　中国省级区域粮食种植收益各解释变量敏感性系数

省区市	HP	PMY	MWC	常数
河北	5.618	3.316	-3.974	-584.235
内蒙古	3.67	4.703	-2.537	-1173.29
江苏	8.22	-0.28	-2.258	428.699
四川	6.001	0.711	-6.001	663.864

续表

省区市	HP	PMY	MWC	常数
江西	7.375	1.696	-2.362	-420.933
重庆	8.353	1.919	-8.143	-274.638
吉林	9.772	1.802	-4.769	-367.158
黑龙江	8.599	1.951	-3.545	-613.706
安徽	4.05	1.311	-2.481	27.62
山东	6.612	1.584	-4.36	201.19
河南	4.965	1.51	-3.234	-86.18
辽宁	6.74	2.372	-3.317	-573.253
湖北	4.387	1.355	-1.9	-211.425
湖南	7.711	2.896	-2.947	-799.718
云南	9.995	4.56	-6.966	-852.073
甘肃	8.754	3.144	-5.262	-303.96
陕西	15.103	1.567	-7.282	-446.521
广西	4.788	-0.065	-3.184	741.5
广东	8.279	2.81	-2.886	-896.494
新疆	7.789	1.913	-2.38	-505.461

由表4.6可知，在每50公斤粮食实际平均出售价中，陕西的敏感性系数最大，高达15.103；紧接着是云南和吉林，其敏感性系数分别为9.995和9.772；而内蒙古的敏感性系数最低，为3.67，峰值和谷值之间的范围相差11.433；安徽的敏感性系数仅为4.05。在每亩产量中，内蒙古正值敏感性系数最大，即4.703；其次是云南，其敏感性系数达4.56；正值敏感性系数最小的是四川，只有0.711；而江苏和广西敏感性系数为负值，分别为-0.28和-0.065。在每亩实际物质与服务费用中，所有省区市的敏感性系数均为负值，其中重庆的敏感性系数最小，为-8.143，这些情况表明物质与服务费用对粮食种植敏感性不高。

4.4.2 省域间粮食种植收益贡献率分析

由省域粮食种植收益贡献率表我们可以看出，在每50公斤粮食实际平均出售价中，所有省区市的贡献率均为负值，其中河南的粮食贡献率最大，为 -0.148；紧接着是辽宁和吉林，其贡献率分别为 -0.221 和 -0.235；而湖南的贡献率最低，为 -1.493，峰值和谷值之间的范围相差 1.345；陕西的粮食贡献率为 -1.147。在每亩产量中，江苏正值贡献率最大，即 0.062；其次是安徽，其贡献率为 0.003；而在每亩产量的负值贡献率中，广西贡献率最大，为 -0.001；湖南的粮食每亩产量贡献率最小，为 -0.936。在每亩实际物质与服务费用中，内蒙古的贡献率最大为 3.892，其次是湖南为 3.429，贡献率最小的为河南，数值为 1.168（见表 4.7）。

表 4.7　2009～2018 年中国省域间粮食作物的种植成本各影响因素贡献率

省区市	CR_{hp}	CR_{pmy}	CR_{mwc}
河北	-0.313	-0.088	1.401
内蒙古	-0.478	-2.414	3.892
江苏	-0.733	0.062	1.670
四川	-0.418	-0.076	1.494
江西	-0.860	-0.209	2.069
重庆	-0.574	-0.079	1.653
吉林	-0.235	-0.223	1.459
黑龙江	-0.652	-0.330	1.982
安徽	-0.297	0.003	1.294
山东	-0.463	-0.170	1.632
河南	-0.148	-0.020	1.168
辽宁	-0.221	-0.062	1.283
湖北	-0.314	-0.099	1.414
湖南	-1.493	-0.936	3.429
云南	-0.828	-0.338	2.166
甘肃	-0.243	-0.193	1.435
陕西	-1.147	-0.240	2.387
广西	-0.615	-0.001	1.616
广东	-1.203	0.001	2.202
新疆	-0.348	-0.557	1.905

4.5 区域间粮食种植收益的比较分析

4.5.1 指标选取和数据来源

为比较中国不同区域间各影响因素对于粮食种植收益的敏感性和贡献率，本章选取每亩实际净收益（Y）为被解释变量，以每50公斤主产品实际平均出售价格（HP）、平均每亩产量（PMY）及平均每亩实际物质与服务费用（MSW）作为解释变量。根据《中国区域经济统计年鉴（2014年）》的划分，本章剔除了2019年国家公布的粮食产量最低的11个省区市，剩余的20个省区市根据年鉴分为四个区域：东部、中部、西部和东北部。其中东部地区包括河北、江苏、山东和广东；中部地区包括山西、安徽、江西、河南、湖北和湖南；西部地区包括内蒙古、广西、重庆、四川、云南、陕西、甘肃和新疆；东北三省包括辽宁、吉林和黑龙江。为保证数据的真实性和完整性，本章数据全部来源于《全国农产品成本收益资料汇编》和各地区统计年鉴。

从表4.8可以看出，在每50公斤粮食实际平均出售价中，东北部地区敏感性系数最大，高达8.058；紧接着是东部地区，其敏感性系数为7.484；而中部地区敏感性系数最低为5.267，东北部地区的敏感性系数约为中部地区的1.5倍。在每亩产量中，西部地区敏感性系数最大，即9.324；其次是东北地区，其敏感性系数为3.52，西部地区单产是东北地区的近3倍；而正值敏感性系数最小的地区为中部地区，只有1.453，其与西部地区的粮食单产相差甚远，仅为西部地区的1/9。在每亩实际物质与服务费用中，所有区域均为负值，中部地区的粮食敏感性最大，为-2.379，西部地区的敏感性最小，为-5.765。

表 4.8　　中国四大区域粮食种植成本各解释变量敏感性系数

区域	HP	PMY	MWC	常数
东部	7.484	1.552	-3.303	-702.492
中部	5.267	1.453	-2.379	-932.374
西部	5.679	9.324	-5.765	-20027
东北	8.058	3.52	-4.269	-2721.6

4.5.2 区域间粮食种植收益贡献率分析

由表 4.9 可知，在每 50 公斤粮食实际平均出售价中，东北部地区粮食种植收益贡献率最大，为 -0.319；紧接着是中部地区和西部地区，贡献率分别为 -0.412 和 -0.449；而东部地区贡献率最低为 -0.667。在每亩产量中，西部地区贡献率最小，即 -1.164；其次是东北地区，其贡献率为 -0.344。在每亩实际物质与服务费用中，所有区域均为正值，西部地区的粮食贡献率最大，即 2.614，粮食费用中部地区的粮食贡献率最小为 1.516。

表 4.9　　2009~2018 年中国四大区域粮食作物的种植收益各影响因素贡献率

区域	CR_{hp}	CR_{pmy}	CR_{mwc}
东部	-0.667	-0.112	1.779
中部	-0.412	-0.104	1.516
西部	-0.449	-1.164	2.614
东北	-0.319	-0.344	1.663

4.6 本章小结

影响玉米、小麦和稻谷三种主要粮食作物种粮收益的主要因素中，种植收益对 50 公斤实际平均出售价格最为敏感，其后依次是物质与服务费用及每亩实际产量。就物质与服务费用各主要构成要素而言，粮食种植收益对化肥费最为敏感，其后依次是农药费、种子费及机械作业费。

每50公斤粮食平均出售价格是促进粮食种植收益的首要因素；每亩实际产量是提高粮食种植收益的第二位因素；物质与服务费用是阻碍粮食种植收益增长的重要因素；2007～2018年粮食种子费、化肥费、机械作业费、农药费对净收益提高的平均贡献率均为正，且各约占25%。

本章主要参考文献

[1] 张谋贵. 要高度重视粮农收益下降问题 [J]. 农村经济，2020 (09)：83－92.

[2] 王艺颖，刘春力. 陕西省主要粮食作物生产成本收益研究——以小麦、玉米为例 [J]. 中国农业资源与区划，2016，37 (06)：143－148.

[3] 贾兴梅. 中国粮食成本收益核算及统计体系完善研究 [D]. 北京：中国农业大学，2014.

[4] 林光彬，郑川. 我国农业补贴政策的绩效评价及改进思路 [J]. 经济与管理评论，2019，35 (06)：102－111.

[5] 彭克强. 中国粮食生产收益及其影响因素的协整分析——以1984～2007年稻谷、小麦、玉米为例 [J]. 中国农村经济，2009 (06)：13－26.

[6] 罗静. 提高农民种粮经济收益是确保国家粮食安全的关键 [J]. 南京农业大学学报 (社会科学版)，2010，10 (02)：1－6.

5 种粮成本视角下中国粮食安全水平综合评价分析

5.1 近年来中国粮食生产及粮食安全形势

5.1.1 粮食生产特点

粮食是人类不可缺少的生活必需品，是人类生产精神物质的充分必要条件。马克思指出：“食物的生产是直接生产者的生存和一切生产的首要条件。”[1]列宁在《关于同饥荒作斗争的报告》中强调，生活中最根本的问题就是粮食安全问题。据2021年国家统计局人口普查数据显示，中国总人口数量达到14.1亿，人口的增加使粮食安全变得更加重要。

中国粮食生产历史悠久，粮食作物种类繁多、区域分布广泛、区域特征显著。同时，中国有20多种较常见的粮食作物，也是世界主要谷物聚集地之一。中国改革开放40多年来，党和政府始终高度重视粮食安全问题，立足于生产发展、流通保障、技术进步、对外开放等领域，为保障粮食安全作出了巨大努力[2]。所以，中国粮食产业发展潜力巨大。然而，当前中国粮食产业也面临着诸多问题，如粮食市场的挤压效应、农民丧失对种植粮食的信心、粮食进口量持续增加以及谷物供应缺乏乐观情绪等。整体来看，主要有以下几个方面的问题必须引起有关部门的高度重视。

(1) 粮食生产要素欠缺，生产效率不高。粮食产量的提升离不开丰富的自然资源和发展良好的生态环境，当然也离不开劳动力为其提供动力。目前，中国粮食生产仍然受到资源、人力和环境的“三重制约”[3]。

首先，粮食生产的耕地总量和水资源短缺。在耕地方面，《中国生态环境状况公报》数据显示，全国各地耕地总面积从2012年的135.5百万公顷减少到2017年的134.88百万公顷。由于耕地结构的调整和农地的荒废，使高质量耕地供不应求，而中低产田占很大比例，耕地资源的压力也将持续加大。在水资源方面，2016~2018年，水资源总量从32466.4亿立方米下降至27462.5亿立方米，水资源总量下降了15.4%①。

其次，农村劳动力向城市转移，转向非农业就业。根据国家统计局2009~2019年《农民工监测调查报告》（见图5.1），2008~2018年呈现逐年递增状态，2018年农民工总人数达2.8836亿人，占农村人口的一半以上。而在2020年，受新冠肺炎疫情的影响，中国的农民工总数已降至2.856亿，与2019年相比，减少517万人②。

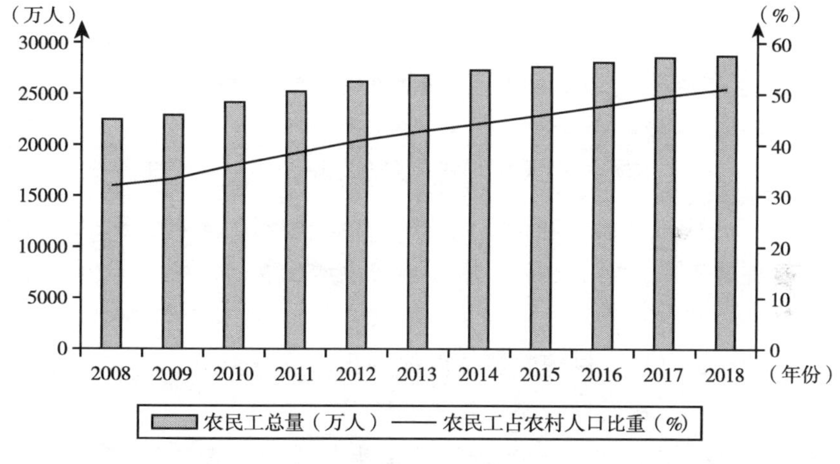

图5.1 2008~2018年全国农民工总量及其占农村人口比重变化

数据来源：国家统计局．农民工监测调查报告（2009~2019年）。

① 智研咨询．2019年中国水资源用水总量分析：用水占比最大的产业为农业［EB/OL］．产业信息网/产业频道．［2021-06-20］，https：//www.chyxx.com/industry/202006/876926.html.

② 中商产业研究院．2020年全国农民工大数据统计：总量减少517万人月均收入增长2.8%［EB/OL］．中商情报网，［2021-06-20］https：//www.askci.com/news/data/hongguan/20210506/0924311443152.shtml.

最后，大豆单位面积产量低且农业资源利用率低。一是中国的粮食单位面积产量很低。以大豆单产为例（见图 5.2），中国 2017 年的大豆单产仅为 1791 公斤/公顷。相比之下，2008 年美国大豆平均单产达到 2671.8 公斤/公顷，同国际市场相比，明显不足。二是中国农业资源的利用率很低。例如，中国 2020 年水资源农田灌溉的有利效率系数仅为 0.559，而同国际先进水平 0.7 ~0.8 仍存在较大差距①。

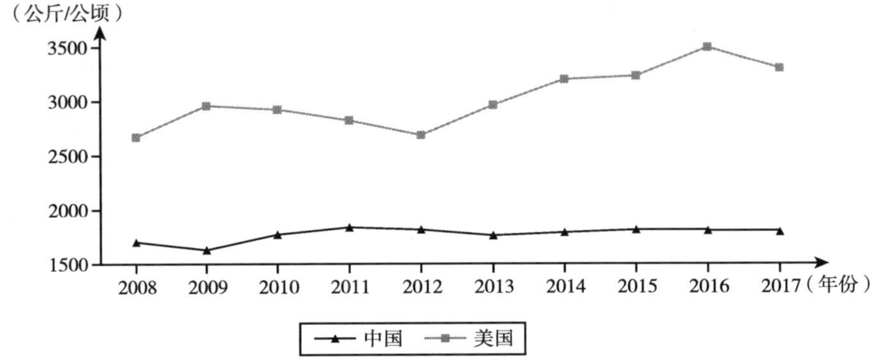

图 5.2　2008 ~2017 年中国与美国大豆单位面积产量

数据来源：前瞻产业研究院．中国大豆产业到底落后美国多少［EB/OL］．［2021/06/20］［2018/10/08］https：//www.qianzhan.com/analyst/detail/220/181008 -305e760f.html.

（2）种粮成本持续上升且收益下降。由于中国大多数农民对新种植技术的接受程度不高，加上农民仍然坚持通过增加农药、化肥等生产要素来提高产量这一观念存在，从而造成了粮食生产中要素投入结构的不合理。同时，由于汽油、水、电等农资价格的上涨以及租金的上涨，一些农民便减少了机械使用，从而导致耕作效率下降[4]。

根据 2009 ~2019 年《全国农产品成本收益资料汇编》数据，中国稻谷、小麦和玉米三种粮食作物总成本已从 2008 年的每亩 562.42 元增加到 2018 年的每亩 1093.77 元，增长率将近一倍（见图 5.3）。其中，物质与服务费用由 2008 年的每亩 287.78 元增加到 2018 年的每亩 449.55 元的，增长了 56.21%；人工成本由 2008 年的每亩 175.02 元上涨到 2018 年的每亩

① 熊丽．到 2020 年我国万元 GDP 用水量将较 2015 年降 23%［EB/OL］．中国社会科学网/经济日报．［2021 -06 -20］，http：//www.cssn.cn/gggl/gggl_zx/201904/t20190419_4867103.html.

419.35 元，增长了 139.6%；土地成本由 2008 年的每亩 99.62 元上涨到 2018 年的每亩 224.87 元，增长了 125.73%。同时，粮食生产过程中的净利润及成本利润率也在持续下降，其中，净利润从 2008 年的每亩 186.39 元下降到 2018 年的每亩 -85.59 元，种粮每亩收益为负，严重打击了种粮户的积极性。根据研究团队对江西省稻谷生产经营情况的调查，在不计算粮农的人工成本和耕地补贴的情况下，每亩平均稻谷产量为 450 公斤，小粮农每亩纯收益为 100～150 元，而种粮大户每亩稻谷则亏损 450～650 元。

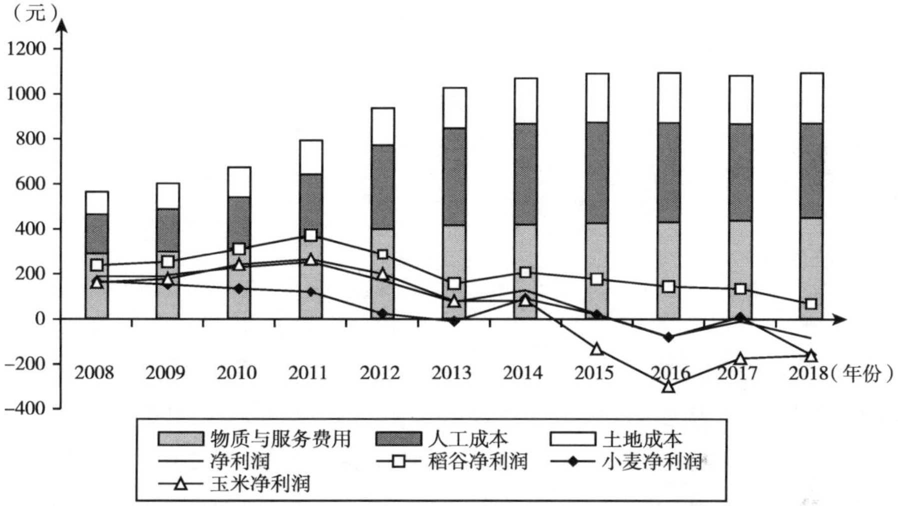

图 5.3　2008 年以来三种粮食成本收益变化情况

数据来源：《全国农产品成本收益资料汇编》（2009～2019 年）。

（3）粮食产品质量提升相对缓慢。近年来，中国居民的整体收入在逐年增加。2013～2018 年，居民人均可支配收入从 1.8311 万元增加到 2.8228 万元，增长率达 54.16%①。人民生活水平的提升意味着对粮食的消费增加，消费需求的升级使近年来粮食消费量和消费用途也发生了明显变化。

① 王蕤．2020 年中国居民收支情况回顾．可支配收入逐年增长、城乡收入结构差距较大［EB/OL］．东方财富网．［2021-06-20］，http：//finance.eastmoney.com/a/202105071913000069.html.

从粮食消费量来看，中国城乡人均粮食消费量（口粮）呈逐年下降趋势，由 2013 年的 57.2 公斤下降至 2018 年的 38.5 公斤，如图 5.4 所示。

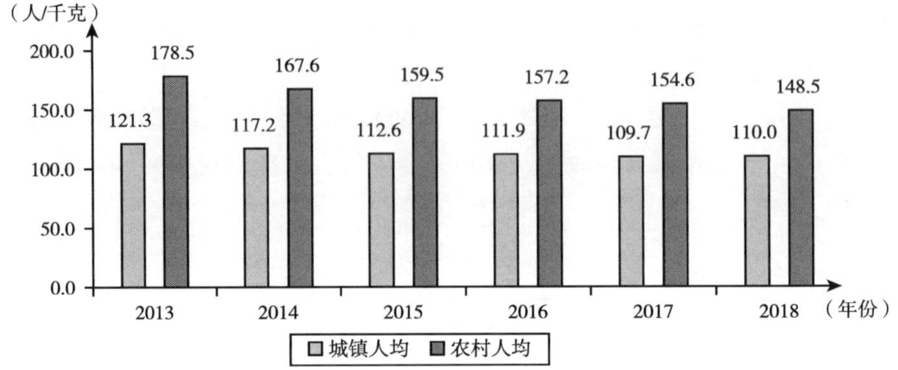

图 5.4　2013～2018 年度城乡人均粮食（原粮）消费量

数据来源：国家统计局．2013～2017 年我国城镇居民家庭粮食（原粮）消费量情况（附各省市数据）［EB/OL］．观研报告网．［2021－06－20］http：//data. chinabaogao. com/shipin/2019/0919450F02019. html.

从粮食消费用途方面来看，由于畜牧业水平提升和粮食加工业发展，粮食消费量逐年增加，其中，饲料粮消费量从 2014/2015 年度的 1.24 亿吨增至 2017/2018 年度的 1.45 亿吨，增长量达 0.20 亿吨；食品与非食品工业粮消费量由 2014/2015 年度的 7.13 亿吨提升到 2017/2018 年度的 9.35 亿吨，增加了 0.22 亿吨，其中化工、生物能源、医药的消费量对粮食需求变动显著。由于播种面积缩减，种子量也发生了很大变化，由 2014/2015 年度的 748 万吨下降至 2017/2018 年度的 735 万吨，减少 13 万吨，具体如表 5.1 所示。

表 5.1　2014～2018 年全国稻谷、小麦和玉米消费用途　单位：万吨

消费用途	2014/2015	2015/2016	2016/2017	2017/2018	增减情况
食用消费量	26753.2	26566.0	26380.0	26292.0	－451.2
饲料消费量	12420.0	12170.0	13880.0	14450.0	2030
工业消费量	7130.0	7556.0	8450.0	9350.0	2220
种用量	748.0	745.0	739.9	735.0	－13

数据来源：李经谋．中国粮食市场发展报告 2015～2019 年［M］．北京：中国财政经济出版社．

(4) 中国目前的粮食种植结构与饮食消费结构并不完全匹配。如图 5.5 所示，棉花、油料、禽蛋、奶类产量比重仍比较低。粮食存在的质量问题由化肥、农药过量使用以及土壤、水体等严重污染导致的粮食重金属超标（镉大米）、农药残留超标、粮食真菌毒素污染、粮食霉变等[5]。

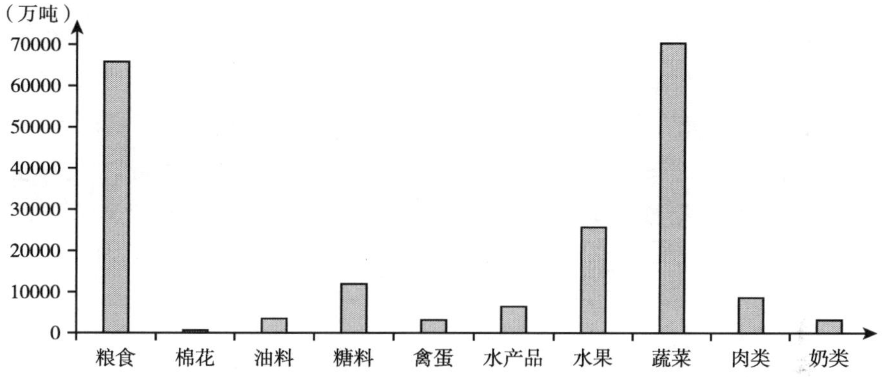

图 5.5 2018 年度全国主要农产品产量情况

数据来源：国家统计局．2018 年国民经济和社会发展统计公报［EB/OL］．（2019/03/14）［2021－06－20］https：//www.sohu.com/a/301140596_120099953.

5.1.2 粮食安全形势

自 2004 年以来，国家开始加大力度支持农业发展，连续几年的中央一号文件均集中在“三农”问题上，《国家粮食安全中长期规划 2008～2020 年》也对粮食安全做出详细解释（保证到 2010 年人均粮食消费量不低于 389 公斤、到 2020 年不低于 395 公斤的关键目标等）[6]。中国在粮食产业也取得了不错成就：中国可以实现稻谷基本自给自足，截至 2018 年，中国谷物产量为 6.1 亿吨，占粮食总产量的 90% 以上，粮食自给率超过 95%；稻谷和小麦两大口粮产需有余，完全能够自给①。但是，当前国内粮食状况也存在一定风险。整体上，粮食安全形势有好有坏，主要体现在以下几个方面。

① 佚名．中国的粮食安全［EB/OL］．中国社会科学网/光明日报，［2021－06－20］http：//www.cssn.cn/dzyx/dzyx_xyzs/201910/t20191015_5014691.shtml.

(1) 粮食整体供需平衡但结构不平衡。据国务院颁布的《国家人口发展规划 (2016～2030 年)》预测数据显示，中国人口在 2030 年将达到 14.5 亿，从广义粮食消费量（人均年 500 公斤）计算，需要对应有 7.25 亿吨粮食才可以满足人们自足。此外，据联合国经济和社会事务部《2018 年版世界城镇化展望》预测，2050 年全球城市总人口将增加 25 亿，其中中国城市人口将增加 2.55 亿，到 2050 年，中国粮食的需求量将额外增加 0.1020 亿～0.1275 亿吨[①]。

从粮食供求角度看，目前中国粮食总供求基本平衡。据国家粮油信息中心数据显示（见图 5.6），2018～2019 年中国主要稻谷供给与需求差为 0.05 亿吨，保持相对平衡；小麦供给与需求差为 0.19 亿吨，供给方面充裕保持宽松；玉米存在缺口，但短期内可以弥补该缺口。

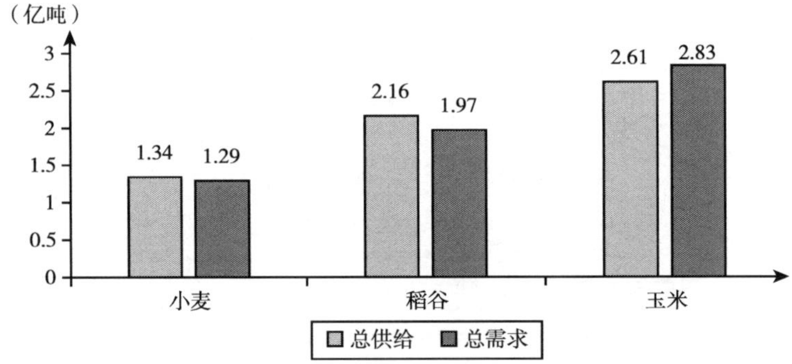

图 5.6 2018～2019 年小麦、稻谷和玉米的供需情况

数据来源：2018～2019 年中国玉米、大豆、稻谷及小麦种植业供需量分析 [EB/OL]. 产业信息网，[2021－06－20] https://www.chyxx.com/industry/202001/829478.html.

从粮食种植结构的角度来看，稻谷和玉米超产能而大豆产能严重不足。如图 5.7 所示，一方面，中国稻谷、玉米和小麦种植范围较广，而大豆种植少。2009～2018 年，中国稻谷、玉米和小麦的播种面积占粮食作物播种总面积的年均比重分别为 18.42%、22.68% 和 14.8%，而大豆年均占比为 4.72%。另一方面，中国稻谷、玉米和小麦的产量大，大豆产量小。

① 欧阳晓娟．中储粮迟京涛：2050 年中国粮食需求额外增加超千万吨 [EB/OL]. 新京报，[2021－06－20] http://www.bjnews.com.cn/feature/2019/12/19/664047.html.

2009～2018 年，中国稻谷、玉米和小麦的年均产量分别为 2.07 亿吨、2.35 亿吨和 1.26 亿吨，而大豆的年均产量仅为 0.14 亿吨。此外，从单位面积产量水平来看，稻谷以 18.42% 的种植面积收获了 35.56% 的产量，玉米以 22.68% 的播种面积收获了 40.39% 的产量，小麦以 14.8% 的播种面积收获了 21.62% 的产量，而中国大豆以 4.72% 的种植面积收获了仅仅约 2.43% 的产量，说明中国大豆单产水平极低。

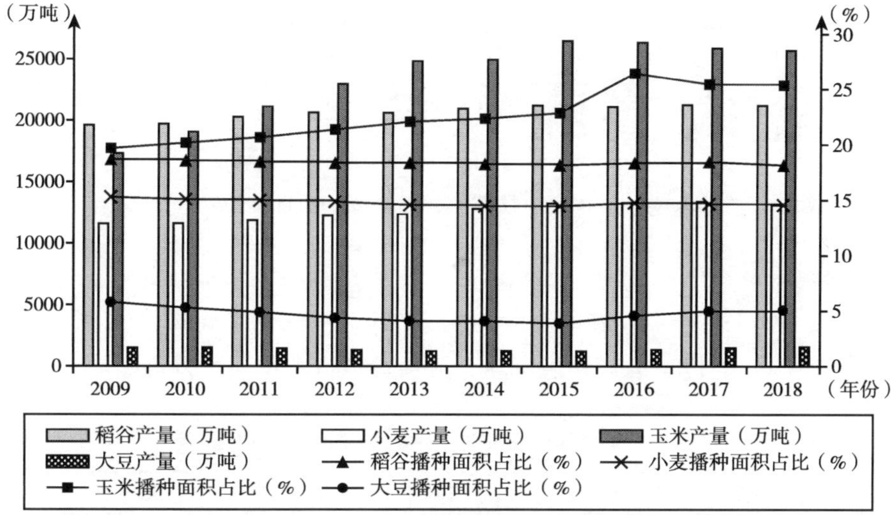

图 5.7 2009～2018 年中国主要粮食作物播种面积占比和产量的比较

数据来源：中国国家统计局/中国国家粮食局．2010～2019 年我国粮食作物播种面积、产量数据统计表（附各省数据）［EB/OL］．观研报告网，［2021－06－20］ http：//data.chinabaogao.com/nonglinmuyu/2021/022453330R021.html.

（2）粮食贸易连年赤字且进口来源国较为单一。一方面，自 2004 年以来，中国的粮食进出口贸易已连续 14 年出现贸易逆差。如图 5.8 所示，2004 年粮食贸易逆差为 0.18 亿吨，2018 年粮食贸易逆差达到最大为 1.28 亿吨，且贸易逆差差额也在不断拉大。

另一方面，中国粮食贸易进口来源地较为单一。如表 5.2 所示，从进口来源地及品种数量来看，2017 年中国小麦进口数量最大（436.8 万吨），进口主要来源国是澳大利亚、美国、加拿大、哈萨克斯坦和俄罗斯，五国进口占总进口比例高达 98.8%；稻谷进口数量位居第二（391.54 万吨），

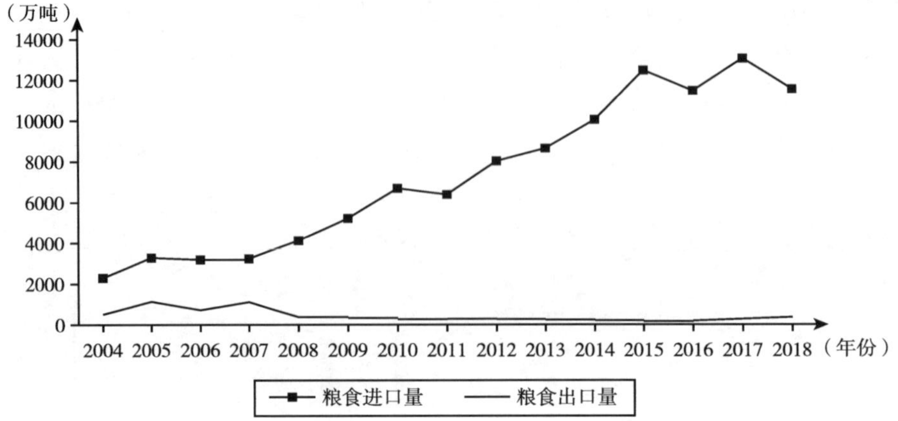

图 5.8　2004~2018 年中国粮食进出口数量

数据来源：中华人民共和国农业农村部．我国农产品进出口情况（2004~2018 年）。

主要来源国是越南、泰国、巴基斯坦、柬埔寨和缅甸，五国进口占总进口比例高达 98.1%；玉米进口总量达到 283.43 万吨，主要进口来源国是乌克兰、美国、老挝、缅甸和俄罗斯，五国进口占总进口比例高达 99.9%。

表 5.2　　2017 年中国粮食品种主要进口来源地和数量　　单位：万吨

小麦		玉米		稻谷	
进口来源地	数量	进口来源地	数量	进口来源地	数量
澳大利亚	195	乌克兰	182.18	越南	226.46
美国	154	美国	75.66	泰国	111.69
加拿大	52	老挝	15.06	巴基斯坦	27.28
哈萨克斯坦	34	缅甸	9.31	柬埔寨	17.94
俄罗斯	1.8	俄罗斯	0.22	缅甸	8.17
五国进口总量	436.8	五国进口总量	283.43	五国进口总量	391.54
五国进口占总进口比例	98.8%	五国进口占总进口比例	99.9%	五国进口占总进口比例	98.1%

数据来源：根据中国海关总署数据整理而得。

（3）保障粮食安全政策支持力度大但有效性减弱。一方面，政策支持力度大，很多地区已在推广“粮改饲、粮改草、粮改经”，提倡耕地休闲与轮作，发展休闲农业、旅游农业等，以此助力乡村振兴。此外，国家通过高额补贴来激发种粮农户的积极性，在这点上，中国学者同国外研究者得出的结论一致。如，以最低收购价和临时收储为主要内容的中国粮食价格支持政策，极大地促进了中国粮食持续增产和农民增收[7]（见图 5.9）。

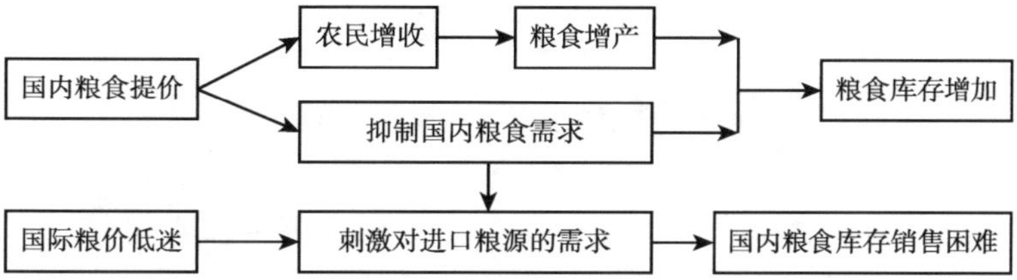

图 5.9 中国粮食“三量齐增”的内在逻辑

另一方面，政策有效性减弱。一是粮食最低收购价政策“保收入”和“保供给”的双重功能，对粮食价格产生了托底作用，导致国有粮食企业收储压力增大，粮食库存急剧上升[8]，对当前中国财政带来了较为沉重的负担；二是国际粮食价格普遍处于较低水平，中国粮食价格与国际粮食出口大国相比，还不具有比较优势。如图 5.10 所示，美国是主要的农产品出口国，在过去的 10 年里，中国主要粮食作物（稻谷、小麦和玉米）的价格上涨，且远高于美国。

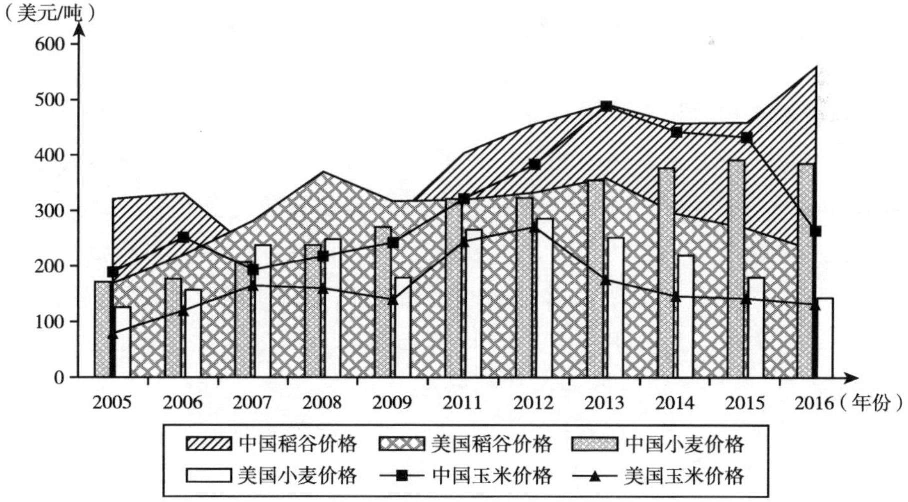

图 5.10 2005～2016 年中美主要粮食价格对比

资料来源：马琤琤．中美粮食市场比较［J］．中国食品，2016（18）：30－33.

5.2 基于熵值法的粮食安全评价体系构建

5.2.1 评价指标体系构建依据及选取

通过前述对粮食安全形势的分析，中国面临粮食需求增加，水、土地及劳动力资源消耗不断加快，粮食结构不平衡等多重压力，粮食安全面临挑战。基于此，本书用系统分析法，从多维角度选取了评价中国粮食安全的指标，并建立了全面的粮食安全综合评价指标体系，再运用熵权法计算出各指标的权重占比，进而获得评价结果。从评价结果中，可以得出影响粮食安全的主要因素有哪些，进而评估粮食发展的安全性和可持续性。同时，通过得出的结果分析还可以为农户提供建议，让农户更多地考虑农业结构生产、了解规模经济，并有意识地选择劳动力投入、机械使用、生产和采购以及土地流转费等成本较低的地方。例如，通过加大农业机械化程度，加强农田水利工程建设，将人从以往的直接耕种向农业现代化转变，使一个国家或地方能够以成本领先策略来确保所有居民对粮食消费的定量需求和粮食生产率的提高，最终实现经济收益最大化或者成本相对最小化。

粮食安全是将粮食问题置于一个集自然、社会、经济、生产等为一体的环境中进行研究的系统，粮食安全的评价指标体系则是从不同维度选取相互影响、相互关联的指标，从而构造多方面的评价指标体系，形成非常稳定的粮食安全影响链[9]。当然，在建立评级指标体系时，指标的选取也尤为重要。指标数量选取较多或较少，都不能充分考虑整体的发展情况，使计算难以为继。故本书主要选取 12 项指标作为衡量粮食安全的依据，遵循原则如下：

一是典型性原则。在有针对性地进行选取评价指标时，需要确保指标的覆盖面广泛以及在国内的典型性（代表性）。典型性指标是指在国内农业市场经济核算的所有指标中，该项指标所占的比例更大，不太相关的评估指标需要从粮食安全评估系统中剔除，其余的指标将进行循环计算。例如，单位面积农膜使用量在小麦种植数据整理调查中显示为零，无法与其他粮食作物进行合理比较，故可以剔除。使用这种典型性粮食安全评价指标可以更为有效地降低指标体系构建的复杂程度，从整体上把握粮食安全指标的具体情况。

二是可操作性和一致性原则。首先，在选取粮食的安全评价指标时，有必要观察是否有大量的相关数据支持，在不改变大范围性质的情况下，可以用合适的指标来替代数据支持程度较低的指标，从而减少由该程度指标索引带来的数据查找不便性。其次在处理和计算指标数据时，需要对指标进行标准化处理或者量化处理，从而使数据在同等条件下进行对比，确保计算权重结果的科学合理性，并保持指标构建的良好体系。

三是全面性原则。在衡量粮食安全评价指标时，不能只是单纯地涉及粮食指标计算的问题，还必须找出最大影响因素，再将其作为核心指标进行详细分析。关于评价指标的选取过程，通过查询种粮成本相关原因和文献确定了粮食安全评价的二级指标为社会层面、生产层面和成本层面。其中，社会层面包含 5 项三级指标，即总供给差率、人均占有量、粮食储备消费比、粮食自给率和价格指数波动率；生产层面包含 3 项三级指标，即总产量、播种面积[10]和单位面积产量[11]；成本层面包含 4 项三级指标，即种粮成本收益率[12]、物质与成本费用、人工费用和土地费用，从而构建集社会效益、生产效益、成本效益于一体的粮食安全综合评价体系。

针对粮食安全水平综合评价与比较分析的现状和不足，本节将采用数据结构要求相对较低的熵权法，根据研究需要对评价指标进行加权。接下来，对粮食安全指标体系进行详细的解释说明（见表 5.3）。

表 5.3　　　粮食安全水平综合得分评测指标体系

一级指标	作物	二级指标	三级指标	解释
粮食安全水平综合评价指标体系	稻谷/小麦/玉米	社会层面	ZGJ 总供给差率（%）	正向指标
			RJ 人均占有量（%）	正向指标
			CXB 粮食储备消费比（%）	正向指标
			ZJ 粮食自给率（%）	正向指标
			JG 价格指数波动率（%）	负向指标

续表

一级指标	作物	二级指标	三级指标	解释
粮食安全水平综合评价指标体系	稻谷/小麦/玉米	生产层面	ZC 总产量（万吨）	正向指标
			BMJ 播种面积（万亩）	正向指标
			DC 单位面积产量（公斤/亩）	正向指标
		成本层面	CS 种粮成本收益率（%）	正向指标
			WZ 物质与服务费用（元/亩）	负向指标
			RG 人工费用（元/亩）	负向指标
			TD 土地费用（元/亩）	负向指标

（1）总供给差率。它反映了粮食供应粮食需求之间的差异，其比率越大反映了粮食安全程度越高；反之，粮食安全程度越低。其中，粮食总供给量包括国内粮食产量、粮食储备量、粮食净进口量等；粮食总需求量包括食用需求、工业生物需求、饲养需求、播种需求等[13]。

（2）人均占有量。它反映了一个国家在粮食生产方面，满足国内人们需求的能力，特别是反映了一个国家农业的资源禀赋和生产力发展水平。在其他条件相同的情况下，如果一个国家的人均粮食占有量低于某个指标水平（指标通常用生存必须热量、或者世界生产所需热量最低水平代替），则表明该国的粮食安全程度低。同时，人均粮食占有量是通过农业的生产能力来体现出粮食的安全状况的，也可以用一定时期粮食速度增长程度或通过与人口速度增长的比较间接地体现出人均占有量的变化程度，说明粮食安全的变化情况。其公式为：人均粮食占有量 = 粮食总产量/地区人口数。

（3）粮食储备消费比。它反映了粮食储备量在一定程度上影响一国的仓储水平，同时为粮食消费做出的重大贡献。其公式为：粮食储备消费比 = 粮食储备量/粮食消费量 ×100% 。

（4）粮食自给率。它在一定程度上体现出了一国对国际粮食的依赖程度。因为各国国情差异较大，所以目前世界各国并没有就粮食自给率达成统一认识，这点也是各个国家未来需要讨论的地方。国际上的一般标准是一国粮食自给率不小于 90% 被视为可以接受的粮食安全水平；如果一国粮食自给率不小于95%，则被视为基本上实现了粮食自给①。从中国2019年颁布的《中国的粮食安全》白皮书中发现，口粮实现完全自给，谷物自给率一直保持在95%以上[14]。其公式为：粮食自给率 =（1 - 净进口/需求量）×100%。

（5）价格指数波动率。它反映了不同年度间粮食价格同比的变动情况。其公式为：价格指数波动率 =（当期粮食价格 - 前一期粮食价格）/当期粮食价格 ×100%。

（6）总产量。它是指在一年内该地区或国家粮食生产的总量。粮食生产量越多则表示粮食生产安全程度越高，粮食生产供给能力越强，对粮食总供给差率也是有利的；反之，粮食生产量越少，表示粮食生产能力就越低，粮食供给不能满足居民的有效粮食需求，粮食安全受到威胁。因此，该指标为正向指标。

（7）播种面积。它是指粮食生产者一年内在收获粮食作物的土地上播种的面积。粮食播种面积越大，说明粮食生产自然资源条件也就越丰富，粮食产量对应也越高，指标之间相互有关联；反之，粮食播种面积越小，农民无地可耕，粮食生产量自然受到影响，无法保证粮食生产安全。因此，播种面积与粮食生产安全呈正相关关系。

（8）单位面积产量。它是指在一定时期内该地区每亩地的粮食产量变化情况，其生产量越大则表明产出效益越突出。其公式为：单位面积产量 = 粮食总产量/粮食播种面积 ×100%。

（9）种粮成本收益率。它是反映粮食获利能力的重要指标，是粮食种植净利润与总成本之比。该指标越高，表明农户为获取利润而付出的代价越小，成本和支出控制得越好，获利能力越强，因此其为正向指标。其公式为：种粮成本利润率 = 净利润/总成本 ×100%。

（10）物质与服务费用。其分为直接费用和间接费用，直接费用包括种子费、化肥费、农家肥费、农药费、农膜费、机械作业费、租赁作业费、灌溉费、水费、蓄力费、技术服务费、工具材料费、修理维护费等；间接费用包括固定资产折旧、保险费、管理费、财务费、销售费等[15]。由

① 高云才．谷物自给率保持在95%以上、站在高基点、立正新突破［EB/OL］．人民日报/人民网，［2021/06/20］ https：//politics. gmw. cn/2020 - 04/05/content_33715707. htm.

于成本越高，粮食安全水平越低，因此物质与服务费用、人工费用和土地费用均为负向指标。

（11）人工费用。其包含雇工费用和家庭用工折价。

（12）土地费用。其包含土地流转费用和自营地折租费用。

5.2.2 评价指标权重的计算以及模型的建立

为了更好地了解哪些指标是影响粮食安全综合评价的主要因素，本书使用了一种确定粮食安全综合评价指标的方法——信息熵。

信息熵是用来描述信息论中所包含信息混乱无序的一个量，该描述较为抽象，简单来讲，信息熵是通过信息的无序度（混乱状态）来衡量的，无序化程度越高则熵值越大，相应的该信息所占有的效用也就越低[16]。基于此原理，可以将信息熵引入粮食安全权重的确定中，通过数据采集和整理形成相应的数据序列，并通过计算该数据序列的信息熵得出结论。如果该结论数据序列的差异程度大，则表明该项指标对粮食安全的影响越大，其对应的权重就比较大。具体运算步骤如下。

（1）数据采集和处理。从文献找到相关公式，并对原始数据 x_{ij} 进行标准化（归一化）处理，其中 m 特指时间序列项数。计算比重 p_{ij} 即：

$$p_{ij} = \frac{x_{ij}}{\sum_{i=1}^{m} x_{ij}} \qquad o \leqslant i \leqslant m \tag{5.1}$$

（2）熵值计算。针对第 j 个指标影响因素，利用该影响因素下的不同年份数据列计算该影响因素的熵值 e_j，即：

$$e = -k\sum_{i=1}^{m} p_{ij}\ln p_{ij} \qquad j = 1,2,\cdots,n \tag{5.2}$$

其中，$k > 0$，一般令 $k = \frac{1}{\ln m}$，且 $o \leqslant e \leqslant 1$

（3）计算偏差度。计算第 j 个影响因素的偏差度 g_j，对于确定的第 j 个影响因素，如果该因素对粮食安全影响程度越小，则其该影响因素下的数据列越接近完全无序状态，e_j 越大，该影响因素的偏差度应越小[17]，因此定义：

$$g_j = 1 - e_j \qquad j = 1,2,\cdots,n \tag{5.3}$$

（4）计算权重。在对上述偏差度进行归一化后获得的值是每个影响因素的权重，它反映了影响因素对粮食安全的影响程度。其中第 j 个影响因素的权重计算公式为[18]：

$$w_j = \frac{g_j}{\sum_{i=1}^{m} g_j} \quad j = 1,2,\cdots,n \tag{5.4}$$

（5）原始数据的粮食安全评价。首先，按层次分级法和正负归类法确定三种粮食水平综合测评指标的排序关系；其次，计算粮食水平综合测评指标的熵值。设 e_j 为第 j 个指标的熵值，则熵值的计算过程中 $p_{ij} = \frac{x_{ij}}{\sum_{i=1}^{m} x_{ij}}$ $o \leqslant i \leqslant m$（i 指年份），$e_j = -k\sum_{i=1}^{m} p_{ij}\ln p_{ij}$　$j=1, 2, \cdots, 12$。其中，熵值为第 i 个评测对象中第 j 个指标的特征比重，y_{11} 为第 1 个评测对象中第 1 项指标的观察数据，y_{ij} 的差异性越大，该项指标对评测对象的作用就越大，即该项指标包含更多的信息。

本书是基于一般熵权法得出的三级指标数值，计算粮食安全最终综合得分。设 D_1 为第 1 个系统的综合评测得分，则代入公式：$D_i = \sum_{i=1}^{m} p_{ij} w_{ij}$　$i=1, 2, \cdots, n$。其中，p_{ij} 为归一化评价指标得分，w_{ij} 是粮食安全各指标的权重。因为评测指标之间一般不具有相同的单位和量纲，所以在进行综合评测时，先要将评测指标进行无量纲化处理[19]。而对于数据为何均加上 0.0001，原因是为了保证对数的真数部分大于 0 且不等于 1，或者令 $\lim p_{ij}\ln p_{ij}=0$，而后分别对指标进行规范化处理。在处理过程中，正向指标代入公式 $x_{ij}=\frac{y_{ij}-y_j^{min}}{y_j^{max}-y_j^{min}}$，$i=1, 2, \cdots, n$；$j=1, 2, \cdots, m$；负向指标代入公式 $x_{ij}=\frac{y_j^{max}-y_{ij}}{y_j^{max}-y_j^{min}}$，$i=1, 2, \cdots, n$；$j=1, 2, \cdots, m$，其中 y_{ij} 为指标 j 的观测值，y_j^{max} 为指标 j 的最大观测值，y_j^{min} 为指标 j 的最小观测值。

5.2.3 数据来源与指标计算

从中国粮食安全评价指标体系可以看出，对中国粮食安全指标评价的评估需要 12 项指标。根据所需指标，研究团队查阅了主要粮食作物的相关数据，并查阅了黑龙江省、江西省、河南省等省份相关农业统计资料，计算得出各项指标的相关数值。一方面，在 2020 年新冠肺炎疫情的影响下，调研等数据可获取性易受到一定影响；另一方面，在粮食安全评价指标分析中，单一指标因素的权重存在一定的相关性，容易导致粮食安全指标的评价结果产生误差。因此，本书通过研究熵权计算的实际计算数据，采用总权重决策来确定各项指标评价因素，从而使各项指标的权重更加客观真实，也更加具有说服力。

指标计算数据主要来源于《全国农产品成本收益资料汇编 2015 年》《全国农产品成本收益资料汇编 2019 年》《中国农村统计年鉴》《中国统计年鉴》和布瑞克农业数据库等。如，进出口量、需求量、播种面积、产量和总消费量等数据均来源于上述数据库。之后对不同单位的数据进行处理，即变量同趋化和无量纲化。变量同趋化是指主要解决不同性质的数据问题，对于不同性质指标的直接加总并不能准确反映出不同作用的综合结果，需要采用逆向指标的数据性质，以使所有指标都对评估产生影响，让所有指标对评价方案的作用力具有相似性，再相加以获得正确结果；而无量纲化主要解决数据的可比性[20]。根据熵权的基本原理，索引数据的无量纲性通常需要进行标准化和规范化处理，规范化处理后就会消除不同指标量纲（索引尺寸）与数量级的影响。因此，本书中需要对数据进行规范化和归一化处理。

首先，对数据进行整理，由 5.2.2 小节的公式可以计算出熵值以及偏差度，同时算出粮食安全综合得分情况，公式如下：

$$D_i = \sum_{i=1}^{m} p_{ij} w_{ij} \quad o \leqslant i \leqslant m \quad j = 1, 2, \cdots, 10 \tag{5.5}$$

其中，D_i 为第 i 个时间序列粮食安全指标系数水平，w_j 为第 j 项指标的权数，p_{ij}为第 i 个样本在第 J 项评价指标的标准化数值。由公式可得出粮食安全综合指标得分，即粮食安全保护程度[21]。不难看出，$D_i \in [0, 1]$，当 $D_i = 0$ 时，粮食安全保护程度处于最低状态，而当 $D_i = 1$ 时，粮食安全保护程度处于理想状态。

对原始数据 x_{ij}进行归一化（规范化）处理，需要注意的是，归一化处理的求和是对于时间序列解释变量而言的（见表 5.4）。

表 5.4 2009～2018 年粮食安全水平综合得分评测指标归一化得分

年份	2009	2010	2011	2012	2013	2014	2015	2016	2017	2018
X_{11}	0.00002	0.00170	0.02094	0.05201	0.07000	0.09815	0.14048	0.17736	0.21212	0.22723
X_{12}	0.00002	0.00149	0.08114	0.12560	0.10441	0.14184	0.16656	0.12871	0.13620	0.11403
X_{13}	0.10313	0.00002	0.03920	0.10875	0.06342	0.09904	0.16187	0.14615	0.15364	0.12479
X_{14}	0.22557	0.21045	0.19037	0.06406	0.08517	0.06306	0.00446	0.00002	0.02198	0.13485
X_{15}	0.10748	0.00002	0.08470	0.20858	0.11455	0.09080	0.09820	0.12776	0.06484	0.10306
X_{16}	0.00002	0.00983	0.06380	0.09861	0.09627	0.12797	0.15213	0.14213	0.15723	0.15201
X_{17}	0.00001	0.04526	0.08122	0.10170	0.13650	0.14475	0.14757	0.14188	0.14208	0.05904
X_{18}	0.01402	0.00002	0.05830	0.09717	0.07132	0.11293	0.14686	0.13579	0.15799	0.20559
X_{19}	0.22051	0.17595	0.18689	0.14349	0.05333	0.07954	0.06090	0.04252	0.03684	0.00002
X_{110}	0.26705	0.23037	0.15550	0.09030	0.06815	0.06626	0.05314	0.04452	0.02471	0.00003
X_{111}	0.31751	0.27271	0.20356	0.09239	0.02176	0.00896	0.00003	0.01496	0.02894	0.03917
X_{112}	0.24904	0.20724	0.16688	0.13306	0.09256	0.06425	0.04488	0.02918	0.01288	0.00002
X_{21}	0.16760	0.20261	0.11384	0.06332	0.14472	0.05325	0.11114	0.05706	0.08644	0.00002
X_{22}	0.00345	0.00002	0.02636	0.07162	0.07928	0.13270	0.18203	0.18005	0.18473	0.13975
X_{23}	0.00751	0.00002	0.02156	0.04140	0.14022	0.07949	0.19251	0.15364	0.23489	0.12876
X_{24}	0.17314	0.16088	0.16444	0.07656	0.00002	0.10472	0.09726	0.08459	0.03983	0.09856
X_{25}	0.10031	0.09388	0.11518	0.11279	0.06162	0.10705	0.14168	0.13837	0.00001	0.12911
X_{26}	0.00002	0.00313	0.02834	0.06808	0.07995	0.12675	0.17057	0.17698	0.18777	0.15840
X_{27}	0.07516	0.08207	0.10969	0.13189	0.08696	0.08790	0.14082	0.18239	0.10310	0.00002
X_{28}	0.00002	0.00240	0.02512	0.06328	0.08102	0.12916	0.16727	0.16835	0.18996	0.17342
X_{29}	0.20075	0.17616	0.15333	0.08690	0.06810	0.11793	0.08300	0.03621	0.07760	0.00002
X_{210}	0.24915	0.24752	0.17438	0.10052	0.06226	0.05861	0.05635	0.02939	0.02179	0.00002
X_{211}	0.31653	0.26991	0.20411	0.11181	0.03825	0.00877	0.00930	0.00003	0.01284	0.02845
X_{212}	0.23409	0.19603	0.17909	0.15075	0.12584	0.06631	0.02656	0.01088	0.01044	0.00002
X_{31}	0.00311	0.00002	0.02017	0.03764	0.08826	0.15772	0.22061	0.20559	0.16152	0.10536
X_{32}	0.00002	0.02963	0.06439	0.09466	0.12578	0.12580	0.15006	0.14499	0.13479	0.12987
X_{33}	0.01665	0.04881	0.09023	0.09880	0.16089	0.19651	0.20892	0.12623	0.05295	0.00002
X_{34}	0.21480	0.14777	0.14213	0.00002	0.07549	0.09535	0.00788	0.09160	0.11908	0.10587
X_{35}	0.15096	0.00002	0.13060	0.11745	0.13444	0.09188	0.12984	0.15731	0.03309	0.05442
X_{36}	0.00001	0.02844	0.06185	0.09149	0.12219	0.12432	0.14906	0.14682	0.13944	0.13636
X_{37}	0.00002	0.02806	0.05282	0.08523	0.11552	0.13900	0.16628	0.15534	0.13073	0.12701
X_{38}	0.00002	0.03459	0.08665	0.10829	0.13420	0.09752	0.11241	0.12556	0.15091	0.14985
X_{39}	0.15528	0.19302	0.18207	0.14338	0.10436	0.10490	0.04642	0.00002	0.03351	0.03705
X_{310}	0.31430	0.27138	0.16587	0.08631	0.05299	0.04178	0.01664	0.03132	0.01937	0.00003
X_{311}	0.31558	0.26805	0.20049	0.08537	0.02163	0.00003	0.00670	0.01858	0.03749	0.04608
X_{312}	0.26608	0.22330	0.17213	0.12619	0.09172	0.03153	0.00003	0.00187	0.06247	0.02467

指标权重是指在相同目标约束下各指标的重要性程度，通过归一化处理，能够在多指标的综合评价中，合理利用熵权法对粮食安全评价指标赋予权重和偏离程度。

由表5.5可知，在稻谷的二级指标中，成本层面权重最高（40.69%），其中人工费用是导致成本增长的主要因素（13.85%），影响较小的是种粮成本收益率（8.09%）；社会层面紧随成本之后，位居第二（38.85%），其中总供给差率权重最高（9.94%），说明在社会层面总供给和总需求的相对量是引起稻谷粮食安全的主要因素，其次是粮食自给率占9.76%，说明粮食净进口额与需求量影响很大，而影响较小的是价格指数波动率（5.87%）；生产层面权重较低（20.45%），单位面积产量受总产量和播种面积的影响，所以该项指标更具有说服力，且其在该项二级指标中权重最高（7.38%）。

表5.5　三大主粮安全水平综合得分评测体系指标熵权

一级指标	作物	二级指标	三级指标	熵值	偏差度	分权重	组合权重
粮食安全因素评估	稻谷	社会层面（38.85%）	X_{11}	0.7678	0.2322	0.0994	0.0330
			X_{12}	0.8325	0.1675	0.0717	0.0238
			X_{13}	0.8572	0.1428	0.0611	0.0203
			X_{14}	0.7720	0.2280	0.0976	0.0324
			X_{19}	0.8630	0.1370	0.0587	0.0195
		生产层面（20.45%）	X_{15}	0.8367	0.1633	0.0699	0.0232
			X_{16}	0.8580	0.1420	0.0608	0.0202
			X_{17}	0.8276	0.1724	0.0738	0.0245
		成本层面（40.69%）	X_{19}	0.8110	0.1890	0.0809	0.0268
			X_{110}	0.7833	0.2167	0.0928	0.0308
			X_{111}	0.6764	0.3236	0.1385	0.0459
			X_{112}	0.7787	0.2213	0.0947	0.0314
	小麦	社会层面（36.08%）	X_{21}	0.8452	0.1548	0.0657	0.0220
			X_{22}	0.7965	0.2035	0.0863	0.0289
			X_{23}	0.7797	0.2203	0.0934	0.0313
			X_{24}	0.8531	0.1469	0.0623	0.0209
			X_{25}	0.8748	0.1252	0.0531	0.0178

续表

一级指标	作物	二级指标	三级指标	熵值	偏差度	分权重	组合权重
粮食安全因素评估	小麦	生产层面（23.05%）	X_{26}	0.7968	0.2032	0.0862	0.0288
			X_{27}	0.8678	0.1322	0.0561	0.0188
			X_{28}	0.7921	0.2079	0.0882	0.0295
		成本层面（40.87%）	X_{29}	0.8404	0.1596	0.0677	0.0227
			X_{210}	0.7710	0.2290	0.0971	0.0325
			X_{211}	0.6657	0.3343	0.1418	0.0475
			X_{212}	0.7593	0.2407	0.1021	0.0342
	玉米	社会层面（37.45%）	X_{31}	0.7711	0.2289	0.0974	0.0325
			X_{32}	0.8554	0.1446	0.0615	0.0205
			X_{33}	0.8126	0.1874	0.0798	0.0266
			X_{34}	0.8281	0.1719	0.0732	0.0244
			X_{35}	0.8529	0.1471	0.0626	0.0209
		生产层面（18.63%）	X_{36}	0.8532	0.1468	0.0625	0.0208
			X_{37}	0.8471	0.1529	0.0651	0.0217
			X_{38}	0.8619	0.1381	0.0588	0.0196
		成本层面（43.91%）	X_{39}	0.8235	0.1765	0.0751	0.0251
			X_{310}	0.7118	0.2882	0.1227	0.0409
			X_{311}	0.6861	0.3139	0.1336	0.0446
			X_{312}	0.7469	0.2531	0.1078	0.0359

在小麦的二级指标中，成本层面权重最高（40.87%），其中人工费用是导致成本增长的主要因素（14.18%），影响较小的是种粮成本收益率（6.77%）；社会层面紧随成本之后，位居第二（36.08%），其中粮食储备消费率权重最高（9.34%），其次是粮食自给率占 8.63%，而影响较小的是价格指数波动率（5.31%）；生产层面权重较低（23.05%），其中单位面积产量和总产量占比较大，分别为 8.82% 和 8.62%。

在玉米的二级指标中，成本层面权重最高（43.91%），其中人工费用是导致成本增长的主要因素（13.36%），影响较小的是种粮成本收益率（7.51%）；社会层面紧随成本之后，位居第二（37.45%），其中总供给差率权重占比最大（9.74%），说明在社会层面总供给和总需求的相对量是引起玉米粮食安全的主要因素，其次是粮食储备消费比占 7.98%，而影响较小的是粮食自给率（6.15%）；生产层面权重最低（18.63%），播种面积权重最高（6.51%）。

从各级指标所占的权重来看，二级指标中成本层面是影响粮食安全的最主要因素，其中人工费用权重最高，究其原因是人口老龄化的不断增长以及城乡年轻劳动力的比例失衡所致；社会层面中总供给差率、粮食自给率和粮食储备消费比是主要影响因素，所以要进一步健全粮食储备调控体系，明确粮食储备目标，明确合理的粮食进出口规模，稳定粮食贸易政策，分散粮食进口渠道，调整粮食品种进口结构，建立长期稳定的粮食进出口关系，从而尽可能地降低对粮食安全的威胁性。在生产层面分析中，总产量、播种面积和单位面积产量的权重不相上下，较为平均，这也警示我们在种粮投入上需要制订合理范围，维持稳定合理的价格，为粮食安全提供保障。

从指标权重上看（表 5.6），首先，2009～2018 年全国整体粮食指标权重占比中，二级指标权重最高的为成本层面，高达 41.83%，说明在粮食安全影响因素中成本是最主要的因素；其次是社会层面，权重为 37.46%，说明中国人口结构、社会供求关系、粮食储备等是影响粮食安全的因素；最后是生产层面，权重为 20.71%。而在三级指标中，人工费用是影响粮食安全的最大因素，其权重达到 13.80%；物质与服务费用以及土地费用的权重不相上下，分别为 10.42% 和 10.15%，这三者的排名也决定了最终成本层面是对粮食安全影响最大的二级指标。紧接着是总供给差率，其占比高达 12.65%；粮食储备消费比、粮食自给率、种粮成本收益率、单位面积产量、人均占有量和总产量分别占比 7.82%、7.76%、7.45%、7.36%、7.32% 和 7.29%。而价格指数波动对粮食安全的重要性程度最小，占 5.81%。整体指标权重的占比情况与分散计算单个农作物的指标权重大致相同，且与调研数据结果相一致，更加证实了数据的有效性和客观性。

表 5.6　　二级指标和三级指标权重占比结果

一级指标	二级指标及权重		三级指标及权重	
粮食安全水平综合评价指标体系	社会层面	37.46%	ZGJ 总供给差率	8.75%
			RJ 人均占有量	7.32%
			CXB 粮食储备消费比	7.82%
			ZJ 粮食自给率	7.76%
			JG 价格指数波动率	5.81%
	生产层面	20.71%	ZC 总产量	7.29%
			BMJ 播种面积	6.07%
			DC 单位面积产量	7.36%
	成本层面	41.83%	CS 种粮成本收益率	7.45%
			WZ 物质与服务费用	10.42%
			RG 人工费用	13.80%
			TD 土地费用	10.15%

通过上述各指标权重分析后，现进行综合得分和安全状态的计算。将归一化处理后的数据和权重代入公式 $D_i = \sum_{i=1}^{m} p_{ij} w_{ij}$，计算粮食安全水平综合评测指标的综合得分，基于熵值法分别计算出 2009～2018 年全国粮食安全综合指数的安全系数，同样也可计算每个年份粮食安全水平综合评测的得分，具体结果如表 5.7 所示。

表 5.7　　中国粮食安全水平综合得分体系各指标综合得分

年份	稻谷	小麦	玉米	整体
2009	0.1459	0.1389	0.1479	0.4326
2010	0.1173	0.1276	0.1298	0.3748
2011	0.1211	0.1135	0.1235	0.3580
2012	0.1050	0.0907	0.0887	0.2844
2013	0.0761	0.0806	0.0933	0.2499
2014	0.0835	0.0835	0.0905	0.2574
2015	0.0866	0.1071	0.0893	0.2829
2016	0.0843	0.0930	0.0888	0.2661
2017	0.0880	0.0950	0.0818	0.2648
2018	0.0924	0.0701	0.0666	0.2291

而后计算整体粮食安全系数，即整体三级指标的组合权重，公式为 $\sum_{i=1}^{n}(p_{ij} \times \sum_{i=1}^{n} g_{ij})$，结果如表 5.8、表 5.9 所示。

表 5.8　　2009 ~ 2018 年全国粮食安全综合安全系数

年份	2009	2010	2011	2012	2013	2014	2015	2016	2017	2018
系数	0.14420	0.12494	0.11934	0.09477	0.08331	0.08582	0.09433	0.08870	0.08827	0.07633

表 5.9　　2009 ~ 2018 年三大主粮综合安全系数

年份	2009	2010	2011	2012	2013	2014	2015	2016	2017	2018
稻谷	0.14586	0.11728	0.12110	0.10495	0.07607	0.08346	0.08656	0.08429	0.08799	0.09243
小麦	0.13890	0.12765	0.11348	0.09071	0.08056	0.08352	0.10706	0.09302	0.09503	0.07008
玉米	0.14785	0.12983	0.12346	0.08872	0.09327	0.09047	0.08927	0.08876	0.08176	0.06661

采用 maxx − minx − Δx 建立评价标准，即确立等级界值，模型如下：

$$l = x_{nj[min]} + a(x_{nj[max]} - x_{nj[min]}) \tag{5.6}$$

其中，L 表示等级界值，a 表示评价标准系数，且 $0 < a < 1$。由于正向和负向指标对风险值测度的影响不同，因而分别选取 $a = 0.2$，$a = 0.4$，$a = 0.6$，$a = 0.8$ 作为正向指标和负向指标的较高安全等级界值[22]（其中 a 的值为主观赋值）。结合专家意见和相关文献研究，赋值后粮食的安全等级区间值为 0.09、0.10、0.11、0.12。因此将区域粮食安全划分为 5 个等级[23]，按照粮食安全度由“低”到“高”分别对应于Ⅰ级（重警状态），Ⅱ级（中警状态），Ⅲ级（轻警状态），Ⅳ级（无警状态），Ⅴ级（安全状态），安全系数用 A 表示[24]。利用式（5.6）得出具体等级，如表 5.10 所示。

表 5.10　　全国粮食安全系数等级划分

安全等级	安全系数
Ⅰ级（重警状态）	$0 \leqslant A < 0.09$
Ⅱ级（中警状态）	$0.09 \leqslant A < 0.10$
Ⅲ级（轻警状态）	$0.10 \leqslant A < 0.11$
Ⅳ级（无警状态）	$0.11 \leqslant A < 0.12$
Ⅴ级（安全状态）	$0.12 \leqslant A < 1$

如图 5.11 所示，2009～2018 年全国粮食安全综合系数整体呈下降的趋势，近三年的安全状态也不容乐观。其中，2013 年、2014 年、2016 年、2017 年和 2018 年处于重警状态；2012 年和 2015 年处于轻警状态；2011 年处于无警状态；2009 年和 2010 年处于安全状态。全国整体粮食安全系数有半数年份处于重警状态，说明中国粮食安全仍面临诸多问题和威胁性因素。

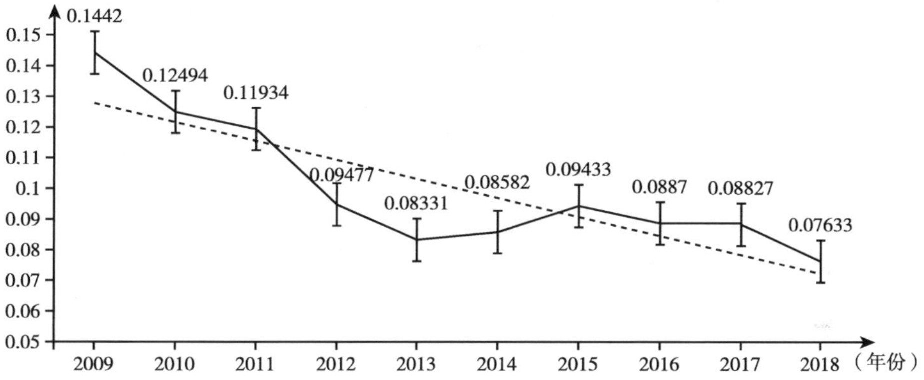

图 5.11 2009～2018 年全国粮食安全综合系数

分粮食类别来看，如图 5.12 所示，2009～2018 年稻谷安全综合系数呈下降趋势，2013 年、2014 年、2016 年、2017 年和 2018 年处于重警状态；2012 年和 2015 年处于中警状态；2011 年处于无警状态；2009 年和 2010 年处于安全状态。稻谷整体安全水平波动较大，其中 2018 年稻谷安全综合系数为 0.07633，与 2017 年相比，安全系数程度下降了 15.64%，其原因可能是 2018 年稻谷首次降低最低收购价；2009～2018 年小麦安全综合系数整体呈下降的状态，2013～2017 年连续 5 年处于重警状态；2018 年处于中警状态；2012 年处于轻警状态；2010 年处于无警状态；2009 年和 2011 年处于安全状态。小麦整体安全水平波动较大，且处于极端状态并连续 5 年呈重警状态。而 2018 年小麦粮食安全增速明显，且与 2017 年比较，增长率达 5.05%，这是因为小麦首次降低最低收购价。2009～2018 年玉米安全综合系数呈下降趋势，2013 年、2014 年和 2018 年处于重警状态；2012 年、2016 年和 2017 年处于中警状态；2015 年处于轻警状态；2011 年处于无警状态；2009 年和 2010 年处于安全状态。玉米整体安全水平波动较大，特别是 2018 年出现急速下降，较 2017 年粮食安全系数下降了

35.60%，这是因为中国对玉米采取大量补贴。

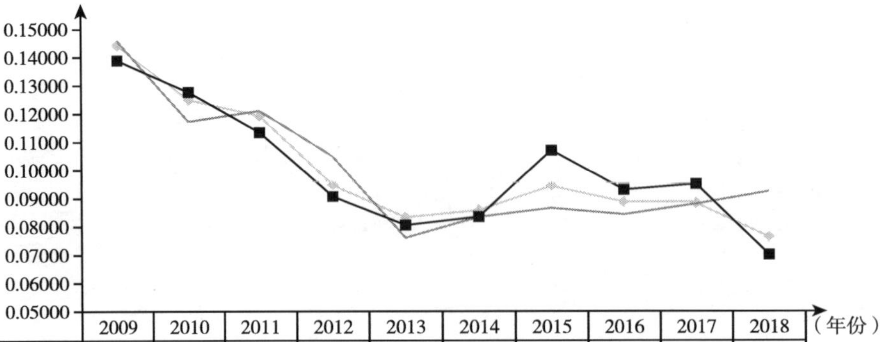

	2009	2010	2011	2012	2013	2014	2015	2016	2017	2018
稻谷	0.14420	0.12494	0.11934	0.09477	0.08331	0.08582	0.09433	0.08870	0.08827	0.07633
小麦	0.14586	0.11728	0.12110	0.10495	0.07607	0.08346	0.08656	0.08429	0.08799	0.09243
玉米	0.13890	0.12765	0.11348	0.09071	0.08056	0.08352	0.10706	0.09302	0.09503	0.07008

稻谷　小麦　玉米

图 5.12　2009～2018 年三大主粮综合系数

5.3　粮食价格及粮食储备对粮食安全的影响研究

新时期粮食安全的内涵不仅包括粮食种植成本和粮农收益，还包括粮食价格和粮食储备两个方面。受粮食供求因素、各国经济政策的不确定性、粮食贸易不稳定以及重大自然灾害频发的影响，粮食价格迅速上涨，这不仅对低收入人群的福利水平造成影响，而且还严重打击了种粮者的信心，使粮食安全形势更为严峻。

为了稳定粮食价格，粮食储备目前已成为政府调控粮食市场的重要手段。粮食储备被用来稳定年度内粮食供给、解决不同地区对粮食的需求、缓解市场中粮食挤压以及宏观调控粮价。例如，当粮食生产获得丰收时，就会使用粮食储备；相反，当粮食生产匮乏时，可以充分利用原有的粮食储备进行区域性调动以及平衡粮食供需，进而稳定粮价。

本节主要从粮食储备、粮食价格两个视角分析中国粮食安全问题，目的是使用相关数据来判断粮食安全水平与粮食储备及粮食价格之间的关系。

5.3.1 三者关系的统计学意义

(1) 模型构建

本部分主要研究粮食储备水平、粮食价格和粮食安全之间的关系，因此构建包含 AQ 和 JG、AQ 和 CB 无约束 VAR 模型：

$$X_t = A_1X_{t-1} + A_2X_{t-2} + \cdots + A_pX_{t-p} + \varepsilon_t, Xt = \begin{pmatrix} AQ \\ JG \end{pmatrix}, Xt = \begin{pmatrix} AQ \\ CB \end{pmatrix} \quad (5.7)$$

其中，X 表示二维的内生变量向量，A 表示相应的系数矩阵，P 表示内生变量的滞后阶数。CB 表示储备，JG 表示价格，AQ 表示安全水平。

(2) 粮食主要品种价格及价格变动率

如表 5.11 和图 5.13 所示，中国稻谷和小麦的价格总体呈现先上升后下降的趋势。就稻谷而言，稻谷的价格在 2009 ~ 2014 年整体呈现上升态势，并在 2014 年达到了顶峰，每 50 公斤的出售价格为 140.63 元，之后稻谷的价格开始波动性下降。就小麦而言，其价格波动趋势与稻谷基本相同，小麦的价格在 2014 年亦达到顶峰，每 50 公斤的出售价格为 120.59 元，自 2014 年之后小麦的价格基本趋于稳定。而中国玉米在 2009 ~ 2018 年出售价格波动较为剧烈，其价格变化趋势呈现先波动上升之后下降，然后再上升的趋势。每 50 公斤玉米的出售价格在 2014 年达到顶峰为 111.85 元，之后价格开始下降，并在 2016 年触底，其价格为 76.99 元，2016 ~ 2018 年价格又开始缓慢上升。

表 5.11　　2009 ~ 2018 年主要粮食品种价格及变动率

年份	稻谷		小麦		玉米	
	价格（元）	变动率	价格（元）	变动率	价格（元）	变动率
2009	99.08	0.041741	92.41	0.116602	82.01	0.131485
2010	118	0.190957	99.01	0.071421	93.62	0.141568
2011	134.53	0.140085	103.95	0.049894	106.07	0.132984
2012	138.07	0.026314	108.31	0.041943	111.13	0.047704
2013	136.52	-0.01123	117.81	0.087711	108.81	-0.02088
2014	140.63	0.030105	120.59	0.023597	111.85	0.027939

续表

年份	稻谷		小麦		玉米	
	价格（元）	变动率	价格（元）	变动率	价格（元）	变动率
2015	138.02	-0.01856	116.43	-0.0345	94.23	-0.15753
2016	136.79	-0.00891	111.63	-0.04123	76.99	-0.18296
2017	137.85	0.007749	116.59	0.044433	82.16	0.067152
2018	129.42	-0.06115	112.18	-0.03782	87.8	0.068647

注：粮食价格数据是每年报价的名义现货价格（每50公斤出售价格）。

数据来源：《全国农产品成本收益资料汇编》（2010～2019年）。

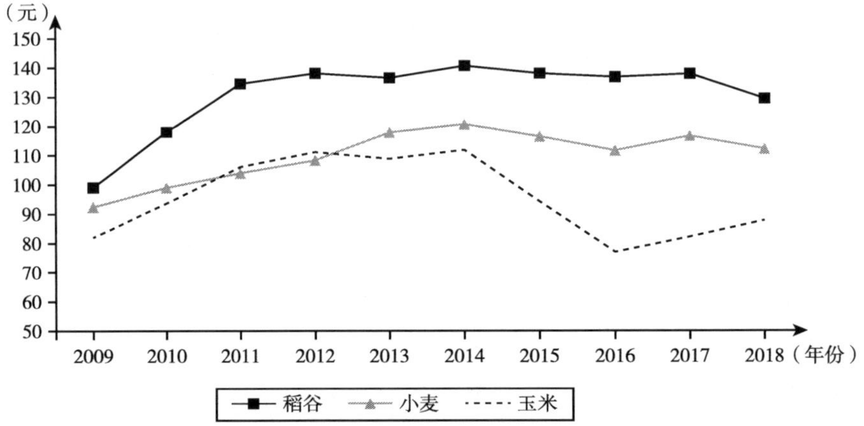

图5.13　中国三种粮食作物价格波动曲线

（3）粮食主要品种储备状况

在高粮食供应时期进行储备，在粮食供应不足时进行出售，以达到维持市场供需平衡和保护国家粮食安全的目的。根据王大为（2018）的分析，主要粮食品种储备状况的变化需要考虑粮食产量、粮食消费量、粮食进出口量等因素。因此，它们之间的关系应为：当年粮食储备的变化量 = 粮食产量 + 净进口总额 - 消费总量，也可表示为：当年粮食储备的变化量 = 本年度新增供给量 - 消费量，本年度新增供给量 = 粮食产量 + 进口量 - 出口量 = 粮食总产量 + 贸易净出口。根据国家统计局的相关数据整理得到2009～2018年中国粮食主要品种储备变化情况，如表5.12所示。

表 5.12　2009～2018 年稻谷产量、进出口量及新增供给量　单位：万吨

作物	年份	总产量	进口量	出口量	新增供给	消费量	储备变化量
稻谷	2009	19619.7	34.25	78.73	19575.22	18466.4	1108.82
	2010	19722.6	38.82	62	19699.42	19293.3	406.12
	2011	20288.3	59.78	51.57	20296.51	19593.7	702.81
	2012	20653.2	235.64	27.32	20861.52	19640.5	1221.02
	2013	20628.6	225.12	47.84	20805.88	19909.4	896.48
	2014	20960.9	255.73	41.92	21174.71	20004.5	1170.21
	2015	21214.2	335	28.54	21520.66	19885	1635.66
	2016	21109.4	353.45	39.51	21423.34	19904.4	1518.94
	2017	21267.6	399.25	119.69	21547.16	19966.9	1580.26
	2018	21212.9	305.58	207.21	21311.27	19950	1361.27
小麦	2009	11430.4	89.37	0.84	11431.24	11430.4	241.53
	2010	11556	121.88	1.2	11557.2	11556	178.78
	2011	11615.8	125.23	3.22	11619.02	11615.8	368.71
	2012	12040	368.88	20.19	12060.19	12040	562.69
	2013	11498	550.71	27.77	11525.77	11498	1395.94
	2014	12190	297.2	18.71	12208.71	12190	920.59
	2015	11671.3	297.27	11.7	11683	11671.3	1878.17
	2016	12067.9	337.42	9.09	12076.99	12067.9	1587.53
	2017	11620	429.65	1	11621	11620	2242.05
	2018	12070	287.61	0.73	12070.73	12070	1360.88
玉米	2009	17325.9	8.35	12.9	17321.35	16999.4	321.95
	2010	19075.2	157.21	12.71	19219.7	17620	1599.7
	2011	21131.6	175.25	18.17	21288.68	17990.7	3297.98
	2012	22955.9	519.09	5.46	23469.53	19518	3951.53
	2013	24845.3	326.32	7.76	25163.86	18762.6	6401.26
	2014	24976.4	259.92	2	25234.32	17761.3	7473.02
	2015	26499.2	473.03	1.11	26971.12	18620.4	8350.72
	2016	26361.3	316.69	0.41	26677.58	21110	5567.58
	2017	25907.1	282.54	6.82	26182.82	23802	2380.82
	2018	25717.4	352.11	1.13	26068.38	26552	-483.62

数据来源：布瑞克农业统计数据库。

如表 5.12 和图 5.14 所示，稻谷和小麦储备量较为稳定，总体呈现波动上升的态势，而玉米的储备变化量波动较为剧烈，2009～2015 年呈现急剧上升趋势，并于 2015 年达到峰值 8350.72 万吨。2015～2018 年玉米储备量急剧下降，2018 年玉米储备量减少了 483.62 万吨。

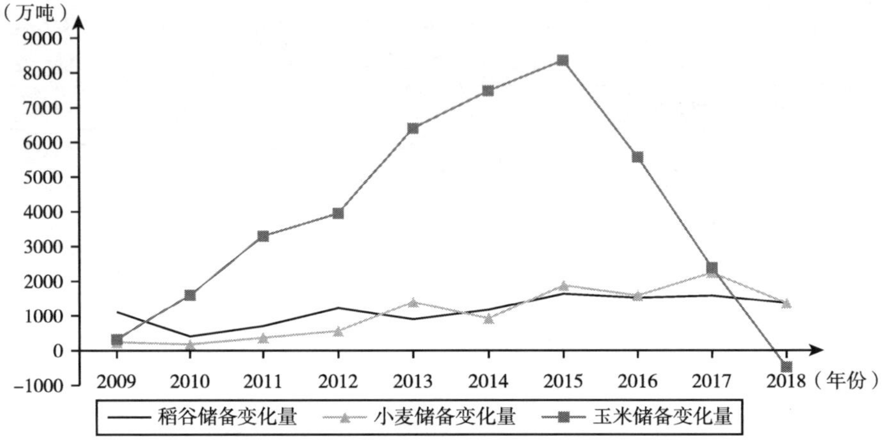

图 5.14　三种主要粮食作物储备变化量折线图

5.3.2　三者关系的实证分析

（1）稻谷的储备及价格对其安全水平的影响

指标选择。根据 VAR 模型的一般形式，结合指标选取的合理性和数据的可获得性，本部分分别选取粮食安全水平综合得分作为衡量粮食安全水平的指标变量（AQ）；以粮食储备变动量作为衡量粮食储备变动的指标变量（CB），单位为万吨；以价格变动率作为衡量价格变动的指标变量（JG），单位为百分比。

协整检验。采用 VAR 模型进行 Johansen Cointegration Test，检验过程采用 CE 中含有截距项但不含确定性趋势项的方法进行协整检验。

从表 5.13 检验结果可得，在 5% 的显著性水平上，稻谷安全水平（AQ）与储备变动（CB）之间的迹统计量检验有 35.47588 > 15.49471，

1.35206 <3.841466；同时，最大特征值统计量检验有 21.12381 >14.2646，1.35206 <3.841466，因此协整检验结果表明，2009 ~2018 年稻谷安全水平（AQ）和储备变动（CB）存在协整关系。

表 5.13　　稻谷安全水平与储备变动 VAR 模型协整检验结果

稻谷	迹统计量	5%临界值	假设：方程个数	特征值	P 值
安全水平与储备变动	35.47588	15.49471	没有	0.928673	0.0000
	1.35206	3.841466	最多一个	0.833708	0.0002
	最大特征值统计量	5%临界值	假设：方程个数	特征值	P 值
	21.12381	14.2646	没有	0.928673	0.0035
	1.35206	3.841466	最多一个	0.833708	0.0002

由表 5.14 可知，在 5%的显著性水平上，稻谷安全水平（AQ）与价格变动（JG）之间的迹统计量检验有 18.17198 >15.4971，2.860287 <3.841466；同时，最大特征值统计量 15.31169 >14.2646，2.860287 <3.841466，因此协整检验结果表明，2009 ~2018 年稻谷安全水平（AQ）和价格变动（JG）之间存在长期协整关系。

表 5.14　　稻谷安全水平与价格变动 VAR 模型协整检验结果

稻谷	假设：方程个数	特征值	迹统计量	5%临界值	P 值
安全水平与价格变动	没有	0.852505	18.17198	15.49471	0.0001
	最多一个	0.300602	2.860287	3.841466	0.162
	假设：方程个数	特征值	最大特征值统计量	5%临界值	P 值
	没有	0.852505	15.31169	14.2646	0.034
	最多一个	0.300602	2.860287	3.841466	0.0908

格兰杰因果检验。一般地，在对经济现象进行探索以及模型构建时，有必要确定因果关系究竟是从 x 到 y 还是从 y 到 x，抑或者是双向因果关系，格兰杰提出了以下检验思想：首先，原因必然发生在结果之前；其次，原因包含有关结果的唯一信息，该信息具有对结果的解释力或预测力。因此，如果 x 是 y 的因，但 y 不是 x 的因，则 x 的过去值可以帮助预

测 y 的未来值，而 y 的过去值却不能帮助预测 x 的未来值。为此，考虑建立以下 ADL（p，q）模型。

$$Y_t = \gamma + \sum_{m=1}^{p} \alpha_m y_{t-m} + \sum_{m=1}^{p} \beta_m x_{t-m} + \varepsilon_t \tag{5.8}$$

其中，滞后阶数 p 可根据信息准则或由大到小的序贯原则来确定。估计此模型后，可检验原假设$H_0 = \beta_1 = \beta_2 = \cdots = \beta_p = 0$，即 x 的过去值是否能够帮助预测 y 的未来值。如果拒绝原假设H_0，则称解释变量 x 是被解释变量 y 的格兰杰原因。将以上回归模型中 x 和 y 的位置互换，则可以检验 y 是否为 x 的格兰杰原因。本书使用的格兰杰因果检验中序列仍然使用 CE 中含有截距项但不含确定性趋势项的方法，滞后 2 阶。特别注意的是，变量间不存在因果关系是格兰杰因果关系检验的原假设H_0，具体检验结果如表 5.15 所示。

表 5.15　　　　稻谷格兰杰因果检验结果

	原假设	F 统计量	P 值	结论
稻谷	CB 不是引起 AQ 的格兰杰原因	15.4899	0.0262	拒绝原假设
	AQ 不是引起 CB 的格兰杰原因	12.6795	0.0344	拒绝原假设
	JG 不是引起 AQ 的格兰杰原因	7.77839	0.065	拒绝原假设
	AQ 不是引起 JG 的格兰杰原因	2.47122	0.2321	接受原假设

从表 5.15 中的格兰杰因果检验结果可得：在最优滞后 2 期确定之后，稻谷储备变动（CB）是引起稻谷安全水平变动（AQ）的格兰杰原因；稻谷安全水平变动（AQ）是引起稻谷储备变动（CB）的格兰杰原因；稻谷价格波动（JG）是引起稻谷安全水平波动（AQ）的格兰杰原因，稻谷安全水平（AQ）在5%的置信区间下不是引起稻谷价格波动（JG）的格兰杰原因。这就意味着稻谷储备变动（CB）与稻谷安全水平变动（AQ）存在单向或双向因果关系，稻谷价格波动（JG）与稻谷安全水平变化（AQ）存在单向因果关系。

（2）小麦的储备及价格对其安全水平的影响

指标选择和协整检验过程同上，计算结果如表 5.16 所示。

表 5.16　小麦安全水平与储备变动 VAR 模型协整检验结果

小麦	迹统计量	5% 临界值	假设：方程个数	特征值	P 值
安全水平与储备变动	18.76313	15.49471	没有	0.776924	0.0897
	1.761193	3.841466	最多一个	0.1976014	0.1845
	最大特征值统计量	5% 临界值	假设：方程个数	特征值	P 值
	22.00194	14.2646	没有	0.776924	0.0116
	1.761193	3.841466	最多一个	0.197601	0.0184

从表 5.16 结果可得，在 5% 的显著性水平上，小麦安全水平（AQ）与储备变动（CB）之间的迹统计量检验有 18.76313 > 15.4971，1.761193 < 3.841466；同时，最大特征值统计量 22.00194 > 14.2646，1.761193 < 3.841466。因此，2009 ~ 2018 年小麦安全水平（AQ）和储备变动（CB）存在协整关系。

从表 5.17 结果可得，在 5% 的显著性水平上，小麦安全水平（AQ）与价格变动（JG）之间的迹统计量检验有 29.9096 > 15.4971，1.11277 < 3.841466；同时，最大特征值统计量 18.78191 > 14.2646，1.11277 < 3.841466，因此，协整检验结果表明，2009 ~ 2018 年小麦安全水平（AQ）和价格变动（JG）之间存在长期协整关系。

表 5.17　小麦安全水平与价格变动 VAR 模型协整检验结果

小麦	迹统计量	5% 临界值	假设：方程个数	特征值	P 值
安全水平与价格变动	29.9096	15.49471	没有	0.904415	0.0002
	1.11277	3.841466	最多一个	0.751164	0.0008
	最大特征值统计量	5% 临界值	假设：方程个数	特征值	P 值
	18.78191	14.2646	没有	0.904415	0.009
	1.11277	3.841466	最多一个	0.751164	0.0008

格兰杰因果检验。参照前面稻谷格兰杰检验的方法和模型，应用 Eviews 软件计算，结果如表 5.18 所示。

表 5.18　　小麦格兰杰因果检验结果

	原假设	F 统计量	P 值	结论
小麦	CB 不是引起 AQ 的格兰杰原因	4.04251	0.1408	接受原假设
	AQ 不是引起 CB 的格兰杰原因	0.61198	0.5986	接受原假设
	JG 不是引起 AQ 的格兰杰原因	2.95951	0.1951	接受原假设
	AQ 不是引起 JG 的格兰杰原因	10.399	0.0448	拒绝原假设

从表 5.18 中的格兰杰因果检验结果可得，在最优滞后 2 期确定之后，小麦储备变动（CB）不是引起小麦安全水平变动（AQ）的格兰杰原因；小麦安全水平变动（AQ）不是引起小麦储备变动（CB）的格兰杰原因；小麦价格波动（JG）不是引起小麦安全水平波动（AQ）的格兰杰原因，小麦安全水平（AQ）是引起小麦价格波动（JG）的格兰杰原因。这就意味着小麦储备变动（CB）与小麦安全水平变动（AQ）并不存在单向或双向因果关系，小麦价格波动（JG）与小麦安全水平变化（AQ）存在单向关系。

（3）玉米的储备及价格对其安全水平的影响

指标选择和协整检验过程同上，计算结果如表 5.19 所示。

表 5.19　　玉米安全水平与储备变动 VAR 模型协整检验结果

玉米	迹统计量	5% 临界值	假设：方程个数	特征值	P 值
安全水平与储备变动	88.57698	15.49471	没有	0.999994	0.0001
	4.092486	3.841466	最多一个	0.442694	0.0431
	最大特征值统计量	5% 临界值	假设：方程个数	特征值	P 值
	84.48450	14.26460	没有	0.999994	0.0000
	4.092486	3.841466	最多一个	0.442694	0.0431

从表 5.19 结果可得，在 5% 的显著性水平上，玉米安全水平（AQ）与储备变动（CB）之间的迹统计量检验有 88.58 > 15.50，4.09 > 3.84；同时，最大特征值统计量 84.48 > 15.49，4.09 > 3.84，因此协整检验结果表明，2009 ~ 2018 年玉米安全水平（AQ）和储备变动（CB）存在协整关系。

从表 5.20 可得，在 5% 的显著性水平上，玉米安全水平（AQ）与价格变动（JG）之间的迹统计量检验有 45.00 > 15.49，2.76 < 3.84；同时，最大特征值统计 42.24 > 14.26，2.76 < 3.84，因此协整检验结果表明，2009 ~ 2018 年玉米安全水平（AQ）和价格变动（JG）之间不存在长期协整关系。

表 5.20 玉米安全水平与价格变动 VAR 模型协整检验结果

玉米	迹统计量	5% 临界值	假设：方程个数	特征值	P 值
安全水平与价格变动	45.00260	15.49471	没有	0.997605	0.0000
	2.763230	3.841466	最多一个	0.326150	0.0965
	最大特征值统计量	5% 临界值	假设：方程个数	特征值	P 值
	42.23937	14.26460	没有	0.997605	0.0000
	2.763230	3.841466	最多一个	0.326150	0.0965

格兰杰因果检验。参照前面对稻谷格兰杰因果检验的模型和公式，可以得出具体检验结果如表 5.21 所示。

表 5.21 玉米格兰杰因果检验结果

	原假设	F 统计量	P 值	结论
玉米	CB 不是引起 AQ 的格兰杰原因	14.1976	0.0295	拒绝原假设
	AQ 不是引起 CB 的格兰杰原因	0.50135	0.6489	接受原假设
	JG 不是引起 AQ 的格兰杰原因	4.01462	0.1419	接受原假设
	AQ 不是引起 JG 的格兰杰原因	7.81619	0.0646	接受原假设

从表 5.21 中的格兰杰因果检验结果可得，在最优滞后 2 期确定之后，玉米安全水平（AQ）变动不是引起玉米储备变动（CB）的格兰杰原因；玉米价格波动（JG）不是引起玉米安全水平波动（AQ）的格兰杰原因；玉米安全水平（AQ）不是引起玉米价格波动（JG）的格兰杰原因。玉米储备变动（CB）在 5% 的置信区间下是引起玉米安全水平变动（AQ）的格兰杰原因。这就意味着玉米储备变动（CB）与玉米安全水平变动（AQ）存在单向因果关系，玉米价格波动（JG）与玉米安全水平变化（AQ）不存在单向或者双向因果关系。

5.4 本章小结

首先，本章分析了中国近年来面临的粮食生产和粮食安全形势，主要表现为：粮食生产要素短缺且生产效率低、种粮总成本上升且收益下降、粮食产品质量提升相对滞后、粮食供需结构失衡、保障粮食安全政策渐显乏力。

其次，本章在遵循代表性原则、可操作性和一致性原则以及全面性原则的基础上，选择粮食安全评价 12 项评价指标，构建粮食安全水平综合得分评测指标体系。然后，通过熵值法来确定 2009～2018 年全国粮食安全综合评价体系各指标的权重，通过对单项粮食安全评价指标权重大小的比较，发现粮食安全综合评价体系的成本层面占比最大，其中，人工费用的增加是主要成本影响因素；在社会层面，总供给差率是主要影响因素，究其原因是需求量的变化；在生产层面，总产量、播种面积和单位面积产量的权重不相上下，较为平均，这也警示我们在种粮投入上需要制订合理范围，维持稳定合理的价格，为农业粮食安全提供保障。单项权重描述分析后，计算出 2009～2018 年粮食安全水平综合评测的得分，并将粮食安全划分为“Ⅰ级（重警状态）、Ⅱ级（中警状态）、Ⅲ级（轻警状态）、Ⅳ级（无警状态）、Ⅴ级（安全状态）”5 个等级。通过对 2009～2018 年中国粮食安全综合评分的计算，发现中国粮食安全水平的波动大致经历了三个阶段：2009～2013 年是第一阶段，粮食安全综合评分整体呈下降趋势，且下降速度较快；2013～2015 年是第二阶段，总体粮食安全得分呈上升趋势；2015～2018 年是第三阶段，总体粮食安全得分呈下降趋势。此外，2018 年的安全系数比 2017 年降低 15.64%，粮食安全系数处于严重警报状态。这表明，中国粮食安全水平的综合得分并不是单调下降或上升，而是呈现螺旋式下降。过去三年来，中国的粮食安全状况已显示出严重的警报状态，再次印证中国的粮食安全仍面临着巨大的潜在风险。

最后，本部分对中国三种主要粮食品种稻谷、小麦、玉米的安全水平、价格波动和储备之间的关系进行深入的研究，可得出以下结论：(1) 协整关系表明，稻谷安全水平同其储备变动、价格波动之间均存在协整关系；小麦安全水平同其储备变动、价格波动之间存在协整关系；玉米安全水平同储备变动、价格波动之间存在协整关系。（2）格兰杰因果关系表明，对于稻谷而言，储备变动和价格波动都不是引起安全水平的格兰杰原因，且安全水平不是引起储备变动的格兰杰原因，但安全水平是引起价格波动的格兰杰原因；对于小麦而言，储备变动和价格波动都不是引起安全水平的格兰杰原因，且安全水平也不是引起储备变动和价格波动的格兰杰原因；对于玉米而言，储备变动是引起安全水平的格兰杰原因，安全水平不是引起储备变动的格兰杰原因，价格波动不是引起安全水平的格兰杰原因，安全水平也不是引起价格波动的格兰杰原因。值得注意的是，格兰杰因果关系检验的结论只是统计意义上的因果性，而不一定是真正的因果关系，虽然可以作为真正的因果关系的一种支持，但不能作为肯定或否定因果关系的最终根据。格兰杰因果检验的结果表明，安全水平、储备变动与价格变动之间存在着相互影响关系。

本章主要参考文献

[1] 王建国，包安，等. 论新时代中国粮食安全观——学习习近平总书记关于中国粮食安全的重要论述 [J]. 贵州社会科学，2019 (05): 20 – 27.

[2] 王雅鹏，吴娟，陈娟，等. 新中国 60 年粮食安全的回顾与展望 [J]. 湖南社会科学，2009 (05): 91 – 96.

[3] 常璇. 乡村振兴战略背景下确保国家粮食安全：矛盾剖析及破解策略 [J]. 江淮论坛，2019 (05): 43 – 48，77.

[4] 杨东群，王克军，蒋和平. 粮食减产影响中国粮食安全的分析与政策建议 [J]. 经济学家，2018 (12): 71 – 80.

[5] 徐义军，刘思妍，姚帮松，等. 农田灌溉水有效利用系数研究进展 [J]. 湖南水利水电，2020 (03): 64 – 68.

[6] 张颖，徐阳华. 中国国家粮食安全战略演进及前瞻 [J]. 国际安全研究，2015，33 (03): 96 – 113，158 – 159.

[7] 张照新，徐雪高，彭超. 农业发展阶段转变背景下粮食价格支持

政策的改革思路 [J]. 北京工商大学学报 (社会科学版), 2016, 31 (04): 33 - 39.

[8] 刘泽莹, 韩一军. 乡村振兴战略下粮食供给面临的困境与出路 [J]. 西北农林科技大学学报 (社会科学版), 2020, 20 (02): 10 - 18.

[9] 王禹. 新形势下中国粮食安全保障研究 [D]. 农业信息分析学, 2016.

[10] 王大为. 粮食安全视角下的粮食储备与粮食价格问题研究 [D]. 中国农业科学院, 2018, 9.

[11] 刘战胜. 周口市耕地集约利用及其对粮食产量影响的评价研究 [D]. 开封: 河南大学, 2015 (32).

[12] 王国敏, 卢婷婷. 中国粮食安全综合评价: 1978 ~ 2010 [J]. 2013.

[13] 李行天, 王大为. 基于改良熵值法的中国粮食安全水平综合评测研究 [J]. 河南工业大学学报 (社会科学版), 2017, 13 (03): 1 - 10.

[14] 杨凤敏. 广西粮食生产安全问题与对策 [J]. 西南农业学报, 2010, 23 (05): 1746 - 1749.

[15] 张千友, 刘巧茹. 马铃薯主粮化战略面临的挑战与应对——基于成本收益的实证研究 [J]. 天府新论, 2016 (04): 113 - 119.

[16] 范成方, 史建民. 基于熵权的粮食种植效益综合评价 [J]. 中国农业资源与区划, 2015 (3): 39 - 47.

[17] 杨傲. 中国粮食安全的影响因素分析 [J]. 南方农业, 2019, 13 (11): 110.

[18] 李俊. 基于熵权法的粮食产量影响因素权重确定 [J]. 安徽农业科学, 2012, 40 (11): 6851 - 6852, 6854.

[19] 王大为, 蒋和平. 中国粮食安全与粮食价格关系研究——以小麦为视角 [J]. 天津商业大学学报, 2016, 36 (06): 3 - 10.

[20] 胡梓木, 张安琪, 马腾. 基于灰色关联分析研究企业社会责任的构建与应用——以食品饮料行业上市公司为例 [J]. 商业会计, 2014 (17): 64 - 65, 45.

[21] 姚成胜, 滕毅, 黄琳. 中国粮食安全评价指标体系构建及实证分析 [J]. 农业工程学报, 2015 (4): 3 - 4.

[22] 雷勋平，吴杨，叶松，等．基于熵权可拓决策模型的区域粮食安全预警［J］．农业工程学报 2012，28（06）：233－239.

[23] 李梦觉，洪小峰．粮食安全预警系统和指标体系的构建［J］．经济问题，2009（8）：83－85.

[24] 李永贵，白瑞甫．新疆粮食安全预警分析［J］．科技与产业，2010，10（6）：10－14.

6 降低种粮成本、保障粮食安全面临的主要难题

2019 年 10 月 14 日，国务院发布《中国的粮食安全》白皮书。白皮书中指出："从中长期看，中国的粮食产需仍将维持紧平衡态势，确保国家粮食安全这根弦一刻也不能放松。"从粮食需求视角看，中国的人均口粮消费呈现稳中稍降的趋势，而用于饲料和工业转化途径的粮食需求持续增加，粮食消费总量呈现刚性增长的趋势，粮食需求结构逐渐向更高层次迈进。从粮食生产视角看，农业生产成本呈现波动攀升的趋势，环境资源约束趋紧，部分农业基础设施配备不完善、防灾减灾能力仍需提升，在贯彻绿色发展观、践行资源高效利用的前提下，粮食的稳定生产形势较为严峻。从粮食流通视角看，中国粮食生产呈现持续向核心产区集中的趋势，粮食流通呈现跨区域变动速度加快的特点，粮食市场呈现价格及需求量波动频繁的特点，总体而言仍存在潜在风险[1]。

立足种粮成本收益视角来看，经济的快速发展带来了人工、土地、农资、机械作业等主要生产成本的不断上升。而对农民这一种粮主体而言，不断攀升的种粮成本不仅压缩了农民的种粮收益空间，也容易挫伤农民种粮的积极性[2]。粮食安全及保障问题的研究需要立足改革视角和创新思维，以"十四五"时期为新时代背景进行相关探讨。因此，本章将结合研究团队深入农村调研的一手数据，面对新时期种粮成本上升、种粮收益下降的现状，从制度、政策、技术、模式、人才和资金六个方面分别阐述当前中国在推进粮食安全进程中存在的主要难题。

6.1 粮食安全制度创新压力大

国家高度重视粮食安全的战略地位，以粮食供给侧结构性改革为主线，从顶层设计开始逐步发挥以政府为主导、多主体相协调的作用[3]。但粮食安全相关制度的改革过程并不够理想，原有的一些制度改革难度较大、进程缓慢，制度改革进程中也面临着改革效果不佳、难以推广等问题，亟须改良和创新。

6.1.1 法律制度亟待完善

一是粮食安全保障立法修规进程较慢。做好粮食安全保障立法修规工作是实施粮食安全战略的重要保障，有助于认真贯彻落实习近平总书记关于粮食安全重要论述，从法制层面完善粮食安全保障治理体系和治理能力现代化，有效应对粮食安全潜在风险及挑战的迫切要求。但中国目前仍未出台一部针对粮食安全保障的法律，《粮食安全保障法》自 2018 年 9 月列入立法规划以来已有三年，但目前仍处于立法草案阶段，立法进程较慢[4]。除此之外，涉及粮食安全相关规章也面临着修订不及时，与后疫情时期的现状不适用、不匹配的问题。例如，《中华人民共和国农业机械化促进法》自 2004 年开始实施以来已过去 16 年，仅在 2018 年修正了一条主管部门内容，尤其是农用机械的燃油补贴等条款内容，缺乏对绿色农用机械的支持。

二是粮食安全相关法律条文内容较为分散。本书梳理了《农业法》《农产品质量安全法》《环境保护法》等涉及农业面源污染防治问题的法律条文（见表 6.1），发现部分法律条文存在内容重叠，易引发责任主体不明确、治理效果不佳等问题[5]。以农业面源污染为例，农业面源污染容易导致耕地质量下降、粮食重金属含量偏高等问题，对环境存在长期潜在的负面影响[6]。虽然《农业法》《环境保护法》《农产品质量安全法》等法律虽然都在宏观上提出了“科学合理施用农药、化肥等农业投入品”“防止农用地的污染”“防止对农产品产地造成污染”等防治农业面源污染的要求，但并未清晰界定科学合理施用农药、化肥的判别标准，也未清晰地阐述农业面源污染的合理防治手段及方法，这导致了实际可操作性不强。另外，《农业法》《水污染防治法》虽然都在法条中明确要求了环境保护原则，却并未明确农业环境保护标准的制定主体及相关责任主体。据研究团队的调研结果显示，部分农民种粮时由于水源污染导致粮食质量出现问题，但相关部门没有溯源追查，责任主体也不明确，导致种粮损失只能由农户自己承担。

表 6.1　　涉及农业面源污染问题的相关法律条文整理

法律名称	主要条文	颁布及实施时间
《农业法》	第五十八条　农民和农业生产经营组织应当保养耕地，合理利用化肥、农药、农用薄膜、增加使用有机肥料，采用先进技术，保护和提高地力，防止农用地的污染、破坏和地力衰退。县级以上人民政府农业行政主管部门应当采取措施，支持农民和农业生产经营组织加强耕地质量建设，并对耕地质量进行定期监测	1993 年 7 月通过 2002 年 12 月修订 2009 年第一次修正 2012 年 12 月第二次修正 2013 年 1 月 1 日起施行
	第六十六条　县级以上人民政府应当采取措施，督促有关单位进行治理，防治废水、废气和固体废弃物对农业生态环境的污染。排放废水、废气和固体废弃物造成农业生态环境污染事故的，由环境保护行政主管部门或者农业行政主管部门依法调查处理，给农民和农业生产经营组织造成损失的，有关责任者应依法赔偿	
《农产品质量安全法》	第十九条　农产品生产者应当合理使用化肥、农药、兽药、农膜等化工产品，防止对农产品产地造成污染	2006 年 4 月通过 2006 年 11 月 1 日起施行
《环境保护法》	第三十三条　各级人民政府应当加强对农业环境的保护，促进农业环境保护新技术的使用，加强对农业污染源的监测预警，统筹有关部门采取措施，防治土壤污染和土地沙化、盐渍化、贫瘠化、石漠化、地面沉降以及防治植被破坏、水土流失、水体富营养化、水源枯竭、种源灭绝等生态失调现象，推广植物病虫害的综合防治。县级、乡级人民政府应当提高农村环境保护公共服务水平，推动农村环境综合整治	1989 年 12 月通过 2014 年 4 月修订 2015 年 1 月 1 日起施行

续表

法律名称	主要条文	颁布及实施时间
《环境保护法》	第四十九条　各级人民政府及其农业等有关部门和机构应当指导农业生产经营者科学种植和养殖，科学合理施用农药、化肥等农业投入品，科学处置农用薄膜、农作物秸秆等农业废弃物，防止农业面源污染。禁止将不符合农用标准和环境保护标准的固体废物、废水施入农田。施用农药、化肥等农业投入品及进行灌溉，应当采取措施，防止重金属和其他有毒有害物质污染环境。畜禽养殖场、养殖小区、定点屠宰企业等的选址、建设和管理应当符合有关法律法规规定。从事畜禽养殖和屠宰的单位和个人应当采取措施，对畜禽粪便、尸体和污水等废弃物进行科学处置，防止污染环境。县级人民政府负责组织农村生活废弃物的处置工作	1989 年 12 月通过 2014 年 4 月修订 2015 年 1 月 1 日起施行

资料来源：根据中国人大网公布的《农业法》《农产品质量安全法》《环境保护法》法条内容整理所得。

6.1.2 基层治理制度活力不足

2020 年中央一号文件强调，乡村治理要推动社会治理和服务重心向基层下移。[①] 但据研究团队在 F 市 L 县等地的调研反馈，当前基层治理还存在“最后一公里”的困境，主要分为以下两个方面。

一是部分基层治理组织缺乏监督管理。个别粮农反映了部分村委会利用自身财权、事权干涉农民补贴发放，损害农民利益的现象。例如，个别村委会巧立名目，要求农民先交 30 元/亩的水费，才能得到 40 元/亩的补贴，否则就取消以后的补贴领取资格，以此克扣旱灾补贴。上级领导察看账目时，登记补贴显示为 40 元/亩，实则落实到农户手中的补贴只有 10 元/亩。部分地区还存在救灾农资落实不到位的情况。个别村委会对救灾物资分配不均，优先分配给关系户，而小农户直至物资发放完成都不知情。下发到农民手中的救灾农种有部分是库存多年的存种，质量差、抗药性不强，部分稻谷对农药的免疫力下降甚至枯萎，导致稻谷存活率很低、

① 关于抓好“三农”领域重点工作确保如期实现全面小康的意见 [EB/OL]. 中国政府网，[2020 - 08 - 25] http://www.gov.cn/zhengce/2020 - 02/05/content_5474884.htm.

亏损严重，而质量好的良种、肥料等物资则被个别管理人员私自贩卖。农民普遍反映，国家政策是很好的，但是基层治理在一定程度上缺乏监督管理，没有让农户享受到应有的政策红利。

二是新型基层治理组织面临成长阻力。以专业农民合作社为代表的乡村治理组织是基层治理结构中重要的一环，代表了粮农的利益。但研究团队在对农户的深度访谈中发现，以种粮农民为中心成立专业农民合作社具有一定难度。其一，村委会对于专业农民合作社的推进意愿不强，两者分工不明确，在管理职能上存在交叉冲突的现象；其二，虽然国家支持专业农民合作社等新型基层治理组织的成立，但由于资金支持力量较为薄弱，部分专业农民合作社有名无实，治疗效果不理想；其三，专业化管理人才较为稀缺，导致“农民 + 合作社”“农民 + 村委会 + 合作社”“农民 + 合作社 + 企业”等新型经营主体合作模式较难推进，基层治理制度呈现出活力不足的现象[7]。

6.1.3 粮食储销制度亟待完善

一是粮食储备应急保供制度未与时俱进。一方面，目前中国粮食储备品种存在不均衡的现象，成品粮比例较低，而储备较多的原粮需要通过再加工才能投入市场，从粮食稳定供给和疫情带来的应急需求双重角度考虑，粮食储备的结构仍有待优化。从原粮加工主体来看，民营粮食企业是原粮加工市场的主要参与者，但存在部分民营粮食企业粗加工能力较弱、粮食储备容量较小、缺乏“产—储—销”环节的多元联动等问题。长远来看，易导致粮食生产的效率不足，影响粮食全产业链布局进度，不利于中国粮食产业竞争力提升。另一方面，储备布局存在不均衡现象，地区联动较为不足。目前，中央储备粮的20%储存于中储粮直属库，其余80%分散储存在全国各地，且主要分布在主产区，主销区储备规模较小。出现疫情等突发状况时，粮食储备地与生产地协调畅通不足容易导致粮食持续稳定供应受阻[8]，同时供需关系突变易引发粮市波动，从而导致国家的调控成本上升而调控效率下降。此外，从储备库点分布来看，城市的储备库点相对较少，主产区储备库点相对较多，现有的储备库点布局与流通物流体系缺乏有效衔接，一旦出现物流问题易威胁粮食运输稳定持续地进行[9]。在研究团队调研过程中还反映了部分储备方面的现实问题，如粮食购销合同履约率较低，导致产区粮食销售和销区粮源缺乏稳定性。

二是基层粮管所效益不佳且缺乏激励。研究团队在调研过程中了解到，部分基层粮管所存在效益与其保管的粮食质量不挂钩的问题。其一，从收入来源来看，作为承担着国家粮食调控载体职能的重要单位，部分基层粮管所的收入仅仅是中储粮规定的保管费，并且连年下跌，2017 年规定的保管费为 94 元/吨/天，2018 年下降到 82 元/吨/天，而 2019 年仅有 74 元/吨/天。收入来源的单一容易造成粮管所的工作人员流失、积极性受挫，继而影响基层粮管所工作效果。其二，从粮食轮换拍卖来看，粮管所的储粮主要销售方向为拍卖粮，但粮食保管质量、节粮减损效果也并未与粮食拍卖结果挂钩。其三，对于工作完成度高、储粮质量高的粮管所而言，因缺乏相应的激励措施，易挫伤粮管所工作积极性；而对于储粮质量低的粮管所而言，因缺乏相应的惩罚措施，拍卖效果不佳、质量不好也不影响自身工资收入，导致工作积极性不高。

三是农资销售市场缺乏社会化服务与监督机制。一方面，粮农在农资购置过程中对于社会化服务的需求较高，但社会化服务缺位。据农资采购方式的调研结果显示，被调研的 1271 户农户采取“单独购买”的方式占 57.82%，采取“统一采购（搭伙购买、合作社、村集体）”的方式占 29.26%，而采用“由签协议企业统一提供”的方式占 12.92%。比较普遍的形式是农户通过打电话或微信与农资销售商户联系，直接购买商家推荐的种子及化肥品种。农户主要以个体形式参与农资市场，可获取信息较少，农资选择主要依赖销售方的推荐，这导致农资市场供需双方信息不对称，当农资价格较高或质量出现问题时，农户利益无法得到相应的保障。另一方面，由于当前农资市场仍存在不规范现象，市场监管难度大。农资企业虽然数量众多，但普遍属于小、微型企业，且大多采用微信等线上销售渠道，市场监管难度大。此类小、微型农资销售者往往不具备相关的营业执照，导致假冒伪劣产品层出不穷，农资质量难以保证，农户维权困难。被调研的部分农户反映，曾在小摊贩处购买过质量极差的种子和化肥，导致粮食存活率低、年产量大大下降。根据其他国家关于农民合作组织的先进经验，发展以农民自身利益为中心的合作组织能够保障小规模农户在农资市场中的利益，如农户采购联盟等合作组织就是一种重要形式，可以为农户在购买农资及售后利益保护方面提供保障。然而，全国农业合作组织数量少，且覆盖面不广，很多农业合作组织空有其名，缺少固定的管理人员及办公场所，导致农户无法有效对接农资市场。

6.2 粮食安全政策协调难度大

截至2021年5月，新冠肺炎疫情仍在整个世界范围内蔓延，其带来的社会和经济影响巨大，未来粮食供应的不确定性仍有可能导致一些国家相继实施限制粮食出口等贸易政策，这将进一步加剧国际粮食市场供求不平衡，引起粮食价格异常波动[10]。由于国际政治形势的动荡以及疫情灾害频发的现象，国际贸易政策不确定性增强，整体趋势难以预测，中国在保障国家粮食安全的进程中存在重重挑战[11]。在这种环境下，确保粮食安全将对国家制定宏观政策调控粮食市场提出更高的要求。从国际视角来看，贸易政策协调难度逐渐升高；从国内视角来看，制定粮食价格政策和补贴政策的难度逐渐攀升。此外，目前中国还存在关于粮食安全政策的支持空间收缩与政策具体落实效果不佳等问题。

6.2.1 粮食政策支持空间小

粮食支持政策的补贴空间被挤压。中国的农业支持政策结构设计主要遵循世界贸易组织（WTO）的《农业协议》对农业的补贴允许标准。根据WTO相关协议规定，农业支持政策根据对贸易的影响程度主要分为三类："绿箱"政策、"黄箱"政策和"蓝箱"政策。"黄箱"政策包括政府在农产品价格上的直接干预，以及政府在农产品补贴方面的相关政策措施。其中不仅包括对农业投入品的直接补贴，如良种补贴、化肥补贴、灌溉补贴等，也包括农产品营销等环节的贷款补贴。中国现行的农业补贴中，属于"黄箱"补贴支出的主要有：农产品价格支持措施（粮食保护收购价格）以及农业生产资料补贴。由于"黄箱"政策对生产和贸易的扭曲作用相对较为明显，因此受到各国政府的广泛关注。而中国的政策微量支持空间仅为8.5%，高于发达国家平均水平（5%），但低于其他发展中国家平均水平（10%）。由此看来，中国粮食政策支持中“黄箱”政策补贴空间被压缩得较为紧张。

粮食政策支持可调整空间小，“黄箱”多而“绿箱”少。一方面，中国农业方面的“黄箱”政策运用较多。对价格的补贴水平过高，容易造成价格扭曲以及市场波动。根据经济合作与发展组织（OECD）的调查数据，中国的农业生产者支持水平指标要高于美国、欧盟和OECD总体水平。该项指标通过对比政府财政补贴后的农产品价格与国际市场上的农产品价格，得出的系数越高，证明政府补贴对农产品贸易的扭曲程度越高。若系数为1.10，就意味着农民获得的价格比国际水平高10%。图6.1对比了2000~2018年中国、美国、欧盟以及OECD总体的生产者保护系数指数，不难看出，发达国家的趋势几乎都是由前期的高补贴、高保护政策来保障和增加农民收益，但近年来发达国家将生产者保护系数保持在较低的水平；而中国的生产者保护系数自2008年以来呈现波动上升，截至2018年，系数高于美国、欧盟及OECD总体水平。生产者保护系数居于高位意味着财政补贴后的产品价格与国际市场价格水平不一致，在国内、国际粮食市场日益密切接触的背景下，过高的生产者保护并不利于中国粮食在国际上的竞争力，长远来看也不利于高质量、高水平的粮食安全发展[12]。另一方面，中国农业方面的“绿箱”政策使用较少。“绿箱”政策包括十二项，基本囊括国家财政用于农业生产的多个环节，例如，由公共基金或财政提供的农业生产服务（科研计划、农技推广、咨询检验等），用于粮食安全储存保障、自然灾害救济保障以及农民最低收入保障等。此类手段既符合中国现阶段保障粮食安全的目的，也能够免于削减。以美国为例，美国结合了“绿箱”免于削减和“黄箱”便于解释的特点，采取以农业保险补贴为主要的农业支持手段，从而间接提升了政府对农业的支持力度。而中国虽然正在逐步加大对“绿箱”政策的支持力度，但由于大部分保险补贴、灾害救济、收入保障还处于试点阶段，并未在全国层面推广，短期内要将“蓝箱”及“黄箱”的政策支持比例调节均衡较为困难。

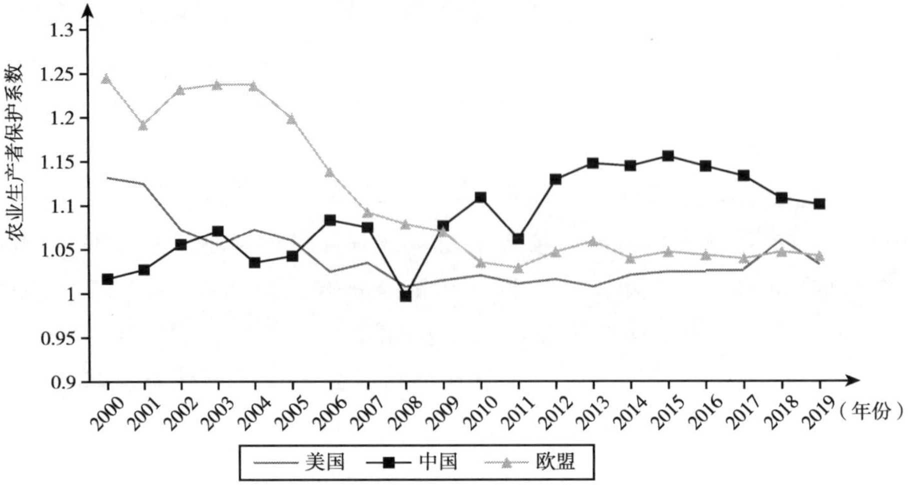

图 6.1　2000～2018 年中、美、欧盟农业生产者保护系数

数据来源：OECD（2020），Producerprotection（indicator）. doi：10.1787/f99067c0 – en.

6.2.2　政策具体落实效果不佳

最低收购价公布时间较晚，农民缺乏政策价格引导。根据现行最低收购价政策，国家发展改革委员会在稻谷、小麦的春播时期会公布最低收购价政策，以此作为农民的收购心理价格，旨在更合理高效地安排粮食生产计划。但据研究团队对农业农村局工作人员和部分种粮大户的访谈记录显示，近两年最低收购价公布时间较为滞后，由于地域因素，南方普遍播种较早，经常出现农民卖粮时最低收购价还未公布的情况，也就失去了最低收购价的可参考价值。而农民失去了卖粮价格指引，则容易丧失在收购过程中的价格谈判权，只能参考前一年的收购价，或是被动接受收购者的价格要求，导致实际成交的收购价往往要低于最低收购价。研究团队对种粮农民的储存及卖粮过程进行了询问，发现农民受制于储存场地、干燥设备、运输工具等多重因素，倾向于直接将收获的湿谷卖掉，减少繁杂的中间环节（铺平、晾晒、烘干、运送至代储点），且由于湿谷水分过高，而国家收购标准较为严格（13.5% 含水量），粮商也会损失一部分利润。因此，种粮农民会选择不留存，而是直接将湿谷卖给粮商，同时也愿意接受较低的收购价。最低收购价为 120 元/50 公斤左右时，农民的湿谷卖价约为 80 元/50 公斤。中间商赚取了差价利润，而国家有关最低收购价的福利效应被大大削弱[13]。

补贴下发时间晚且领取分配困难。一是补贴下发时间晚于种植时间，且时间跨度长。据研究团队在 L 县的调研发现，2020 年早稻的种粮补贴名义发放时间为 7 月 1 日之前，而实际到了 8 月中旬仍未发放。二是拿到补贴的条件较为苛刻，由于推行早稻多种的策略，L 县的种粮补贴为一季 35 元/亩，两季 70 元/亩，但如果早稻不种就不给晚稻的补贴，农户想要拿到全额补贴难上加难。三是农户反映救灾农资落实不到位，存在地域差异、分配不均的情况。村与村之间、大户与散户之间均存在亩均补贴差异较大的情况，分配给关系户的情况较为严重。四是种粮大户补贴领取与面积认定挂钩。需要先确认种粮大户的粮食种植面积是否增减予以评定，再发放相应的种粮大户补贴[14]。研究团队在 F 县调研过程中发现，部分村委会在执行过程中收取手续费，才将种粮大户的土地承包流转情况往上报，对于不缴纳此类手续费的种粮大户则不予以上报，影响种粮大户的种粮面积评估，也导致种粮大户的粮食补贴难以到手[15]。

政策性农业保险定损难且赔偿少。农业种植具有面积广阔、季节性特征明显等特点，而农业保险的“定损”政策制定不够多元化，适应性不强[16]。以研究团队在 L 县调研结果为例，某种粮大户在 2019 年由于旱灾亏损了 6 万元左右，但实际定损过程中只定为“轻度”，赔款额约为 1 万元，保额严重不足，远远不能弥补农户的亏损。表 6.2 反映了中国在 2014 ~2018 年投入的政策性农业保险金额及财产保险公司给付款，可以看出农业保险金额均来源于保险公司给付，且保险赔款及给付总额低于保费总额，实际保险效果并不理想，没有体现农业保险应有的保障成本功能。

表 6.2　　农业保险保费及赔付金额　　单位：亿元

类别 \ 年份	2014	2015	2016	2017	2018
国家投入农业保险金额	325.8	374.9	417.71	478.9	572.74
财产保险公司农业保险保费	325.8	374.9	417.71	478.9	572.74
财产保险公司农业保险赔款及给付	205.8	237.1	299.24	333.4	394.31

资料来源：EPS 全球统计数据/分析平台，中国第三产业数据库——年度（全国及港澳台）同名指标，统计数据来自国家统计局。

农业保险在粮农面临受灾减产的情况下可以在一定程度上弥补粮农的亏损，但赔偿金额过少使农业保险丧失了政策设计的风险管理优势，也降低了粮农对于农业保险补偿的信赖程度。研究团队在对粮农的访谈中发现，原本粮农对于农业保险政策的实施是抱有高度期望的，且对于政策性农业保险、气象灾害保险、病虫害保险的具体需求程度都较高。但现行的赔偿金额过少、理赔种类较少（只赔偿基础性的物化成本）、损害程度难以计量，导致小规模粮农减少对农业保险的需求。此外，调研还发现粮农自主选择购买保险的行为较少，对于现行的政策性农业保险也不了解，而是大多依靠村委会统一对接保险企业。合同以集体形式签订，粮农自身并不了解合同内容，导致实际理赔时出现诸多问题。对于粮农而言，在风险管理和收入支持两个政策目标中，收入支持才应该是政策性农业保险针对的政策目标，而现行的政策性农业保险政策目标偏向风险管理，政策目标的偏离导致粮农对自己的需求不清晰，从而影响了政策效果[17]。

农民的政策解读需求未得到满足。总体来看，当前基层在粮食相关政策归纳整理以及政策解读梳理的工作上仍有欠缺，效率有待提升。一方面，据研究团队的调研结果显示，农民在了解政策方针及政策解读方面存在极大的困难，也存在较大需求，关于每年的粮食最低收购价基本是通过口口相传以及张贴告示等方式知晓的，而对于没有智能手机的农民而言，缺失合理的渠道去帮助理解最新出台的粮食政策。例如，当前网络上有关最低收购价的资料较为混乱，官方关于最低收购价的公开政策及解读没有设立官方渠道，而农民主要依靠阅读权威网站的相关报道、公众号推送的文章来对政策进行了解，容易造成农民对政策的误解。另一方面，部分村委并未重视政策的宣传工作。如图 6.2 所示，村委会主要通过广播宣传、板报宣传、开集体大会等形式进行政策宣传，占比分别为 60.22%、48.17%、45.05%。另有 8.43% 的调查对象选择不宣传。研究团队走访调查发现了同样的情况，许多粮农根本不清楚政策性农业保险的相关情况，主要是依靠当地的一些粮企自发为粮农科普，在稍为落后的一些地域则缺乏政策宣传及解读的单位或机构。

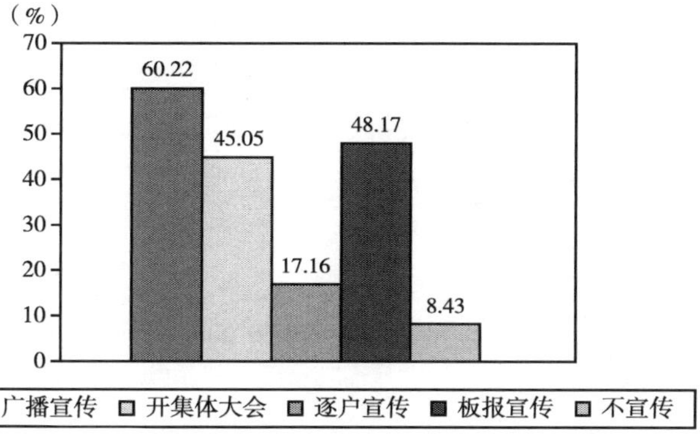

图 6.2 新型职业农民培训需求调研报告(全国版)

数据来源:同方知网(北京)技术有限公司、河北农业大学新型职业农民研究组.新型职业农民培训需求调研报告(全国版)[EB/OL].智慧农民云平台,(2017-03-31)[2020-07-15]. https://ypt.cnki.net/BaseReport/Check_Index?id=5.

6.3 粮食技术升级进程较缓慢

2021年1月,中央一号文件提出要“加快推进农业现代化,强化现代农业科技和物质装备支撑”,强调要坚持农业科技自立自强,通过现代农业科技和物质装备来强化中国粮食安全的支撑。[①] 习近平总书记曾在全国政协经济界联组会上表明:要着力解决农业发展中存在的深层次矛盾和问题,重点从农产品结构、抗风险能力、农业现代化水平上发力,加快推动“藏粮于地、藏粮于技”战略落实落地。[②] 现阶段,中国面临农村劳动力外移流失的问题,依靠农业科技的长足进步,粮食产量保持稳步增长的态势。但不可忽视的是,中国的农业科技创新体系还处于不断摸索的过程,由于农业科技的外部性以及溢出效应,科技创新仍面临着制度活力不足、路径不够多元化等现实问题。农业农村部公开数据显示,中国的农业科技

① 中共中央国务院关于全面推进乡村振兴加快农业农村现代化的意见[EB/OL].中国政府网,[2021-03-12]. http://www.moa.gov.cn/xw/zwdt/202102/t20210221_6361863.htm.

② 习近平看望参加政协会议的经济界委员[EB/OL].中国政府网,[2020-07-31]. http://www.gov.cn/xinwen/2020-05/23/content_5514227.htm.

进步贡献率从2003年的45.97%提高到2020年的60%以上，但相较于发达国家70%的平均水平，仍存在一定的差距。面临新时期病虫害多发、疫情暴发等新的挑战，欲利用好科技力量，真正达到“藏粮于技、兴农于技”，提升现代化农业体系的发展水平，就必须厘清目前在农业科技创新方面存在的难点。

6.3.1 自主研发创新能力薄弱

农资行业自主研发能力薄弱。前瞻产业研究院发布的《2019年中国智慧农业市场现状及前景分析》报告显示，目前中国的农业科研投资强度仅为0.77%，远低于全国科研投资强度1.7%的水平。农业科研投资强度低于工业，意味着农业科技创新力度不强，自主创新缺乏资金和技术的支持，既不利于农业企业自身的发展，也不利于整体行业技术水平的提升。以农用机械行业和种子行业为例，中国农机工业网统计数据显示，全国农机工业行业2019年业务总收入比上年同期下降4.43%，超过2000万元/年收入的农机企业为1892家，比2018年减少了334家。多数生产企业研发经费紧张、知识产权保护困难，农机行业整体技术创新乏力，自主研发能力有待进一步提高，农机制造发展相对滞后[18]。除了农机行业以外，种子行业发展同样存在自主研发能力不强的问题，在提升种子质量、通过深度加工技术提高粮食附加值、提升种子企业竞争力等方面潜力不足。跨国种企的研发投入一般占主营业务收入的15%左右，而2019年中国48家骨干种子企业科研总投入占本企业主营业务收入的7.9%，仅有隆平高科一家为13%，其余国内大部分种企的研发投入比例普遍在3%以下，科研投入水平较低，导致低端品种同质化现象较为严重。

科研成果转化体系不成熟。《中国科技成果转化2019年度报告（高等院校与科研院所篇）》显示，在被调查的3200家高校院所中，只有21.5%（688家）的单位设立了技术转移机构，比例相对较低，且其中仅有307家认为技术转移能够在科技成果转化上发挥较为重要的作用，认同率不到半数。当前的科技成果转化难题主要体现在三个方面：第一，中试熟化平台较为稀缺，导致供需双方缺乏对接渠道，渠道不通畅容易引发成果对接缺乏精准性的技术问题；第二，平台基础条件不足；第三，农业科技的基础研究、应用研究以及相关技术开发没有融会贯通，导致各部分之间联系不够紧密。例如，在农业科研方面，追求学术价值和先进性会影响技术本身在农业生产中的适用性、经济性，一方面，会导致农业技术成果的供需脱节产业化应用存在研发和商用断轨现象；另一方面，会导致农业科技链与产业链无法实现精准对接。以种子行业为例，在2019年获得授权的种业专利申请中，教学科研单位居首位，占申请总量的45.61%，以基础研发为主，研发与商用主体不同易导致科技成果难以转化。

6.3.2 农技推广缺乏引领示范

农业技术推广是农业现代化的重要环节之一，对于帮助农民树立科学种植理念、提升种植水平、推动种植业现代化发展进程具有重大意义。总体看来，中国的农业推广体系经过数轮改革取得了一些成效，但仍有一些问题尚未得到解决。目前，基层农技推广施行不畅，缺乏科学化的种粮引导，阻碍了种粮生产率的提升，致使物质与服务成本高居不下，农业科技现代化进程缓慢。

缺乏病虫草害防治技术引领。《新型职业农民培养需求调研报告（全国版）》数据显示（见图6.3），在对种植业实用技术需求进行调查时，有67.74%的调查对象选择病虫草害识别与防治技术方面的培训，在生产实践过程中，职业农民遇到的最大难题是病虫草害问题。研究团队在调研中发现，2020年粮食种植过程中病虫草害频发，由于粮农打药时间不一，飞虫徘徊于各片农田中形成了强抗药性，农户普遍反映多次打药（3次左右）都无法完全消除病虫草害，不仅农药投入量成倍增加，且防治效果不佳，对粮食的种植质量也造成了影响。农户反映，目前严重缺乏对于病虫草害识别与防治的科学化指导引领服务。除此之外，种粮农户对农田管理、农产品加工技术、水肥管理、耕作技术、品种选育与改良技能的需求均较为旺盛。

缺乏科学种粮主体技术示范。粮农对于科学化种粮技术的需求较高，但农技推广站下乡频率较低，且真正具有种粮经验的工作人员仅占少数。据研究团队调查问卷结果反馈，针对农技推广不足、农业技术服务差的问题，43.34%的被调查粮农认为非常需要政府多渠道提供农业技术知识

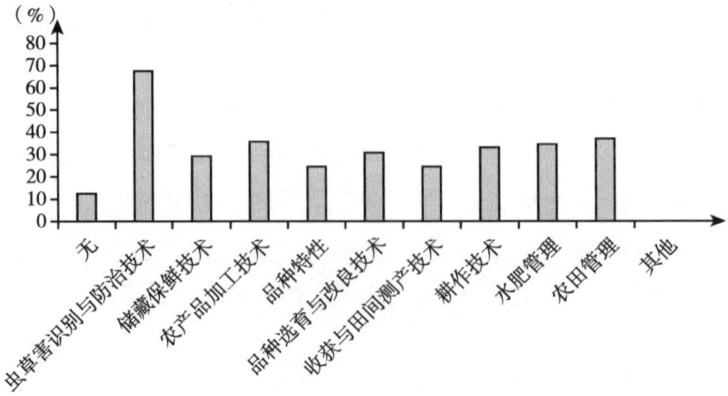

图 6.3 调查对象对种植业培训需求（其他实用技术需求）

数据来源：同方知网（北京）技术有限公司、河北农业大学新型职业农民研究组．新型职业农民培训需求调研报告（全国版）[EB/OL]．智慧农民云平台，(2017-03-31)[2020-07-15]．https：//ypt. cnki. net/BaseReport/Check_Index?id=5.

培训。民间同样缺乏种粮技术示范，据粮农反映，科学种粮主体大多为外来的种粮大户，他们掌握了科学高效的种粮方法，在播种、撒药、收割等多个环节能做到基本自动化，并且亩产能够达到600公斤/亩，高于普通农户约400公斤/亩的产量。然而，出于利益考量，科学种粮主体需要保持其种粮竞争力，并不会主动传授经验，示范高效的种粮技术，因此粮农的关键需求得不到满足。农技推广的示范作用不明显，加上缺乏科学种粮主体的技术示范，导致了农户的科学化种粮技术水平迟迟得不到提升。

6.4 智慧农业基层应用效果不佳

2020智慧农业改革发展大会上，中央农村工作领导小组办公室副主任，农业农村部党组副书记、副部长韩俊在讲话时指出，党的十九届五中全会明确提出在“十四五”时期要“强化农业科技和装备支撑，建设智慧农业。”智慧农业将成为未来农业发展的引航标，站在国际视角看，智慧农业将成为未来在农业科技创新的路径和战略高地。中国目前在智慧农业发展方面面临的难题具体如下。

6.4.1 智慧种粮模式缺乏基建保障

小型农户和种粮大户作为中国重要的种粮群体，智慧农业的种粮模式应用需要庞大的基础设施保障支撑，才能将他们逐步引入现代农业发展大格局，让智慧技术应用推广更适应国情农情[19]。据研究团队调研发现，农业基础设施对广大粮农而言是粮食生产的必要基础保障，但当前基层农业基础设施存在严重不足，智慧种粮模式缺乏基本的基础设施保障[20]。

农田水利基础设施不完备，“最后一公里”问题难以解决。据农业农村局工作人员反映，国家一直十分重视农村的基础设施问题，但首先考虑的是道路、电力网络、水源等生活必需的基建，因此，对种粮农民而言紧迫需要改造的中低产田建设、农田水利建设等仍处于严重短缺与规划不合理的状态，现有的农业生产基础设施结构并不均衡。据研究团队对粮农的访谈记录显示，农田水利等农业基础设施从建设到使用仍面临严重的“最后一公里”问题。“断头渠”“泥巴渠”频现；水电站等基础设施虽有修建，但距离较远导致取水不便；农田河道、水渠通达情况也较差，往往只修缮了农田主干道，而忽略了田间小干道，导致机械设备无法进入田间地头；建设过程中忽视了一些偏远地块的渠道铺设，导致无法实现灌溉自动化，阻碍了自动化、机械化的进程；水渠的位置在距离农田较远的水库附近，即使农田就在道路旁边，水渠也并未修通到农田附近。

农业减灾防控及配套服务体系缺位。根据研究团队调研结果显示，57.15%以上的被调查农户认为当前农业基础设施的防洪与排涝能力较差或一般，尤其是河道防洪排涝。究其原因，是由于河渠等农业基础设施的老化失修，导致了堵塞、干涸等情况的发生，在出现洪涝等自然灾害时无法发挥其效用，不能合理抵御自然灾害。此外，基础设施维修工作缺乏专人管理，权责不够明确。据研究团队在 Y 市的调研结果显示，部分乡村的水渠经常面临泥土沉淀等原因导致的堵塞，从前主要依靠村民自发集结清理，而近年随着农村劳动力逐渐老龄化，村民有心无力，导致无人维修，水渠堵塞而长期闲置。且修缮权责不明确，政府既没有专人修理，也没有相关规定，若由农户承担修缮清理工作，由于没有给予合理补贴或其他激励机制，导致无人能修也无人愿修的情况，极大地影响了基础设施在提升种粮生产力方面的效果。

6.4.2 智慧储粮模式未能全面推广

近几年，绿色储粮、“四合一”等储粮技术的发展和应用较快，但基层智能粮仓建设面临着诸多困难。当前关于智能粮库的设计主要覆盖综合业务管理、智能仓储、智能出入库作业、智能安防、决策支持和储粮可视化管理六大业务功能，但实际上应用范围并不广，且实施过程中存在诸多问题。

基层粮管所仓储条件普遍落后。经研究团队的调研发现，受制于资金、技术、人力等多重因素，部分地区的粮仓仓储条件仍然比较落后，一些设备甚至近30年没有更换，通风、除虫还是采用传统人工的方式，特别是基层，粮库仅仅满足于“上不漏下不渗、不漏雨不返潮”，储粮烘干等初级加工技术已经算较为先进的应用工具，其他更为先进的智能管理功能如空调控温、环流等技术并未全面推广应用。

改造老旧粮仓成本较高。经研究团队调研发现，旧粮仓普遍建设于20世纪五六十年代，规模较小、分布分散、基础设施简陋、密闭性不佳，很难达到智慧粮储的标准。而改造旧粮仓成本过高，建筑老化部分改造得不偿失，改造成本高于新建成本[21]。企业在改造老旧粮仓和智慧粮仓的建设上需要投入较多资金且资金回收时间漫长。此外，智慧粮仓建设需要重新择址规划，且改造过程中粮食储备功能暂时停滞，原有储粮无处堆积，因此储粮转移也进一步提升了改造成本。

智能化粮库存在技术缺陷。目前已经实现智能化的粮库也面临着应用技术的一些缺陷。以粮情测控系统为例，目前采用的系统只能检测出是否存在害虫，但无法鉴别出具体的虫害种类，在判定害虫对粮食的损害程度、智能除虫等方面还缺乏更为先进的手段；粮情测控缺少对库存粮食的含水量、是否霉变等粮食质量方面的监测，不利于通过提示及时做出反应，使库存储备粮安全、稳定地存放；智能通风技术的开启和关闭需要依托粮情测控系统，但现有的测控系统只能人为开关，且在时间设定上不够智能化。

6.5 粮食人力资源结构性紧缺

随着中国工业化、城市化的快速推进，打破了农户既有的要素配置均衡状态，劳动力的供给不足与结构变化导致了人工费用呈现持续攀升的趋势，引发了农户经营形式的变化，调整了现有农业生产分工的格局。农业劳动力呈老龄化趋势，劳动力保障严重不足。总体来看，中国农业劳动力流失特征表现为“男多女少，壮年突出”，这部分青壮年劳动力的流向主要以制造业、服务业等非农产业，引发劳动力素质结构不均衡下降的局面。当前，粮食种植、管理、研发等方面的现有人才素质整体不够高，且缺失现象较为严重，吸引与留住人才的政策不足，具体如下。

6.5.1 新型农业现代化人才不足

种粮现代化人才匮乏。据2021年《农民工监测调查报告》显示，从人数构成上看，2020年全国农民工总量28560万人，超过农村总人口的一半；从年龄构成上看，农民工平均年龄为41.4岁，比上年提高0.6岁，且50岁以上农民工占比继续提高，为26.4%。① 研究团队在对农村进行实地调研时也得到了一致的结果，农村大多数青壮年劳动力基本都外出务工，种植粮户平均年龄为50~60岁，留下种田的大多是“613899部队”（即：儿童、妇女、老年人）。农户们表示由于种粮收益实在太低，导致留不住年轻人，在农村务农的人基本都是老年人。2020年8月，研究团队在江西省的产粮大县（F县、L县）调查发现，在1271份有效调查问卷中，年龄最大的为78岁，年龄最小的为31岁。从年龄构成上看，其中60岁以上的占21.6%；50~59岁的占53.7%；40~49岁的占22.3%；31~39岁的占2.4%。此外，研究团队对种粮大户进行调研发现，在春种、夏收和秋收三个大忙时期，种粮大户普遍存在雇工难、工资成本高等问题[22]。对比

① 2020年农民工监测报告［EB/OL］. 中国政府网，［2021-05-02］. http://www.gov.cn/xinwen/2021-04/30/content_5604232.htm.

2019年和2015年的调研数据发现，雇工的日工资在逐年上升，短期雇工工资由每天50～100元上涨到每天200～260元，长期雇工月工资由800～1000元上涨到1500～2500元。在农忙时节雇工，每人每天平均工资超过200元，还需提供午餐（荤素搭配、赠送饮料）再加一盒烟。

基层农技推广人员稀缺。根据研究团队的调研数据显示，约有70%的受访农民表示非常需要农业技术知识的培训，但根据问卷“服务来源”一项的数据，31.12%的农户都是靠自己琢磨农业技术，而本应该是技术推广中坚力量的乡镇农技站服务却仅占服务来源的16.8%，这其中的重要原因是基层农技推广人员的缺失。据调查，现有农技站人员配备少，很多都是“三支一扶”人员且支教的比较多，大多数没有种粮经验[22]。农户们表示农技服务中心人员种粮经验不足，真正熟练掌握农技推广技能的人员不多，无法为其提供所需的技术帮助。40%以上的农户认为滴灌技术推广效果一般；26%的农户认为新型职业农民培训效果特别差；47%的农户认为病虫害防治技术和测土施肥指导还很不到位；超过50%的农户表示种粮都是自己凭经验进行。这说明存在农业专业技术人员缺乏、农技服务有效供给不足、供需对接不畅等问题，阻碍了农业转型升级和高质量发展。

粮食专业化管理人才缺乏。“藏粮于技”不仅需要技术的现代化革新，也需要相应人才配备的更新。基层粮食管理员工待遇和福利得不到保障，导致员工结构逐渐趋于老龄化[23]。据基层粮管所工作人员反映，一方面，粮管所和粮食储备企业中存在很多老员工，这部分员工主要以中老年人为主体，月收入在3000元左右，并且没有公积金，因此基层粮食管理单位对于青壮年的吸引力远远不够。这导致了粮食管理单位人员流动较为缓慢，虽然现存员工对传统的粮食仓储管理具有较为丰富的经验，但随着科技发展，现代化、智能化仓储对基层粮食管理员工提出了新的要求，而这部分中老年人缺乏对计算机、互联网等新型技术的应用能力，因而无法适应新型仓储管理设备[24]。另一方面，对储备管理人员的现代化技能培训力度不够，且缺乏示范性带头作用，致使多数员工对于新的仓储管理知识和技能的学习不太上心，在仓储管理工作方面的观念滞后，即便基础设施配备更新了也存在“无人可用，无人会用”的情况。

6.5.2 基层高层次农业科研人才紧缺

根据中央印发《关于深化人才发展体制机制改革的意见》，国家十分重视强化和突出创新主体地位，但据调研结果反馈，基层农业科研单位引才留才难度较大，具体问题如下。

人才引进培养机制缺乏创新。基层农业科研单位在人才引进和培养上缺乏吸引力，主要分为两个方面的问题：一方面是在科研工作上，人才成长空间和发展机会较少。基层高层次农业科研需要项目课题、职称晋升等科研能力提升来引才留才，基层农业科研院所只有在产业技术体系发展中可以得到一部分政策支撑，而缺乏长期稳定的由政府提供的帮助。从项目课题来看，基层农业科研院所需要和广大高校及其他农业企事业单位共同竞争，但人才实力存在差距，因此在项目课题中并没有较高的竞争力，这导致了基层农业科研院所争取项目课题的难度越来越高。这不仅导致了人才成长受限，也导致了研究资金来源受限。另一方面是在配套政策上，基层高层次农业科研人才的引进需要同时解决诸多实际问题，如住房保障、家属安置等方面，都需要合理的配套政策来帮助基层高层次农业科研人才稳定工作，无后顾之忧。由于在工作和生活上都缺乏合理有效的配套制度来保障，基层高层次农业科研人才的引才留才难度进一步加大，现有人才的积极性和稳定性也易受影响。

基层农业科研单位人才引进渠道狭窄。首先，基层农业科研单位（地市级）现行的招才引才渠道主要依靠公开招聘的形式，对于社会影响力和知名度不高的基层农业科研单位而言，这种以简历投递来招募人才的形式较为被动。其次，基层农业科研单位的用人规划与实际引进人才方向存在不一致，“重学历”的引人思维使得引进人才主要偏向基础性研究，而基层农业科研单位需要开展以育种为基础的应用性研究，导致引进人才无法发挥专业优势。此外，地市级的科研院所由于地理因素往往引进的都是本地或邻近地域的人才，这种引进方式阻碍了不同地域、不同院校的科研优势交融，不利于人才结构的提升。

6.6 粮食安全资金保障难度大

随着中国财政预算管理制度改革的不断深入，财政支农资金管理和监督的重要性日益凸显，进一步提高财政支农资金的使用效益，成为财政及相关业务部门一项十分重要的工作任务。财政资金对农民的补助效率较低，但能有效解决局部和短期问题，对粮食主产区尤为重要。只有直面财政支农资金在贯彻执行和分配、使用、管理中存在的问题，才能更好地发挥财政支农资金的效益和国家农业农村政策效应。当前中国在农业资金保障方面呈现资金来源结构单一、资金使用效率不高等问题。

6.6.1 农业科研资金来源结构单一

农业科研投入占总研发比重较低。本书整理了 2006～2019 年中国科技统计年鉴、中国统计年鉴的相关数据，发现 2005～2018 年中国 R&D 支出总额和农业科研机构 R&D 支出稳步增长，其中农业科研机构 R&D 支出由 2005 年的 16.83 亿元增加到 2018 年的 110.76 亿元（见表 6.3），增长了 5.58 倍，但是其占 R&D 支出总额的比重近年来却未见明显增长，从 2005 年的 0.69% 下降到 2011 年的 0.6%，2012～2018 年保持在 0.53%～0.58% 波动，反映出农业科研机构的研发费用占比一直处于低水平状态，没有受到合理的资源倾斜。

表 6.3　　2005～2018 年中国农业科研投入情况

年份	R&D 支出（亿元）	R&D 支出占 GDP 的比重（%）	农业科研机构 R&D 支出（亿元）	农业科研机构 R&D 占 R&D 支出的比重（%）	农业科研投资强度（%）
2005	2449.97	1.32	16.83	0.69	0.09
2006	3003.10	1.39	18.33	0.61	0.09
2007	3710.24	1.40	64.93	1.75	0.27
2008	4616.00	1.47	72.67	1.57	0.26

续表

年份	R&D 支出（亿元）	R&D 支出占 GDP 的比重（%）	农业科研机构 R&D 支出（亿元）	农业科研机构 R&D 占 R&D 支出的比重（%）	农业科研投资强度（%）
2009	5791.90	1.70	43.43	0.75	0.15
2010	7062.60	1.73	50.87	0.72	0.14
2011	8687.00	1.79	52.13	0.60	0.13
2012	10298.40	1.93	60.19	0.58	0.13
2013	11846.60	2.01	68.03	0.57	0.14
2014	13015.60	2.03	68.95	0.53	0.13
2015	14169.90	2.07	80.83	0.57	0.15
2016	15676.70	2.12	88.32	0.56	0.16
2017	17606.10	2.15	101.69	0.58	0.18
2018	19677.90	2.19	110.76	0.56	0.18

数据来源：根据 2006～2019 年《中国科技统计年鉴》《中国统计年鉴》整理获得。

并且，农业科技投入结构较不均衡，从产业链视角来看投入在产前、产中环节较多，产后较少；从投入领域来看主要偏向粮食安全的保供、运输等方面，而对粮食安全的种源开发、粮食生产智能化等投入较少。

科研资金来源集中且有效供给不足。以省级农业科研院所为例，其资金来源可划分为纵向、横向、院内科研三类。纵向是指以本级及以上管理部门拨入的资金；横向是指同级单位间的课题资金；院内科研是指院内资金安排的课题。由于农业科研投入时间长、经济效益低的特殊性，资金的供给渠道多样性不足，加之资金数量及资金的使用周期有明确限制，农业科研资金的投入产出比高，资金的有效供给不足。与此同时，由于国内政策对农业科研投资环境没有倾斜，且大多数农业企业效益不佳，社会资本对农业科研的投资热情不高。

6.6.2 财政涉农资金管理难度较大

中央与地方财政支农资金配套难。现行的财政支农资金相关政策是由中央向地方拨付支农资金，再由当地政府进行资金配套。但由于粮食主产区存在部分地区经济欠发达的情况，导致当地政府在资金配套上较为薄弱、配套压力较大，相比北京等发达地区，将农业保险等补贴实际下发到种粮农户时单位标准较低，并且短期内很难大幅提高资金配套的能力。这在一定程度上影响了财政支农资金的使用效果，也导致不同地区间补贴水平存在差异，降低部分地区农民种粮的积极性。

财政支农资金结构不均衡。部分地方政府在支农资金投入粮食生产过程中存在投入项目不均衡，没有兼顾到生产的前、中、后端，导致部分项目资金存在重叠，而部分项目缺乏资金的现象，粗放型的支农资金投入结构易导致财政支农资金的使用效率不高[25]。同时，财政支农资金也存在监管力度不足的现象，对支农资金的流向缺乏全过程监控。据研究团队调研发现，财政支农资金从政府拨付到交给农户的过程中，并没有严格的流程管控，农户虽然持有“一卡通”，但政府补贴及资助存在部分条目不明晰的现象，农户并不知道本年度的补贴是否完全到账。

6.7 本章小结

本章探讨了降低种粮成本、保障粮食安全面临的主要难题，通过对相关数据的收集，并结合研究团队的调研结果，挖掘了难题存在的原因。总体而言，难题分为制度、政策、技术、模式、人力、资金六个方面。

一是制度方面创新压力大。其一，粮食安全保障法律尚未出台，部分规章没有与时俱进地更新；农业面源污染防治等重点问题缺乏配套规章制度。其二，部分基层治理组织缺乏监督，个别村委会克扣对粮户的补贴；新型基层治理组织面临成长阻力，部分村委会推进意愿不强且缺乏专业化管理人才。其三，粮食储备应急保供制度未与时俱进，原粮过多成品粮过少，且地域间分布及流通结构存在不均衡的现象；基层粮管所效益不佳，保管费连年降低，且粮食保管质量与收入未挂钩，不利于调动基层粮管所工作积极性；农资销售市场缺乏社会化服务与监督机制，存在农资质量难以保证、农户维权困难的问题。

二是粮食安全政策协调难度大。其一，粮食政策支持可调整空间小，中国的政策微量支持空间仅为 8.5%，且结构上“黄箱”政策多而“绿箱”政策少，短期内调节比例较为困难。其二，政策具体落实效果不佳，表现在最低收购价公布时间较晚，农民缺乏政策价格导向；补贴下发时间较晚，领取分配存在困难；政策性农业保险定损难，条件较为苛刻，且总体赔偿数额较少。

三是粮食技术升级进程较缓慢。其一，种子等农资行业的自主研发创新能力仍显不足，在提升育种质量以及深度加工技术水平方面与国际先进水平仍存在一定差距；科研成果转化体系不成熟，研发与商用主体不同易导致科技成果难以转化。其二，农技推广缺乏引领示范。农技推广站下乡频率较低，且真正具有种粮经验的工作人员占少数，不能完全满足种粮农户对农田管理、品种选育与改良技能等方面的需求；科学种粮主体技术示范不足，高产的种粮大户为保持竞争力较少传授相关经验。

四是智慧农业基层应用效果不佳。其一，智慧种粮模式缺乏基建保障，表现为农田水利基础设施存在严重短缺的问题，且规划不合理，“最后一公里”问题难以解决；农业减灾防控及配套服务体系缺位，维护工作权责不明确，缺乏专人管理。其二，智慧储粮模式未能全面推广，表现为基层粮管所仓储条件普遍落后，仅仅满足于“上不漏下不渗、不漏雨不返潮”；改造旧粮仓成本过高，建筑老化部分改造成本高于新建成本，且改造过程中原有储粮无处堆积，储粮转移进一步提升了改造成本；智能化粮库存在技术缺陷，目前粮情测控系统存在无法鉴别虫害种类的问题，且缺少对潮湿、霉变等指标的质量监测。

五是粮食人力资源层次化紧缺。其一，新型农业现代化人才不足，表现为种粮现代化人才以及基层农技推广人员的紧缺。农忙时期存在雇工难、平均工资成本高等问题；基层农技推广人员少且经验不足，与种粮农民的需求不匹配；粮食储备等专业化人才紧缺，现有员工不能较为熟练地应用新型仓储管理设备。其二，基层高层次农业科研在人才引进和培养上缺乏吸引力，且缺乏合理有效的配套制度来在解决引才的户籍、配偶等相关问题。

六是粮食安全资金保障难度大。其一，中国农业科研投入占总研发比重较低，没有受到合理的资源倾斜，且投入结构存在不均衡的现象，投入在产前、产中环节较多，产后较少；农业科研资金来源结构单一，社会资本对农业科研的投资热情不高。其二，财政支农资金管理难度较大，为中央与地方财政支农资金配套难，存在部分经济欠发达的地区短期内难以大幅提高资金配套的能力；财政支农资金结构不均衡，部分地方政府的支农资金投入结构较为粗放，易导致财政支农资金的使用效率不高的现象。其三，财政支农资金存在监管力度不足的现象，对支农资金的流向缺乏全过程监控。

本章主要参考文献

[1] 何可，宋洪远．资源环境约束下的中国粮食安全：内涵、挑战与政策取向［J］．南京农业大学学报（社会科学版），2021，21（03）：45－57.

[2] 喻志军．我国粮食安全、农民收益与粮食价格政策的关系分析［J］．商业经济研究，2021（10）：185－188.

[3] 陈祥云，张慧琴．我国粮食生产补贴政策的调整取向——基于供给侧改革视角［J］．地方财政研究，2019（10）：82－86.

[4] 陈颖，李继志．我国粮食生产支持政策的历史演变、现实迷失及政策优化［J］．农业经济，2021（05）：3－5.

[5] 魏玉君，叶中华．粮食政策研究：问题与对策［J］．宏观经济管理，2019（06）：67－71，90.

[6] 虞国平，徐春春，郧亚文，等．我国稻谷产业供给侧结构性改革的思考［J］．中国农业资源与区划，2020，41（03）：53－62.

[7] 武舜臣，刘晨曦．再议规模经营中的粮食安全问题：争议回应与政策启示［J］．西北农林科技大学学报（社会科学版），2020，20（06）：80－87.

[8] 崔宁波，董晋．新时代粮食安全观：挑战、内涵与政策导向［J］．求是学刊，2020，47（06）：56－65.

[9] 胡迪，杨向阳．后疫情时代保障粮食安全的政策取向与策略选择［J］．农业经济问题，2021（01）：41－53.

[10] 陈祥云，李荣耀，赵劲松．我国粮食安全政策：演进轨迹、内在逻辑与战略取向［J］．经济学家，2020（10）：117－128.

[11] 刘玲，陈乐一，李玉双．全球经济政策不确定性与中国粮食

价格——基于非对称性视角的分析 [J]. 农业技术经济，2020 (05): 17-31.

[12] 朱晶，李天祥，臧星月. 高水平开放下我国粮食安全的非传统挑战及政策转型 [J]. 农业经济问题，2021 (01): 27-40.

[13] 张明，杨颖，邹小容. 新时期中国粮食补贴政策的战略协同与差异设计 [J]. 农业经济问题，2021 (03): 53-61.

[14] 周静. 我国粮食补贴：政策演进、体系构成及优化路径 [J]. 西北农林科技大学学报（社会科学版），2020，20 (06): 88-93.

[15] 韩昕儒，张宁宁. 补贴政策是否阻碍了粮食种植规模的扩大 [J]. 农业技术经济，2020 (08): 29-39.

[16] 蒋和平，杨东群，王晓君. 新时代我国粮食安全导向的变革与政策调整建议 [J]. 价格理论与实践，2018 (12): 34-39.

[17] 刘汉成，陶建平. 中国政策性农业保险：发展趋势、国际比较与路径优化 [J]. 华中农业大学学报（社会科学版），2020 (06): 67-75，163-164.

[18] 廖进球，黄青青. 价格支持政策与粮食可持续发展能力：基于玉米临时收储政策的自然实验 [J]. 改革，2019 (04): 115-125.

[19] 赵圃婕，米锋，何蒲明. 农业政策支持对粮食生产力的影响效应研究 [J/OL]. 东北农业科学：1-6 [2021-05-23].

[20] 杨东群，王克军，蒋和平. 粮食减产影响我国粮食安全的分析与政策建议 [J]. 经济学家，2018 (12): 71-80.

[21] 许晶. 吉林省粮食物流业存在的问题及对策研究 [J]. 农业经济，2020 (09): 141-142.

[22] 蒋和平，尧珏，蒋黎. 新时期我国粮食安全保障的发展思路与政策建议 [J]. 经济学家，2020 (01): 110-118.

[23] 周梅，杨国蕾. 对当前粮食收储制度改革的几点思考——新疆小麦收储制度改革的启示 [J]. 宏观经济研究，2019 (05): 168-175.

[24] 郑大睿. 我国智慧农业发展：现状、问题与对策 [J]. 农业经济，2020 (01): 12-14.

[25] 刘天琦，宋俊杰. 财政支农政策助推乡村振兴的路径、问题与对策 [J]. 经济纵横，2020 (06): 55-60.

7 降低种粮成本、保障粮食安全的国际经验和国内案例

7.1 国际经验

7.1.1 通过法律法规手段进行规范化管理

农业法规不仅是有效调整现代农业农民经济利益关系的主要法律手段，也是有效保护广大农民合法利益的有效法律手段，能够起到调节农业经济关系和维护粮农利益的作用。通过农业法规，可以对农业生产全过程进行规范，达到节约资源、保护农户利益、降低种粮成本从而保障国家粮食安全的目的。在农业法规建设方面，有不少国家经验值得借鉴，其中尤以美国和日本最为典型。

（1）美国

20 世纪 80 年代，美国将涉及农业法的机构整合成了独立的法律部门。在基础设施建设方面，1990 年，美国制定了《食物、农业、资源保护和贸易法》[1]，通过立法的形式，对利用农村电讯基础设施提出了明确要求，并加大了对农村基础教育的支持力度。2002 年，美国通过《农场安全与农村投资法》，计划投资 10.3 亿美元于饮水、无线电讯等基础设施建设。在农产品安全方面，由于美国农业对能源和生物化学技术的严重依赖，农业发展对环境造成了很大破坏。20 世纪 80 年代后，美国

的每一届政府部门对农业投入品的管理和合理使用都高度重视[2]。为了确保农产品的卫生安全，同时使相关部门在对农业投入品进行监督时能有法可依，美国通过了《环保法》和《劳工保护法》。在农业保险政策方面，1994 年，美国出台《作物保险改革法案》，对与农作物有关的保险政策和相关支持计划进行了进一步完善。该法案明确规定采用额外的保险、无保险的作物保护计划、灾难保险和团体保险，以此取代原来的政府援助计划，农保投保率因此迅速上升。此外，美国政府提高了保费补贴比率，并且不再向不参与农作物保险的农户提供农业贷款和农产品价格保护等福利。2000 年美国《农业风险保护法》出台，农保费被再次提升，农户投保成本再次下降。

在粮食补贴方面，美国的相关政策呈现一个由间接补贴向直接补贴逐渐过渡的趋势。自 20 世纪 30 年代初开始，美国开始逐步实施一系列粮食优惠补贴政策。1929 ~ 1977 年，美国的粮食补贴以价格间接补贴为主。1933 年，美国出台了《农业调整法》，在一定程度上保护了农业生产者的利益，给农业生产者提供了一个最低保证价格。2002 年，美国出台了《农业安全和农村投资法》，这项优惠法案不仅对最初的粮食补贴进行了丰富，扩大了粮食补贴政策的范围，还提高了原有粮食政策补贴对象的直接粮食支付率。2003 年《农业援助法》颁布，该法案主要是为受自然灾害影响的农业生产者进行补贴，进一步扩大了农业补贴的实施范围，及时弥补完善了《2002 年农业法》政策执行过程中发现的一些法律漏洞，进一步提高了美国国家粮食农业补贴的实施力度、粮食农业生产经营的效率和质量，增加了全体农户营业收入。

在土地，尤其是耕地保护方面，美国颁布了诸多相关法律（见表 7.1）。1934 年美国联邦政府通过了《泰勒放牧法》；进入 20 世纪 80 年代联邦政府制定了《农地保护政策法》；1996 年通过《联邦农业发展改革法》；2002 年 5 月 13 日，又颁布了《2002 年农业安全与农村投资法案》等。此外，与农村土地有关的还有《联邦土地政策和管理法》（1976 年）、《水土资源保护法》（1935 年）、《国有草地牧场改良法》（1978）、《农业食品法》（1981 年）等。

表 7.1　　美国土地保护相关法律

立法时间	法律名称
1934	《泰勒放牧法》
1935	《水土资源保护法》
1976	《联邦土地政策和管理法》
1978	《国有草地牧场改良法》
1980	《农地保护政策法》
1996	《联邦农业发展改革法》
2002	《2002 年农业安全与农村投资法案》

数据来源：据公开资料归纳整理而来。

（2）日本

日本农业法律法规涵盖内容广泛。提高农业机械化水平方面，日本于 1953 年出台《农业机械化促进法》，并且，为使劳动生产率和土地生产率能够在短期内得到大幅提升，日本不断加大对欧美等发达国家先进农机具的引进力度，并依据其自身所已有的先进工业技术，不断优化欧美国家的农业机具，从而为本国提供适宜的中小型机械。在土地流转方面，1950 年，《农田法》出台，该法案对农户所能拥有的土地面积以及所能租赁的土地面积都进行了规定：都、府、县区域的农户土地面积不得超过 3 公顷，北海道地区则最高为 12 公顷，任何地区出租的土地面积都不得高于 1 公顷，一旦违反该规定，农户必须将额外的土地交予政府，政府再以低价将土地流转给其他农户。同时，为了减少少数人占有过多土地的情况，该法案对土地所有权的流转设定了限制条件：农户自身土地面积若超过 3 公顷则不具有买地权；若有权进行土地买卖，也必须事先经都、道、府、县四级知事严格监督审查，并且批准之后才能依法进行。但是后期日本出现土地占有过于分散的情况，因此日本在 1961 年通过《农业基本法》，放宽了对土地占有和流动的限制，明确将调整土地经营规模置于农业政策的首位。20 世纪 70 年代初，日本政府大力调整农地改革，连续出台多个相关法律，解决土地集中以及分散占有产生的一系列问题。1980 年，日本出台《农地利用增进法》[3]，提出以下内容：以农户土地租佃市场为中心，促进农户土地出租经营权有效流动；以地域为管理单位，组成农用地综合利用环境改善推动团体，促进农地的联合集中经营联片、联合经营和共同开展基础配套设施项目建设；以农协组织为主，帮助“核心农户”和农业生产经营合作组织妥善管理农户土地出租和企业委托加工作业的国有耕地。

在有关粮食补贴的法律方面，日本先后颁布的相关法律有“农地改革”（1947 年）和“农业基本法”（1960 年），法律的主要内容包括增加政府农业财政方面的支出、改善农村交通与农田水利设施等。1978 年，日本修订《食品管理法》，并根据该法进一步完善和加强了本国粮食价格支持计划。但随着人口的增长、可耕作地区面积的减少以及政策补贴的持续进行，政府财政压力不断增加，于是 1999 年以后日本开始进入以收入补贴为主的粮食直接补贴阶段。1999 年，日本政府颁布有关直接收入补贴的《食品、农业、农村基本法》。其内容主要有三大方面：首先，通过直接收入补贴的手段对当地符合规定的山区、半山区的农田进行补贴。其次，为了加强农田水利建设，政府制定了相关补贴政策，如大型农田水利设施的费用全部由中央政府承担，一般农田水利建设项目在通过审批并符合一定标准后，其建设费用将由中央、都道府县、市町村共同承担，承担比例分别为 50%、25%、15%，农户自身承担的部分极少，而且农户贷款时利息低优惠多。最后，农户购买生产所需要的相关生产资料时也会得到相关补贴，如插秧机、拖拉机、烘干贮藏设备以及某些灌溉施肥设施等，补贴的一半都由中央财政承担，道府县承担 25%，余下的 25% 农户可以通过低息贷款支付，且有的地方町村财政还会承担 12.5%。为促进耕地保护，日本在 1899 年就制定了有关耕地整理的法律法规，并于次年实施。截至目前，日本与国家土地使用管理政策相关的法律已达 130 多部，涉及范围有乡村农地法、农业生产振兴计划地域法、土地改良地域法等。这些国家法律大多在国家经济社会改革过程中得到了重新修正，并逐渐发展形成了完善的国家法律制度体系。在农业保险方面，日本采用的是根据《农业灾害补偿法》（1947 年）建立的共济组合的形式[4]。

7.1.2 完善粮食补贴政策

随着贸易条件的恶化，粮食生产本身所存在的不足（弱质性和不稳定性）使粮食生产的相对效益逐步下降。为了确保国家粮食安全，支持并保护本国粮食农业生产，各国政府已经建立了相应的粮食补贴政策支持体系。最典型的有美国、欧盟和日本。

（1）美国

美国农产品目标价格差额补贴政策施行已有70多年，并在美国历史上发挥着不可替代的作用。目前，其仍是重要的美国农业支持政策之一。该政策的发展历程大致分为六个阶段（见图7.1）。值得一提的是，在第三阶段，美国自1985年开始，将农业目标价格水平固定，与农业生产成本脱钩，并再一步降低农业贷款率，同时重新启动耕地面积配额政策，规定全体农户必须圈出其耕地面积的5%～10%进行休耕或保育。1990年，该比例再次提升，为10%～20%。第四阶段，美国通过农业法案，该法案表示，美国暂时以脱钩的生产灵活性补贴代替目标价格差额补贴，即补贴将通过历史配额面积和产量进行确定。该政策让政府补贴与实际生产相脱钩，生产者在配额面积上的农作物种类将不受限制，与此同时，美国不再实施无追索权贷款，而是转为营销援助贷款，并保留贷款追索权。

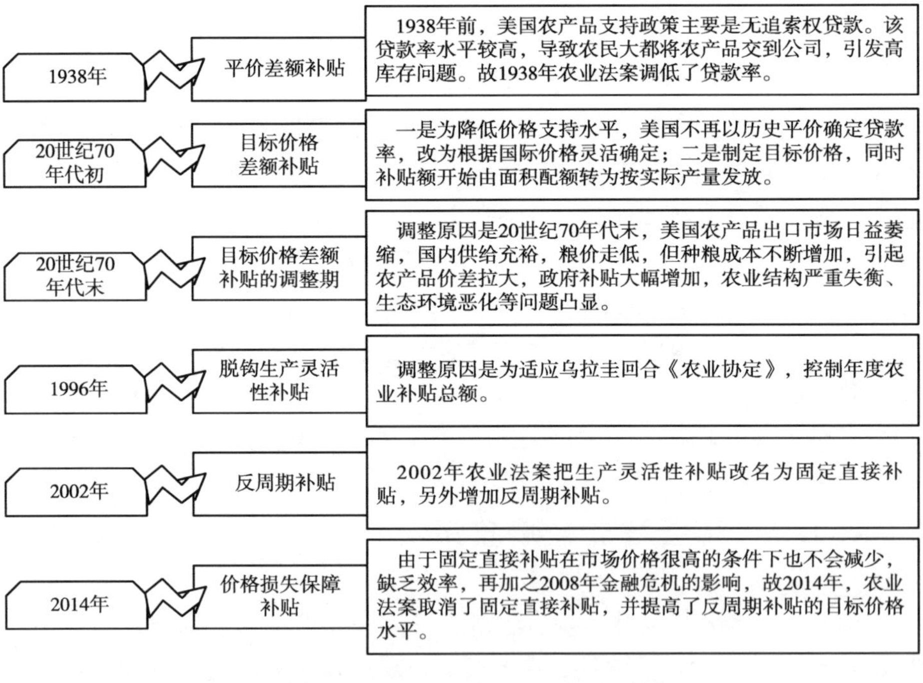

图7.1　美国粮食差额补贴政策发展阶段

数据来源：据公开资料归纳整理而来。

（2）欧盟

“干预价格”补贴政策方式是欧盟共同农业政策的核心与基石，欧盟国家的主要农产品补贴都来源于该补贴方式以及与之相关的对外保护。同时，在不同的历史阶段，根据粮食的供求状况和财政状况，粮食价格干预会进行适时调整。价格干预政策主要以谷物干预价格为主，该政策对于发挥市场价格机制作用，激发谷物农户的生产积极性，保障谷物的供求平衡，提高谷物产品的市场综合竞争力等，具有重要的引导作用。其具体发展历程如图 7.2 所示。为有效维护欧盟内部商品价格的稳定，扩大农产品市场供给，欧盟目前采取了两大主要措施：一是对市场价格支持政策与财政预算进行统一规定。各欧盟成员国须按一定关税比例足额缴纳相关费用，同时进行农业指导并设立保证基金，用于农业价格政策支持和实施农业补贴；二是为保护共同体内部的市场，增强其农产品在世界市场上的竞争力，欧盟实施了差价关税和农产品出口补贴政策。早在 1962 年，六个欧共体成员国（法、德、荷、比、意、卢）就通过了 CAP《建立农产品统一市场折中协议》，但 1996 ~ 1997 年，国际贸易和技术水平的提高，使进口和生产增加，价格干预政策引发公共存粮累积问题，米市的供求平衡状态被打破，存货面临价值损失风险。于是 1999 年 5 月，欧盟出台《2000 年议程》，以大幅降低政府对粮食的间接补贴水平，提高对收入的补贴。

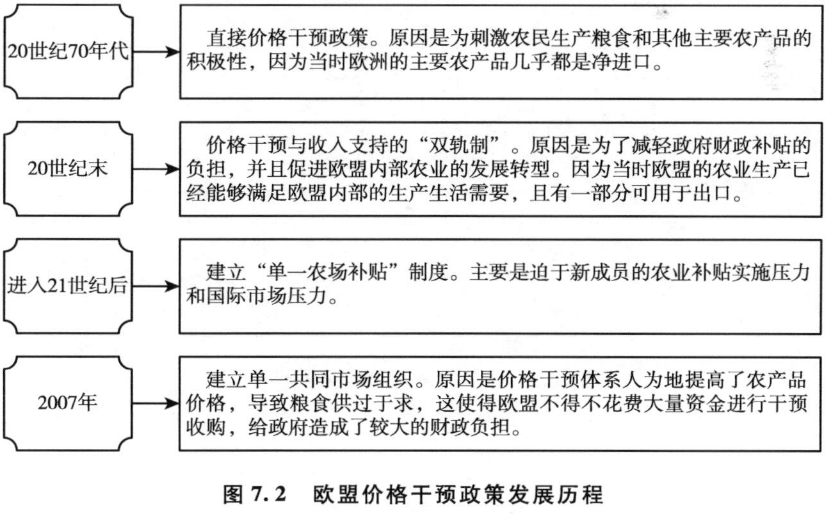

图 7.2 欧盟价格干预政策发展历程

数据来源：据公开资料归纳整理而来。

(3) 日本

日本实施的是粮食购销价格倒挂[①]补贴，其发展历程如图 7.3 所示。为了农业的长期稳定发展，完善当时的农业发展结构，从而保障国家粮食安全，日本政府将粮食提升至国家“战略商品”的地位，对其粮食实行高价收购，低价售出的“倒挂政策”，并且日本政府会以财政补贴的方式对这两者间的价格差进行弥补，这就是“双重粮价”。针对其他农产品，日本政府也会给予相应补贴。同时，为了帮助农民更快筹集农业生产经营所需投入的成本资金，政府开办的银行为农民专门设置了低息贷款，农户若想申请私人商业银行贷款，当地政府部门在审核相关条件后，会出面为其担保，帮助农户顺利取得贷款。这笔贷款资金以日本政府每年进行的低息

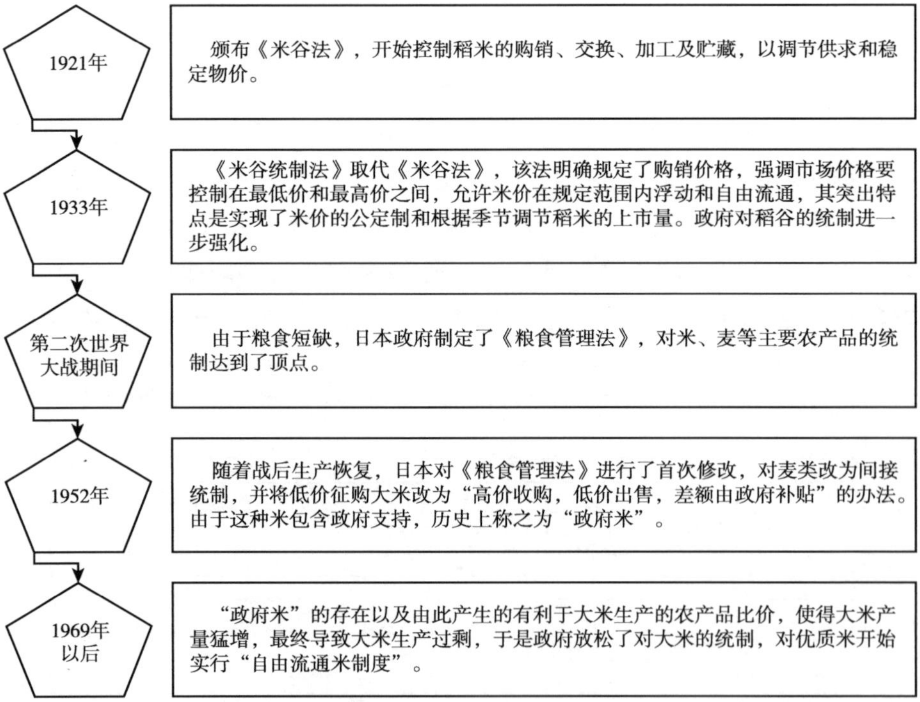

图 7.3　日本粮食价格政策发展历程

数据来源：据公开资料归纳整理而来。

---

① 购销价格倒挂是指在商品流通环节中出现的同种商品在同一时间销售价格低于收购价格的现象，倒挂的差价及经营费用由财政进行补贴。

贷款方式补贴给农业银行，有时候可能远远超过当年日本农业总产值。这种购销价格倒挂制度，对稳定商品市场、提升国民生活水平、助推农业发展有着重要的直接作用，但该制度若操作不当就极有可能造成过高的财政负担，最终削弱国家对其他公共基础建设的资金支持力度，扭曲农产品市场，导致市场“失灵”。

7.1.3 注重农业技术的研发和推广

农业科学教育是当前实现现代化农业的重要前提，科研技术是当前提升农业现代化水平的主要支撑与后盾，推广则是当前促进农业现代化的必然要求。只有实现教育、科研、推广三者的结合，才能加快农业现代化进程。目前，农业取得的巨大提升都源于科学研究与技术进步，推广作为联结研发与应用的纽带，对通过先进技术切实提高农业生产效率有重要意义，因此，必须加大农业技术推广力度。中国可以从以色列和日本获得相关经验。

（1）以色列

以色列已逐步建立了涵盖各级政府部门、科研机构和农业合作组织等各部门相配合的综合服务体系，该体系包括科研、教育与农业推广。在以色列，几乎所有的农业大学都已开设与农业有关的专业学科，且都已发展成为世界顶尖学科，这为以色列在恶劣的农业环境中开创世界一流的新型现代农业生产体系做出了重大贡献。以色列政府对农业科学技术的研究与开发工作给予了极大的财政支持，以农业科研经费的投入来看，每年国民生产总值的3%都花费于此，总额一般达到上亿美元，各科技公司农业研发技术费用一般能占到农业公司每年总收入的15%～20%。在以色列，大概70%的农业相关研究都通过农业研究组织（Agriculture Research Organization，Volcani Centre，ARO）进行①。除此以外，学术研究机构以及地区性研究开发中心也进行相关研究，其中，地区性研发中心会格外注重当地的独特气候，以获得更适宜当地发展的研究成果。

当前，以色列的海水淡化技术、滴灌技术、智能温控技术等都被世界

① 邓启明，黄祖辉，胡剑锋．以色列农业现代化的历程、成效及启示［J］．社会科学战线，2009（07）：74－78.

其他国家学习。在农业推广服务制度方面，以色列的特点是区域推广中心与示范农场相结合。20 世纪 70 年代，以色列政府采取了一系列措施，将专门研究农业生产的科研单位和相关的农业生产基地联系起来，以设立专业基金的方式，成功创建了如沙漠农业、节水农业等典型示范农场。此外，以色列国家农业部还设有提高农业技术应用率的农业技术推广服务中心，其根据不同的生产要求设置了 14 个专门的委员会。同时，根据各个区域的独特生态状况，以色列分别设置了 9 个区域性的技术推广中心，专门负责各自生态区域的农业技术推广和科研交流工作。此外，为了能尽快决定优先进行试验的地区和项目，负责推广服务的机构需要进行年度工作计划报告，以确定优先地区和专业项目。

（2）日本

一直以来，日本都主张“科技立国”和“科技创新立国”，把本国的农业生产科学技术研究视为农业持续发展的基础，因此，日本从中央到地方均有众多的农业科学研究机构（研究所和大学），对这些研究机构，日本不仅严格进行管理，还会给予充足的科研经费及其他政策支持，每年日本政府部门投入的相关农业科研经费约 772 亿日元，大概能占其国内生产总值的 2.2%[①]。日本的研究所包含三个类别：国立、公立和私立，这些研究所的研究经费来源广泛，主要是中央政府、地方政府和民间企业以及财团，这些不同类型的经费收入占当年总体科研经费投入的比例分别为：国立 10%、公立 25% ~30%、私立 40%。不同的研究所的研究范围有所不同，国立研究所的研究范围是全国，无论是基础性科研工作研究，还是应用性研究抑或是开发性研究，国立研究所都有涉及。公立研究所的研究范围是本地，主要是开展区域性和开发性技术研究；私立技术研究所中的研究范围则主要集中于前景好、市场潜力大的应用性和开发性的研究技术项目。为加快建立农业科研机构与当地农民之间的沟通桥梁，提高科研成果的高效转化，日本地区建立了完善的农业科技推广服务体系——政府和农协组成的双轨制，这两者之间既各自独立又彼此联系，极大地提高了日本农业技术推广效率。日本的农业推广是“协同

① 代贵金，王彦荣，宫殿凯．日本农业现代化及其对中国的启示［J］．中国农学通报，2019，35（03）：158 -164.

农业普及事业”，由中央政府和县（都、道、府）共同出资建立，其推广的基本特点为事业结构简单、人员精干。此外，日本还设立了两级推广管理部门。中央在农林水产省的农产园艺局开立与推广相关的普及课；县（都道、府）的农政部再开展普及教育课。此外，县里会再按照行政区规定划设推广主体，即农业推广普及中心，该中心的推广工作人员都是经国家严格考核和培训的公务员。与此同时，日本自上而下建立了“农协”组织，为农民的生产提供便利，指导生产者进行科学经营，提高生产效率，降低生产成本。

7.1.4 培养农业实用型人才

当前粮食加工行业发展正处于企业不断深化改革和转型升级的历史关键期，比以往任何一个时候都更加迫切需要一批高素质、专业化技术人才。因此，大力培育一批新时代农业科技人才后备军，从而促进粮食生产，保障国家粮食安全，是加速农业现代化发展的必然要求。在培养农业实用型人才方面，美国和法国具有先进经验。

（1）美国

为培养农业实用型人才，美国政府在农业研究、实验和教学等方面给予了极大的资金和技术支持。早在 1862 年，美国就已设立了农业专属部门——农业部，对农业生产活动进行专项工作指导，各州也随之设置了相应部门来积极配合农业部的工作规划。其主要特点是以不断提高高等教育质量为教学先导，以高等教育为中心和依托，对普通大众和贫困家庭给予高度关注，对其提供一定教育援助。从奠基者特纳的工作目标和奠定该特点的“土地赠与法案”“土地赠与大学”中我们可以了解到，美国之所以会大力推进农业推广服务体系的建立，很大的一部分原因在于美国当时教育水平不高，尤其是一些贫困家庭的教育程度低下。值得一提的是，美国是在大学建立农业服务体系，且该体系是美国农业部不可或缺的一部分，这一特点是美国在农业推广服务制度取得巨大成就的重要原因之一。美国的各地农民可以从农业推广中了解许多前沿研究成果，受益良多：各地区的推广机构工作人员可以随时将大学的农业研究成果免费提供给当地农民；各地农民也可以主动联系就近的推广中心，咨询在农业生产中遇到的问题，或者了解最新的农业技术等。各地通过推广、整理、汇总这一流程，最终将情况反馈到大学。

（2）法国

法国现已建立了完备且成熟的农业教育体系，其范围包括基础教育和高等教育、早期教育和继续教育、普通教育和职业教育，总体来说可以划分为两个部分：农业基础教育①和农业高等教育②。法国农业部作为牵头部门承担着整个国家的农业教育任务，农业部，国民教育部和高等教育、研究和创新部共同构成三大教育主管部委，这三个部门为整个法国农业的现代化进程提供了强大的高科技人才后盾。17～18 世纪，西欧气候发生急剧变化，引发了严重的农业危机以及大范围饥荒，为了减缓危机，法国开始加大农业技术的改革和推广力度，发展农业教育，从而提质增效，缓解危机的冲击。20 世纪以来，法国的农业教育历程经历了四次重要变革（见图 7.4），且总体规模在 40 多年来呈逐步扩大态势。1975 年，法国就读农业相关专业的学生数为 12 万，2016 年该数量已经翻了 3 倍；1995 年，学徒制被引入并逐步普及；2016 年学徒数量为 3.4 万，相较于 1995 年，该数量已经增加了近一倍。

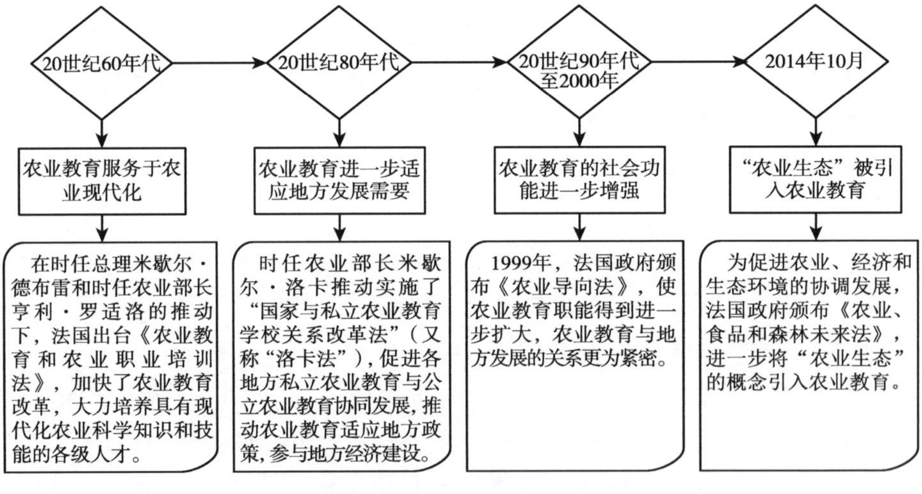

图 7.4　法国农业教育发展改革

数据来源：据公开资料归纳整理而来。

① 自初中三年级起至高中毕业，高等精英学院预科班阶段及攻读高级技术员文凭阶段的学习。

② 包括工程师，兽医，风景师教育，职业本科、硕士和博士教育。

7.1.5 提高农业产业化经营水平

农业产业化经营是以国内外农业市场为根本导向，以不断提高农业经济效益水平为主要中心，以吸收科技成果为支撑，从而对各种农业生产要素产品进行综合优化，再针对现代农业和其他农村市场经济发展实施本地化布局、专业化生产、一体化运营、社会化服务、企业化管理，最终实现以市场为导向，引导龙头企业生产、龙头企业再影响产业基地、产业基地进而带动全体农户的经济运行管理机制。以色列、法国和日本在产业化经营方面具有值得其他国家学习的相关经验。

（1）以色列

以色列的农业合作具有创新性，且大获成功。以色列首先通过法制建设将土地和水资源的使用加以规定，按计划分配，同时还推行土地国有制度，95%的土地为国家所有，余下约5%的土地资源则归部分个体农户（莫沙瓦）私有。国家以非常低的价格将土地出租给公有制合作社（莫沙夫）和集体农庄（基布兹）①，对于租来的农地，承租方只拥有使用权，只被许可转租而不可买卖，租赁的农地也不能代耕或辍耕，否则租赁合同作废，收回农地。这些规定有利于规范土地使用和农业的产业化经营。

此外，以色列还分别制定了用于农地资产流转的配套政策。第一，建立组织化程度高的农业合作与服务体系（主要为基布兹和莫沙夫），对与农业经济发展密切相关的各种农业资源加以有效优化组合，加速规模化经营，同时开展订单农业，避免盲目生产，提高生产效率。第二，合理统筹资源配置。为保护自然资源及当地的生态环境，以色列政府通过将有为政府和有效市场相结合，大力推进劳动密集型工业发展，加快工农业纵向联合步伐。第三，以色列还建立了现代农业合作组织，以作为以色列产业化经营的基础。

产业化经营的形式主要是集体农场，分集体农场（基布兹）和农业生产合作社（莫沙夫）这两种经营形式[5]。集体农场（基布兹）进行农

① 每次租期为49年，到期可自动续租49年。

业生产活动的土地属于国家，租金低，一般一期可以租满 49 年，到期后亦可再续。衣、食、住、行、教育、医疗等日常生活中的消费依赖整个集体进行供给，至于经营管理的相关决议则通过社员大会以民主选举方式确定的领导班子（一般有 6 人）和与之相应的管理委员会共同承担，若是需要探讨重大问题，则必须经社员大会全体讨论决议。成员在集体农场和非农企业进行劳动时，按需进行分配但不占有任何私有财产。农业合作社（莫沙夫）所使用的土地也要从国家租赁，但农场可以为私人所有。莫沙夫以家庭作为劳动分散的划分依据，并且农厂主能够对生产与消费等活动进行自由决策；农户在购买农业生产所需要的相关生产资料（如农具、种子、灌溉设备、肥料等）时，都可以从合作社按照一定的优惠价进行交易，届时生产的农产品再按一定优惠售卖给合作社；社员有权自己雇佣工人，也可以直接在市场上销售产品；合作社有公共财产，该财产以民主方式进行管理且不可分割；合作社的最高权力机构是社员大会，在其之下，又设立了村委会、监委会和专业委员会，这些机构都是提供与农业经营相关服务和开展福利事业的专门机构。目前，以色列的农业发展已经居于世界顶尖水平，其农业生产模式也为世界其他国家所研究与效仿。

（2）法国

法国的现代农业生产组织形式以专业化为条件，这种组织形式与农业、工业和其他部门都有关联，其主要包含纵向一体化组织模式和横向一体化模式两种。

纵向一体化就是以大公司或大型企业管理集团为主要组织者，结合农业资本与工商业资本，最终涵盖农业产、供、销全程的大型综合企业。政府、农业生产合作组织和一些其他提供相关服务的私人企业都具有各自的优势，他们之间相互配合，大大提升了农业生产率和工作效率，经济效益也大幅增加。纵向一体化组织模式下，工商企业完全控制农场的产品数量、质量以及售价，居主导地位。同时，农工商联合企业也能以合同或契约等方式保障农产品的销售量和销售额，给农场主提供更先进的生产资料、更全面的市场信息，来提高农场的生产技术水平和经营管理水平，提升农场的生产经营效率。

横向一体化主要是各种农业合作社，其主要构成主体为购销合作社、服务合作社和信贷合作社。农业生产者和合作社之间以合同形式达成协议，该合同须每年签订一次，农户在该合同项下的唯一义务就是生产，所有其他事务均由合作社负责包办。扣除风险基金和发展准备金后的收益额，将根据入社资金额的多少以及购买的农产品数量分发给会员，若出现亏损，则以相对应的份额为依据，所有社员共同分担。目前，可以说几乎每一个法国农民都存在于某一个合作社。

（3）日本

日本可以说已经形成了“供—产—加—销”的一体化农业生产经营模式，该模式包含两个：一是垂直经营模式，以企业为主，数量较少；二是平行经营形式，主要由农协构成，数量较多。农协将日本的小农户与市场相联系，在日本实现农业现代化历程中扮演了重要角色。日本几乎所有的农户都是农协组织的成员，就其提供的与农业有关的社会化服务内容可知，日本已基本形成了一个有序、科学、高效的农业社会服务体系。不同于其他国家的农业合作社，日本农协有着半官、半民的独特性质。在机构官员设立上，日本首相需要在日本农林水产省任命一位官员，为了保障政策切实实施，还会设立监督人员，即代表国会的政务次官，一般是两位，一位来自参议院，另一位则来自众议院。此外，会再另设一位事务次官，专门负责管理日常工作。以上均属中央层级的农林水产省系统，同时，日本还设有地方一级的农林管理机构，分别为地方农政局和地方农林管理机构，其各自职责具体如表 7.2 所示。

表 7.2　　地方农政局与地方农林管理机构的区别

机构名称	级别	职责
地方农政局	中央一级	• 制定政策 • 综合管理现代农业发展
地方农林管理机构	地方一级	• 处理现代农业发展的具体事务 • 执行基层事务，处于农业发展的一线

数据来源：据公开资料归纳整理而来。

7.2 国内案例

7.2.1 精准农业——以河北省为例

作为农业发展大国，农业在中国经济与社会发展中的角色是不可或缺的。科学技术的快速提升，极大地促进了中国农业的进步，可中国的农业发展也面临一些难点，如人口基数大、环境遭受破坏、资源越发匮乏等。在这种背景下，积极推进精准农业无疑是农业现代化的重要手段。精准农业是指在进行农业生产时，应用先进信息技术对农业实施精细化管理。其以生态学、农学和地学等学科模型为基础，再通过 GIS、GPS 和 RS 精准定位农业生产整个过程中的各环节，提升农业集约化和信息化水平。精准农业可以详细地分析农作物的产量和投入量，并在实际生产过程中实时监控农作物，土壤以及机械设备状况，从而可以最优化相关资源配置，提高资源利用效率、经济效益、环境效益以及农产品质量。本书选取河北省石家庄市赵县赵州镇南姚家庄村作为精准农业发展的典型案例进行分析和研究。

2019 年 6 月中旬，在夏收、夏播和夏管旺季，赵县姚家庄村光辉农机合作社通过智慧农机的机械作业向人们展示了现代高效农业，如配备了智能终端的收割机、无人驾驶拖拉机、精准变量喷药机和高效又节水的灌溉设备，实现了农业全程机械化。这些先进设备的作业都可以通过物联网技术进行远程监测。省农机局的工作人员郭恒介绍说，现在无人拖拉机就可以进行播种，而且该播种方式效率高又精确；监测农作物的生长状态、土壤肥力、高效施肥料和农药、提高水肥一体化水平等都可以使用无人机所具备的遥感技术加以实现。高科技作业能够对生产进行科学监测，既节省了人力，又提高了效率，还能提高产量。当前，经过不懈探索，河北已经基本实现了具有本省特色的农作物全程机械化智能化技术体系，这一成就主要归功于京冀的协同创新。

但河北农业在实现机械化的过程并不是畅通无阻的，河北也经历了漫长的探索过程。对于喷洒农药的机器设备，河北直到 2016 年也尚未找到一种防治效果比人力施药好，既可以高效作业又有植保效果，即使在玉米大喇叭口期也能进行作业的设备。而当时，中国农业科学院的赵春江院士及其团队成员，在国家实验室其实已经设计出了“自走式高地隙精准变量施药机”，只是尚未在市场投产。通过展览会，双方的信息得以交换，自此达成协议并开始合作。

北京市地区的相关科研人员多次在河北当地进行生产实践，以此获得经验，通过对相关技术的不断完善，精准变量施药技术获得了显著进步。通过北斗定位导航系统，自走式高地隙精准变量施药机在进行喷洒农药农事活动时，其效率远高于人工，且能确保每一处喷洒的药量都相差不大，不会错过区域也不会多次喷洒，相比人工，施药量能减少大概20%。自该项目开始，河北省与赵春江学者及其研究团队的合作逐步加深。在家庭生产的条件下，土地灌溉是唯一尚未实现机械智能化生产的环节。但在省农业科学研究院和国家农业智能装备工程技术研究中心的研究人员的不断交流与屡次实验下，淋灌机出现，并投产应用于农业灌溉环节，该设备在保证作物需水量的同时还能节约水量。此外，学者赵春江及其团队还制定了“全机械化”的规划，以该规划为指导依据，两者之间的合作不断深入，越来越多的高新技术被应用于农业生产全程，如智能精准施肥和肥料深施技术、小麦秸秆覆盖和玉米高速精播配套技术、高效节水配套技术、土壤遥测配方精准变量施肥配套技术、收获时节的实时计产技术、拖拉机无人驾驶技术等，这些技术最开始只是在某几个试验区进行使用，但随着技术的不断成熟以及效果的大幅提升，技术便被推广开来，得到了普遍应用。

京冀农业合作成果颇丰，2017年，基于北斗全球卫星自动导航和辅助驾驶技术，河北省的玉米、小麦和田间作物在灌溉、施肥、播种、喷药方面都能进行智能化操作，这是早期的精准农业。2018年，通过结合物联网，精准农业的智能化水平得到飞跃。这类精准农业最开始是在赵县进行试验，然后被逐步推广至30个全程机械化示范县和60多个合作社。2019年，基于北斗卫星定位导航、激光测距雷达以及双目识别等技术，河北省第一次进行了全自动无人驾驶试验。现在，在物联网与精准农业的结合下，河北省农业生产全过程已经基本能够实施机械智能化操作。通过物联网远程监控平台，大部分农机专业合作社“智慧农场”实现了“四化”：

农机管理信息化、田间作业智能化、生产过程数字化和经营服务网络化。与此同时，这种可复制的全过程机械化和智能模式也被逐步由试验区推广至省内其他地区。河北省农业农村厅副厅长段玲玲于2019年6月表示河北省将继续大力发展精准农业，以高度智能化作为农业现代化目标[6]。

7.2.2 绿色生态循环农业——以河南省为例

生态循环农业也称为生态农业，其有利于减少废物排放量，降低不可再生能源（如农药、化肥、煤炭等）的使用数量，构建资源重复利用，降低投入，减少消耗，达到提质增效的绿色农业生产格局，实现农业生产的良性循环。

中共中央、国务院在2006～2020年发布的中央一号文件，以及2018年的《乡村振兴战略规划（2018～2022年）》，均将推进生态循环农业的任务作为文件的重点加以强调。虽然是农业大国，但中国的资源相对较少，生态环境较弱。中国农业与经济的发展长期存在不协调的关系，经济的不断增长往往伴随着生态环境的恶化。因此，必须对无法适应新时代发展要求的传统农业发展模式进行改革优化，走发展农业循环经济的新道路。循环农业其实一直以来都有所发展，所有的中国农村家庭都在一定程度上实行循环农业。从总体上看，循环农业当属以下三种模式最为典型，应用范围较为广泛[7]：第一种是种养加功能复合模式。该模式包括种植、养殖和加工业，采用的是清洁生产方式，实现了规模化农业生产，加工附加值和副产品的综合利用。该模式能够筛选出种植、养殖和加工中的优势资源，再加以组合优化，实现产业集群。其在从事传统农产品加工（如制作豆腐和磨粉）的农户中表现最突出。加工后的残留物（大豆残留物、粉状残留物等）可以被用来喂猪，猪粪被提供给沼气池，沼气肥料被用于种植无公害的大米、蔬菜等。沼气可以被用来烧饭、照明、加工等。第二种是立体复合循环模式。以蚕桑、种植、养殖为核心的丘陵山区立体复合循环农业经济模式，可以在很大程度上解决水土资源短缺问题。一个典型的案例就是："鱼—桑—鸡"模式。该模式简单来说就是一个池塘中养鱼，在池塘周围种桑树，桑园中又养鸡的模式。池塘的泥和鸡的排泄物都是桑树的肥料，而蚕蛹、桑叶又是鸡的饲料，同时，鱼又以蚕粪为食物，因此桑树、鱼和鸡之间就实现了良好的生态循环。实验表明，每5000公斤桑叶喂蚕，蚕粪再喂鱼，将可以使鱼的产量增加25公斤，每年的鸡粪将达到1200公斤，具体来说，桑园等同于得到了18公斤标准氨肥和17.5公斤磷肥。第三种是与秸秆有关的循环农业模式。具体而言，就是综合利用秸秆衍生的饲料、燃料和基料构建“秸秆—基料—食用菌”“秸秆—成型燃料—燃料—农户”“秸秆—青贮饲料—养殖业”产业链，充分利用秸秆的同时，还能降低污染，获取新的无污染能源、有机肥料和生物基材料[8]。本农业模式以河南省平顶山市的循环生态农业为例。

“加强农业面源污染的防治”和“促进资源的保护与循环利用”，是党的十九大建设现代农业产业体系，促进绿色发展的重要要求。平顶山市是“国家农业可持续发展试验示范区”，在该政策下，平顶山市改进并大力倡导“百亩千头生态方”的种养方式，该模式主要是指按照每单位为100亩农田的标准，与之相应建设一条占地3亩，每批生产1000头猪的生产线，将生猪粪便转化为“有机肥料”，在处理之后将其用作种植物的肥料，之后将该谷物加工成“有机粮”[9]。“猪—肥—粮”这一循环生产线就是“千头线”。这种模式不仅能够扩大畜牧业的发展空间，帮助解决养殖用地困难的情况，而且还可以改善土壤，提高农产品的质量，提升农业生产效率，是一种可被模仿并值得推广的绿色发展模式、农牧盈利模式和产业扶贫模式。

在平顶山市现代牧业合作社承包的1000多英亩耕地上，有两条“千头线”，另外，还有其余八条待建设。在养猪场中，现代化的智能设备可以自动喂养猪仔。猪仔的排泄物可以通过地下管道到达田间，在干湿分离器处理之后，干粪能够加工成有机肥料，发酵后即可进行使用。在农田上生长的饲料谷物被加工后又能成为猪的饲料。有相关专家表示，1000头猪的排泄物可以让100亩土地的水肥难题得到处理。在综合考虑猪粪排泄和土地消耗后，该市将养殖规模与种植面积进行了合理协调，并启动“5153”千头线发展项目，该项目是指五年内将建成1500万条千头线，每年的生猪出栏量达到300万头。让生猪吃有机饲料，而农作物则使用有机肥料种植，最终实现绿色发展目标。目前，平顶山市的“千头线”已达99条，还有68条在建，该市“千头线”到当年年底有望达到200条。

河南康龙实业集团是“千头线”的创造者，其种植基地上已经建成了20多条“千头线”，该公司的董事长王世杰表示：“对于一条这样的生产线，总投资约为35万元，若是要打造与之规模一样大的猪场，至少要投入该成本价的3倍。”值得一提的是，“千头线”可以把之前的丘陵地区、一般耕地都变成农田。“当前的种植基地以前可以说是一块荒地，农作物收成只能依赖于自然。经过两年多的粪肥改良土壤后，土壤有机质含量从18.5克/公斤增加到39.3克/公斤。以前的土壤板结问题也得到了根本解决，每亩土地的收入增加了大概100元。”王世杰说。此外，平顶山市农业局局长杨四震计算道：“一块100亩的土地仅用于种植，即使是肥沃的土壤，每亩地达到1000公斤的产量，100亩这样的农地产值大概为20万元，扣除成本后，总利润也仅约3万元，但发展‘千头线’，每年的高品质猪可以达到两茬。如果一头盈利200元，那么2000头猪的利润大约可以达到40万元。”“百亩千头生态方”已然成为平顶山农产品的品牌效应的有力支撑。

此外，“千头线”模式还有利于巩固脱贫攻坚成果。平顶山市副市长冯晓仙说：“增加农村贫困家庭收入的根本方法之一是推进特色农业。因此，必须将该模式进一步推广实施，鼓励企业、农村合作组织参与其中，改善农村贫困家庭的各方面条件。”同时，市循环农业相关工作人员提及，“千头线”不仅能通过直接增加农村贫困家庭收入的方式推进脱贫工作，还能通过流转土地这种间接方式丰富贫困家庭的收入来源，据统计，流转土地能为这些家庭增加大概1000元的额外收入。此外，贫困户还可以通过将“两免一贴”的扶贫贷款（5万元）投资于企业，到年底时，一般能够分得约10%的股利。

7.2.3 订单农业——以安徽省为例

党的十八大提出，全党应始终把重点放在农业、农村和农民问题上，这是建设和谐社会的必然要求。在新理念、新格局和新形势下，农村地区的经济、文化、政治和社会都必须随着时代的发展进行升级转变。当前，国家正在积极推进社会主义新农村建设，而推进乡村建设，从根本上增加农村居民的收入，提升农民的幸福感是新农村建设的最终目标。为此，必须不断加快农业结构调整。随着经济的飞速发展以及人民生活水平的提高，中国农产品市场结构与之前相比，产生了一些变化，之前是卖方市场，但现在是买方市场，科技的发达使农产品的产量有所增加，但从事农业生产的农户收益却并未增加或者说收益的增加并未与产量的增加比例相匹配。近年来，需求缺口大与农产品滞销现象并存，表明了目前农产品种植和销售之间存有矛盾。产生这一矛盾现象的主要原因在于市场需求与生产者的信息不对称。正是因为生产者没有充分根据市场需求调整种植结构、种植种类与供给质量等，才造成了高产但农户收入却并未随之上升的尴尬局面。

在这种情况下，订单农业渐渐得到发展。订单农业是近几年富有创新性的一种农业生产和经营方式。该模式通过合同将农户与企业相联系，解决了生产者与需求方信息不畅的问题。农业生产者依据企业需求进行生产，这样既能避免盲目生产，又能降低市场不确定性带来的冲击，确保农产品的销路，保障农民的收益，也满足了需求方的要求。目前，越来越多的农民接受了订单农业，并纷纷与当地农业龙头企业或农村合作社签订订单合同，进行农业生产的相关采购协议。根据参与主体身份的不同，订单农业有以下五类：一是农民与科研单位、种子生产公司订立合同，合同类型为农作物制种合同；二是农民与生产企业或加工企业订立合同，合同类型为产品购销合同；三是农民与专业批发市场签订合同，以大市场为导向，进行农业生产；四是订单农业的合同双方分别为农民和一些专业经济组织、协会；五是农民与一些流通组织（如分销公司、经纪人和贸易商等）签订合同。本书以安徽省亳州市涡阳县的“企业 + 农户”的合同农业模式为例。

“企业 + 农户”的模式是最早出现的订单农业模式，在订单农业中使用频率较高。在农业产业化初期，所有中国农民都是分散的小农户，从总体上看，小农户的社会化率低，抗风险能力差，当时也还没有形成农业合作组织。在这种情况下，很难看到农产品畅销和规模化生产现象。这时，人们便开始探索龙头企业与散户之间的合作。据农业部统计，中国农业领域的龙头企业数量在 2012 年 2 月已有 11 万家。2015 年全年，原农业部（现农业农村部）牵头建设了 60 个国家农业产业化示范基地，集聚各类龙头企业数共为 2289 家各类龙头企业。一般而言，龙头企业是指主要业务为供给农业生产资料、对农产品进行加工或分销的公司。订单农业就是农户与相关企业订立农产品购销合同，农户按合同要求进行生产，届时企业再收购农产品的模式。在这种模式下，龙头企业能够通过农业市场指导农户的生产活动，从而提高农产品销售和农业价值链中的附加值，同时确保龙头企业的产品数量和供应质量。安徽省的小麦主产区通过选育良种，加快了订单农业转型升级的步伐，进一步提高了产量也增加了粮食生产者的收益。

作为优质专用小麦生产重点县，涡阳县按照一个村生产一个主导品种的方式，实行规模化种植、集约化管理，目前，全县 200 多万亩小麦，90% 以上已经在收获的同时，就落实了订单收购[10]。亳州市涡阳县农业农村局生产室主任杨玉廷表示，在订单种植情况下，该价格比普通小麦价格要高出一倍，全县单一品种种植面积 5 万亩以上的 4 个生产基地，亩增效达 200 元左右。这既保障了粮食的高质量发展以及粮食安全，又保证了农户收益。2019 年 6 月，安徽省亳州市涡阳县闸北镇的蔡楼社区，当地种植的强筋小麦丰德存麦 5 号迎来了收割期，由于市场抢手，这个品种在涡阳县推广种植了 4 万亩。姚玉刚是涡阳县一位普通的种粮大户，他以托管种植方式种植的强筋小麦超 4 万亩，但早在几个月前，他家的小麦就被周边的企业预定一空了。他表示："今年的小麦基本上每亩在 600 公斤左右，每公斤多卖一角钱到两角钱之间，在二三月这个订单都基本锁定完了，粮食都不要进库。明年计划至少要推广到 15 万亩左右。"在安徽省的另一个地方——宿州市，小麦种植面积为 719 万亩，其中订单农业就占 50% 以上。宿州市敬乾家庭农场负责人孙敬敬预计，如果该农场与某企业达成"订单农业"合同，然后农场统一种植同一种农作物，并对全部作物实施相同的耕作方式与管理，那么农产的亩产将高于周边农户近 100 公斤。

研究团队在丰城市调研期间，发现订单农业也在悄然进行。赣农科技有限公司通过"订单农业"，与当地农户达成协议，农业生产者只需要负责生产，公司不仅会统一为农户提供与农业生产相关的生产资料，届时还会负责收购农产品，将其进行烘干再统一进行售卖。公司负责人张惠说："开展订单农业，可以达到降本增收的效果。若是散户，通过签订订单农业，可以'存粮取米'，即将稻谷卖给企业，然后在企业将稻谷变成米之后，从该企业取米，最后该企业再将余粮统一出售。"

7.3 本章小结

粮食生产和安全对建设和谐社会和维系国家稳定发展至关重要。“粮食安全”不仅是广大民众的需要，还是以人为本，建设社会主义新农村的需要，更是国家重大经济发展战略的需要。当前，工业化、城市化、信息化、市场化和国际化进程不断加快，国内粮食的供给和需求情况随之出现波动，保障国家粮食安全任务面临严峻挑战。但中国从事农业的人员越来越少，乡村荒地越来越多，如何提高种粮积极性，将有限的土地资源高效利用起来，实现农业现代化，最终达到促进农业生产，减少种粮投入，保障粮食安全的目标，是中国目前亟待解决的重大问题。

从国际经验来看，一是通过法律法规手段，对农业发展全程进行强制化、规范化和标准化管理，从而调节相关利益关系，切实维护农业生产者的利益；二是完善粮食补贴政策，以维护粮食市场平衡，提高农业生产者收入，从而激发农户种粮积极性，保障粮食生产；三是推进农业技术的研发和推广，切实提高粮食的生产效率和粮食的产量和质量；四是培养农业实用型人才，为现代农业发展提供强大的后备资源与人才支撑；五是进行产业化经营，即以需求指导生产，以提高土地的利用效率和种粮收益，保证粮食产量，保障国家粮食安全。

从国内经验来看，要增加粮食产量、提高农户收益与农业效用，就必须适应工业化、城镇化需要，大力推进现代农业，这是保障中国粮食安全的根本途径。一是合理进行土地流转，促进土地集约化利用。例如，河北在发展精准农业过程中，加大土地流转的支持力度，将成片土地流转给少数经营管理者，这样既能提高土地经营效率，进行精细化管理，又有利于实现规模化生产。二是改变传统思维，构建新型农业产业网，利用如大数据、3S 技术、物联网技术、“互联网 +”、5G 网络等现代科技推动农业发展，提升农业效益。三是提高农业生产的主体——农民的综合素质，打造新型农民，实现增粮增收，保障粮食安全目标的实现。

本章主要参考文献

[1] 余慧容，杜鹏飞．农业景观保护路径历史回顾及启示［J］．地理研究，2021，40（01）：152－171.

[2] 赵云旗．我国粮食直补政策的稳定性分析［J］．经济研究参考，2012（17）：4－13.

[3] 叶兴庆，翁凝．拖延了半个世纪的农地集中——日本小农生产向规模经营转变的艰难历程及启示［J］．中国农村经济，2018（01）：124－137.

[4] 江生忠，费清．日本共济制农业保险制度探析［J］．现代日本经济，2018，37（04）：23－34.

[5] 王荣莲，于健，赵永来，等．以色列农业发展成功的主要经验及启示［J］．节水灌溉，2010（05）：61－63.

[6] 河北省多地实现智慧农机全程作业［J］．乡村科技，2019（18）：6.

[7] 何亚萍．河南省循环农业发展研究［D］．北京：中国农业科学院，2018.

[8] 谯薇，王葭露．我国现有生态循环农业发展模式及国际经验借鉴［J］．当代经济，2019（03）：108－111.

[9] 罗娟，姚宗路，孟海波，等．我国农业绿色发展现状与典型模式——基于第1批国家农业绿色发展试点先行区的数据［J］．江苏农业科学，2020，48（18）：1－5.

[10] 河南省社会科学院课题组，吴海峰，朱丽，生秀东．支持河南省农业发展的财政政策研究［J］．经济研究参考，2011（57）：28－48.

8 降低种粮成本、保障国家粮食安全的具体建议

8.1 加强法律与制度建设

8.1.1 完善粮食安全法律体系

推进粮食安全保障立法工作。目前，中国尚未制定关于粮食安全保障的专项法律，虽然2018年9月《中华人民共和国粮食安全保障法》（以下简称《粮食安全保障法》）被纳入立法工作规划，但目前仍处于草案阶段，尚未公开颁布实施。为有效推进粮食安全保障立法工作，一方面，我国亟待加快法律的出台进程，将立法工作列入重点清单，寻求多方联动与配合，力争在2021年公开颁布。同时，在积极推进的过程中合理征询多方意见，使最终的法律条文能够体现粮农、粮企、粮食管理部门等主题的利益诉求。另一方面，在《粮食安全保障法》立法推进的过程中仍需要不断完善法律条文的全面性，注重粮食生产的前、中、后各环节的重点问题。例如，粮食种植面临的面源污染问题，应对规范标准和相关责任主体有所界定，还需要明确面源污染源（农药、化肥等）的判别标准。

加快粮食安全修规工作进程。一是立足国际视角，为应对疫情灾害频发、国际贸易政策不确定性增加、部分国家限制粮食出口等贸易政策的现象，修规工作应注重与国际规则相协调，进一步完善外商投资产业准入、粮食进出口许可、关税、检验检疫等相关制度，强化依法管理、合规经

营。二是立足国内视角，对涉及粮食安全的相关规章及时修订，避免与现状不适用、不匹配的情况。面临技术升级速度加快，农机智能化、机械化进程较快的现状，应对《中华人民共和国农业机械化促进法》进行修订，增加关于新能源补贴等新型技术的法规条文。

8.1.2 完善粮食生产基层治理

推动基层治理工作重心下移。多个中央一号文件强调乡村治理要推动基层治理和社会化服务工作重心向基层下移。尽管中央一号文件再明确农村基层治理改革的方向，但目前存在代表粮农利益的农民专业合作社缺少足够的自主权等方面的问题。一是扩充服务型农民合作社、供销合作社的职能范围，将其为农民提供有效稳定服务的能力用于提高关乎粮农利益的公共事务管理上。例如，以农民合作社为单位进行农资农具的统一购买使用及指导、统计报送耕地流转及补贴发放的农户信息、定期组织农民与政府人员进行沟通，及时收集农民种粮的难题并提出相应的建议等。二是明晰供销合作社农产品质量安全服务、农产品流通市场服务等职能定位，将其作为网格化农产品流通链条的前端。例如，供销合作社配合地方政府建立县乡村三级服务体系，负责农产品生产过程中的质量安全和产销对接。此举措还可进一步加快供销合作社的改革步伐，使供销合作社向全过程农业社会化服务延伸，形成“从种到卖”的一站式优质综合性服务平台。

推进“村社共建”基层治理新模式。自 2015 年深化改革推进供销合作社至今，仍存在集体经济体制机制尚未完全理顺、层级联系较为松散、市场经营管理能力较弱等问题，因此，亟须全面推进农村基层治理新模式以激发改革活力。一是各省区市政府可将“村社共建”模式纳入“三农”工作总体规划布局，辅以县市区政府合理重视及适度放权，通过“党建引领社建”、基层供销社领办农民合作社等新形式开展实施。在实施过程中还需要注意“村社共建”相关方利益和权责划分问题，可以通过合法的方式和途径，根据法律的规定和实际实施状况，明确共建项目的收益分配、资产归属等切实问题，以维护各方合法权益。二是借鉴浙江省的村经济合作社经验，鼓励探寻能够促进村集体经济发展的组织形式，提升村集体自我能力、农民个体致富能力与集体经济组织的管理水平，确保村集体经济长期稳定向好发展，推广处理土地流转等具体问题的经验，加强农民与集体组织的密切联系，真正保障粮农利益。

8.2　加大农业政策保障

8.2.1　完善农业补贴政策

扩大实施轮作休耕补贴。自“耕地轮作、休耕制度”试点实施以来，耕地质量、作物产量和品质都得到了明显的提升。但中国目前的轮作休耕制度还存在补贴政策单一、土地轮作方式低效等问题。一是制定更为灵活的补贴标准。以县为单位，根据土地质量制定一个较为平均的补贴标准，并根据各种粮地区的气候及可能发生的不利情况设置相应的补贴金额浮动空间。例如，天气不好的年份，允许补贴额在10%以内浮动；还可以根据作物种类和当时的作物价格实行差异化补贴政策。二是制定更为合理的补贴标准。各省区市农业、财政等相关部门制定补贴标准时，应参照中央补贴标准，结合本地实际情况，科学合理地计算散户和种粮大户休耕的平均收益，合理给予补贴，避免补贴不到位或过度补贴现象的出现。三是合理调配休耕地块和名额。分配休耕名额时应依照农民的休耕意愿，使其自主选择是否参与轮作休耕。当自愿参与休耕的农民过多时，可采取抽签或者分批的方式进行休耕工作。

加大农业基础设施投资补贴力度。目前，中国农业基础设施投资主要由国家财政承担，政府财政压力较大。同时，政府部门在农业基础设施建设完工后往往不再负责后期维护工作。调研过程中，农户普遍反映由于基础设施弱，灌溉、农机作业等均有所受限。一是建立农业“基建”投资补贴制度，向社会资本开放农业基础设施建设投资的渠道，根据投资建设项目给予其相应补贴，同时，明确其应负责所投资项目建后管护工作，避免建后无人管护的现象出现。二是各级地方政府要全面整合投入资金，根据当地实际情况规划当地农业基础设施建设重点，提高投入资金利用率。三是农业基础设施建设投资补贴应在实地考察的基础上，针对不同地区的基础设施状况进行差异化实施。例如，基础设施较弱的地方或农业资源丰富、开发空间大的地区补贴力度应相应加大补贴力度。

完善农业公共服务补助制度。目前，中国部分省区市针对农业公共服务划拨了专项补助资金用于农业动植物疾病防控与处置、农产品质量安全监管、农业信息服务、农业执法监管和农业农村改革补助等，该政策取得了较好效果。一是建议国家出台农业公共服务补助政策，以提供农业公益性服务，促进农业生产安全有序健康发展。二是制定省级以上农业公共服务补助“专项工作任务清单”，分解下达到各地执行。科学细化任务和资金安排，全面实施“大专项 + 任务清单”管理方式，足额保障约束性任务资金，统筹安排指导性任务资金，并根据当地实际情况，进一步细化项目资金的补助内容、实施标准和要求和监管办法等。三是进一步强化对项目资金的监管。地方政府要切实明确落实项目资金监管的责任划分，按规定加强信息公示公开。省财政厅、省农业农村厅应根据中央和省专项资金绩效管理工作安排，组织开展省级以上专项资金绩效评价工作，建立定期调度督导机制强化绩效管理，强化跟踪管理和运行监控，将评价结果直接应用于专项政策调整和资金分配，并通报各地政府。

8.2.2 完善农业保险政策

扩大农业保险保障范围。相较于中国其他行业的保险，农业保险产品种类较少，主要是以种植成本相关的保险为主，而粮食价格、粮食产量、天气指数等方面的保险产品尚在研发、试点阶段，无法全面保障农业生产活动。一是重点关注“将农业保险纳入农业灾害事故防范救助体系”的工作进程，将试点工作中的经验和问题进行统一总结再反馈给各级政府，以加快日后该项工作的推进速度，保证农业保险能全面覆盖事前风险防预、事中风险控制、事后理赔服务等方面。二是加快推进完全成本保险和收入保险试点工作。地方政府应做好完全成本保险、收入保险与其他农业保险的衔接工作，避免责任主体不明确现象的出现；根据作物特性和实际情况设计保险对象和试点范围，例如，相较于玉米，稻谷和小麦作为口粮应保证其基本自足，所以完全成本保险应采取保产量的方式，该方式能够稳定农民收益预期，保护和调动农民种粮积极性，因此，应该继续在全国范围内推广。

加大农业保险宣传力度。目前仍存在农业企业的农业保险普及率较低和种粮农户投保意愿不强等问题，在研究团队走访调研的75家农户中，仅有16家购买了农业保险，占21.33%。一是相关部门可以加大在宣传方面的资金投入，通过电视节目放送、广播、大型公告牌等方式扩大宣传面。二是地方政府农业相关部门人员应及时学习中央发布的相关文件，宣传人员定期组织当地农民开展农业保险知识座谈会或宣讲会，传播农业保险相关知识，让农民真切地了解感受保险的作用，能够有购买保险的意识并积极主动地购买农业保险。三是采取更加行之有效的宣传方式，例如，农业保险公司可以和基层农业部门进行协作，各自指派人员一起进行宣传工作从而加强可信度。宣传人员可以根据当地往年发生灾害且未购买保险导致亏损等现象，结合农户切身利益向农户表明农业保险的重要性。同时，邀请农业保险涉及相关方到场，向农户讲解农业保险投保和理赔的程序，保险宣传效果和农民参保意愿[1]。

完善大灾风险分散制度。一是完善中央财政支持、覆盖全国和省级大灾风险准备金制度，构建政府兜底的保障体系。为确保农业保险制度的持续实施和资金效用最大化，中央政府应按照各省区市种粮和灾害等情况相应征收风险准备金，并明确使用办法，划定基金在各种情况下对大灾造成的赔付承担的相应比例，建立多方共担风险机制。根据《关于加快农业保险高质量发展的指导意见》的内容，建议赔付率160%以下由直保公司大灾准备金及再保险市场负责；160%～200%部分由省级政府大灾风险准备基金负责；200%以上部分由中央财政支持的大灾风险准备基金负责。二是调整大灾风险准备金税前扣除政策，在大灾风险分散机制的前端增大抵御风险范围。大灾风险准备金的税前扣除政策会让农业保险及后面临调增纳税，导致准备金积累不足而无法有效应对风险，因此，大灾风险准备金可根据各地区情况按照不同比例提取税前扣除，以提升保险机构层面的大灾准备金制度的落实力度，增强农业保险直保公司自身抵抗大灾风险的能力[2]。三是加强保险机构层面大灾风险准备金管理，满足多种保险组织形式的需要。尽管经过多年的发展，中国已经成为全球第二农业保险市场，但在大灾风险准备金管理方面还缺乏专门的管理条例，尤其是对非公司制农业互助保险组织的准备金管理，因此，要加快制定出台相关法律条例，增强大灾风险准备金管理办法使用效能，拓宽适用范围。

规范查勘定损理赔工作流程。研究团队调研发现，大多农户对于农业保险查勘、定损、理赔的相关细节并不了解，对于理赔结果普遍不满意，因此，农户的投保意愿并不强。一是结合科技化和信息化等先进方式提高查勘定损工作效率，农业保险公司应加强农业保险与“云平台”大数据等信息技术的融合，建立涵盖全过程的农作物种植风险信息平台，促进查勘、定损、理赔等工作规范高效进行。二是加强农业保险理赔工作流程透明公开，让农户清晰保险从投保到理赔的各个环节的操作，提升农户对保险的信赖。例如，农户进行投保时，保险公司应分发投保手册并向其解释投保步骤及投保之后该怎么获取投保信息和理赔信息等。三是相关监管机构应随机进行现场检查，做到一个月至少一次，从而避免虚假投保、虚假理赔、协议赔付、平均赔付、无理拒赔等情况。另外，还可以推进区块链在保险行业的应用，既能防止数据被篡改与造假，同时还能保障保险理赔工作切实落实，缓解信息不对称问题，提高保险理赔效率。四是加强基层农险人才队伍建设，提高服务水平。一方面，以省市级农险业务部人员为核心建立农险管理队伍，按照岗位分工实行专业化管理；另一方面，建立农险服务队伍，以县乡镇等基层农险业务人员为核心，同时，借助地方农业综合站等农业相关部门形成农险网格化服务网络，进行标准化服务建设，加快推进快赔方案建设。例如，对于损失较小的事故，保险公司无须到达现场，直接由理赔专员指导农户拍摄事故照片并进行线下定损，直接将理赔款支付给农户[3]。

8.3　加快农业技术创新

8.3.1　加快农业科技创新联盟平台建设

加强政府对联盟的引导作用。科技创新联盟是推动技术进步的重要力量，但当前中国政府对该联盟并未给予过多关注，根据国外农业发展的经验，政府可以采取一定的手段和方式，促进农业创新联盟更好地发展。对此，中国可以从以下三点来解决当前政府对联盟重视不足的问题。一是完善市场进入及退出机制。市场进入退出机制可以让具有规模经营能力的企业及时把握进入时机，迫使经效益低下且竞争能力不足的企业及时退出。二是加大科技经费支持力度。一方面，为提高农业科研成果转化率，可适当降低科研成果转化标准、扩大奖励范围等措施；另一方面，加快科技与金融资源的结合，多渠道筹措经费，优化资金投入机制和支持方式。例如，地方政府可根据中央相关政策设立农业科技创新联盟专项基金，对具备较强创新能力的优质项目可采取奖补等方式提高其研发积极性，充分发挥财政资金的引导和扶持作用，为联盟运行提供必要的资金保障。三是加大政策扶持力度。一方面，在落实已有的支持政策基础上，制定配套扶持政策，通过信贷支持、土地供应、税费减免等措施，促进农业科技创新联盟快速发展；另一方面，中央政府可制定优惠政策，地方政府再依据中央政策引导刺激联盟成员进行研发创新[4]。

探索联盟组织新模式。农业科技创新联盟涵盖科研机构、农业生产经营单位、高等院校等多个部门以及农业、科技、金融等多个领域，是一项过程复杂的系统性工作，需要与时俱进，融合联盟各方发展理念，突破传统模式局限，实现农业科技创新联盟内的各行业、各部门协同创新，提升产业的集聚度。一是建立联盟“公共”平台，为联盟各方交流信息与合作研发创新产品提供便利。例如，遇到难以攻克，涉及其他领域的技术难题时，农业企业可以通过联盟“公共”平台与其他部门开展学术交流和科技合作，提高问题解决效率。二是建立农业科技园区，加快推进科技成果转化。地方政府应将农业科技园区与当地的农业推广机构衔接起来，以科技园为辐射源，辐射周边甚至全国农民，形成网格化推广模式，加快农业科技成果的推广和应用。三是建立粮食作物生产、销售全过程信息服务平台。地方政府应以农业联盟为核心平台，依据“互联网”大数据构建粮食作物信息服务平台，保证购买者对其所购买商品的生产过程、销售信息等有全方位的了解，以此提高粮食作物的销量和农民的种粮积极性。

健全监督管理机制。农业技术创新战略联盟补贴资金的使用并未得到有效监督，因此，必须通过优化管理模式，提高资金利用效率。一是地方政府应引导联盟积极探索、建立和完善联盟监督管理体系，明确联盟各方权益和责任，保证战略联盟的稳定性和长久性，提高联盟整体运行效率。二是加快人才培养，优化人才结构，提高技术创新能力和管理水平，推进联盟的组织化、制度化和标准化运作，使联盟能够健康、有序、持续发展。三是政府相关职能部门应组织或委托第三方监督评估机构对联盟的运行、管理以及执行项目情况进行监督考核，切实提高资金使用效益。例如，各地方政府可以加大对科技中介服务机构发展的支持力度，使其更好地为联盟在研发创新、运行管理等方面提供专业化服务。同时，将5G、大数据、物联网、AI等新技术充分应用于创建数字化、网络化、智慧化的中介服务网络平台与第三方监督评估机构联动形成的科技中介服务体系[5]。

8.3.2 加大农业新科技推广力度

加快农业科技示范基地建设。农业科技示范基地是科技成果转化、农业技术推广和新型职业农民培训的重要载体，因此，地方政府农业相关部门应把农业科技示范基地建设纳入农业规划工作重点。一是地方政府应根据中央政策建设农业科技示范基地和示范户，通过搜索引擎优化（Search Engine Optimization，SEO）进行推广，在百度、搜狗、火狐等浏览器中引领排名，从而提高知名度。二是加强校企合作。农业院校为种粮企业提供技术指导，而农业科技基地和示范户又能为农业院校就粮食安全测算等问题提供各项数据。三是乡（镇）人民政府等相关单位可通过面对面、一对多教学的形式传授给农业科技示范户新技术、新品种、新成果应用和推广至知识，使其成为新的辐射源，带动周边的农户。

加大网络平台技术推广。加快“互联网+”传播速度，及时把握智能手机、移动互联网、宽带快速普及的机遇，推进各种农业网络服务平台的应用。一是通过各种平台、APP公布农业相关信息。以“12316”综合服务信息网络为平台、以智能手机APP（中国粮食经济杂志、学习强国）为载体，时刻关注粮食方面的信息，实现信息资源的公开性和共享性。二是通过国家农业专家智库更好地进行技术推广。完善涵盖品种、栽培、植保、机械、加工、物联网、市场营销等全产业链的行业科研与推广专家智库，在线解答全国范围内各类农业技术问题，开展视频诊断等服务。三是建立涵盖农业品种、技术和成果的资源库。建立农业生产技术微视频数据库，分类别、分品种、分区域进行精准技术在线指导，实行全天候技术指导服务。

加大基层农技推广队伍建设。党的十九大报告明确提出，要培养造就一支懂农业、爱农村、爱农民的“三农”工作队伍。农技推广的“最后一公里”是基层治理的“顽疾”，基层人才吸纳“新东西”能力相对较差、留在基层的意愿不强以及全科农技员稀缺等是历来困扰各地区的几大难题。为应对这些难题，可主要从以下三点开展工作。一是壮大基层农技工作队伍。一方面，地方政府应严格按照基层人才招聘的规范流程去招聘、选拔并吸纳专业技术人才加入基层推广队伍，提高工作效率；另一方面，出台相关政策鼓励本地有种植经验的土专家参与全科农技员的选拔，通过系统训练使其成为优秀的全科农技员，最终成为政府农技推广的有力补充。二是建立健全长效管理机制。一方面，实施省、市、县、乡镇级农技人员定期蹲点制，将农技人员的功绩与职务晋升相挂钩，例如，乡镇级农技人员调任至县级时，考核标准应包括连续一年及以上的乡镇级全职工作经历，全职工作经历连续三年以上并有突出业绩的才可调任至县级等内容。蹲点制度形成的上下联动效应，既可以提升基层农技队伍整体水平，又能夯实县级以上农技人员的能力基础；另一方面，探索建立人才进入退出机制。人才是农技推广的核心，农技推广随着科技的进步在不断向前发展，而推广队伍中的“老人”会逐渐被科技“落下”，所以应建立人才进入退出制度，保证农技推广队伍的整体水平与社会发展保持步调一致。三是保障农技推广资金。一方面，每月额外给予农技推广人员特岗津贴，提升基层农技推广人员留在基层的意愿；另一方面，地方政府应增加农技推广资金并将其纳入财政预算，以保障农技推广工作的切实开展。同时，应加强对推广资金的监督管理，避免套用推广资金的情况。

8.4 扩大智慧农业应用

8.4.1 加强全覆盖的智能化建设

加大物联网技术应用。一是建立农田管理大数据平台。将各种植保设备的数据上传到农田管理大数据库，再经平台统计分析后形成作物生长报告并实时发送给农户、植保服务管理者、农业专家和联盟等，实现作物的智能化、信息化管理。二是建立智能化配供网络服务站。政府应引导大中型农资企业构建区域智能化配供服务网点，根据粮食作物生长规律和实际情况集中开展农药化肥“下田”混配工作，及时为有需要帮助的农户提供精确的专业服务。三是创新“云配方”服务方式。各地方农业相关部门可通过抖音、快手、火山、微博、手机短信等新媒体平台，利用大数据、物联网、云计算等先进技术，根据农综信息服务平台获取粮食作物生长的相关数据，制定专门的农药化肥配供方案，并根据农民的不同素质水平采取不同方式，以此帮助农民科学种地[6]。

构建现代化物流体系。一是加强物流信息“网格化”建设，有效地提高区域间粮食流动的调配速率和监管质量，将任务和责任划分到“点”，切实地保障粮食运输各环节工作的有序进行。二是建设粮食物流信息管理平台。作为粮食物流体系的重要关口，地方政府应着力推进物流体系内部信息和外部信息的衔接，形成区域信息对接窗口，对粮食流动进行权限设置。例如，建立类似“哈哈出行”微信公众号的区域物流服务信息管理平台，专门负责为农户和粮库提供运输信息，从而提高运输车辆的利用率和粮食的运输效率。三是加快基层粮食物流信息平台建设。物流企业可以与供销合作社、农民合作社等进行合作，在种子、化肥、农药等农资的包装袋上对物流信息推广平台的信息加以说明，并通过奖励措施加大推广力度。四是各村级单位应建立临时性粮食储存仓库，集中存储小农户粮食，以解决小农户储存不便和粮食装运过于分散等问题。

加快构建数字粮仓，改善粮食储备状况。新冠肺炎疫情的持续发酵以及非洲蝗虫灾害致使世界部分国家和地区开始限制粮食出口，这使部分中国居民产生了对粮食紧缺的担忧，有些地区甚至存在抢购米面粮油的现象。2020 年 4 月，通过将先进的数字技术运用到粮食仓储建设，阿里巴巴推出了“数字粮仓”计划。“数字粮仓”保证国家粮食安全的同时，还能有效地解决国家粮食储备过量的难题。因此，政府应帮助阿里巴巴等电商平台推进粮食基地建设，形成“精品粮”生产链条。一方面，政府可以采取源头直供的方式为粮食主产区的粮食售卖建设“专门通道”；另一方面，加快推进“特供”粮食加工企业发展，促进粮食深加工，形成“精品粮”基地，打造品牌效应。

8.4.2 完善粮食安全监测预警机制

细化粮食安全评价标准。中国粮食安全评价体系在高标准农田建设、生产全程机械化等方面十分重视，但仍存在部分评价标准的制定还停留在只注重生产速度和播种面积方面，对质量把控、可持续发展方面则有所欠缺。一是借鉴生产全程机械化评价体系，适度增加耕地质量、建后管护以及上图入库等指标分数，及时了解高标准农田实施情况并对评价标准进行及时修正。二是明确机械化作业水平、达标评价等相关规定，使指标解释、计算过程、定性评价指标更为详细，形成可复制、可推广的技术路径与种植模式。

建立完备的粮食资源数据库。目前，中国尚未建立完备的粮食资源数据库，同时，面临着农种多样性发展受限、数据整理重复率高、趋势预测所需数据不足等问题。因此，应当重视粮食资源数据库的建立，将其纳入粮食安全工作重点。针对农种多样性发展受限的问题，应以种业管理部门为主导，市场监管等部门辅助，形成多部门联动机制，加快建立农种资源数据库，并对现存农种进行分类评级，上图入库，由省农委、农科院等机构的专家向大众进行适度的科普宣传，帮助完善农种资源多样性。针对数据整理重复率高、效率低下的问题，应在粮食安全考核评价结束后及时更新数据库，录入最新数据，便于在来年的考核中直接调用往年数据，从而有效提升考评效率，进一步实现数据库的自我完善。足量的数据能够为大数据技术在粮食方面的应用提供源源不断的支撑，通过数据分析功能可以模拟未来的粮食安全相关指标发展趋势，协助监测预警工作。此外，粮食安全监测预警应注重系统及应用的更新升级，例如，最新上线的全国农田建设综合监测监管平台，可对高标准农田的后续质量进行监测，通过提升使用效率，及时进行评测更新，成为高标准农田评价的稳定工具[7]。

创新粮食安全监测预警工作模式。一是树立新型粮食市场预警机制需要高效的工作模式支持，可借鉴吉林省于2020年7月印发的《新型粮食市场监测预警体系工作方案》，成立粮食监测预警委员会，抽调各部门相关人员定期合署办公；建立专业分析师团队，从省级筛选专业分析人员到基层；健全数据采集体系、向专业机构购买数据信息，完善监测点布局、建立重点企业联系制度；整合粮食数据资源；完善信息发布和报送工作机制等。二是粮食市场预警及监测可灵活运用网络工具，以便农民能方便快捷地找到重点信息。例如，江西省粮食和物资储备局在官网上设立了价格监测栏目，滚动播放最近日期内的粮油价格监测图表，并可一键跳转至江西省粮油价格数据中心官网，包含省内粮油价格监测周报、省内原粮收购价走势动态图、定期发布的粮油价格分析报告及市场监测报告等，数据及报告的公开一般都较为完备且时效性强。各省区市可借鉴此类模式，或者可尝试建立或整合全国范围内各省区市的粮食收购价及市场批发价，并将不同省区市的价格进行对比评测。三是政府可借助土地流转网等信息类门户网站，在不干涉耕地流转市场交易的前提下对交易价格及趋势进行监测，为土地流转制度的改进提供有效参考。

8.5 促进新型农业人才培育

8.5.1 完善涉农院校人才培养模式

实行农学本科教育双导师制。大学现行的教育方式多以理论知识学习为主，并结合书本上的案例帮助理解，再辅以校内导师的实操培训。虽然这种教育方式能够在一定程度上培养学生的专业素养，但仍存在与最新发展的技术应用脱节的问题，可能会导致理论与实际操作的衔接不畅[8]。涉农院校可借鉴研究生双导师制的做法，由校外农业专家和校内专业老师通过开放式、全方位的资源共享，构建新型培养模式。校内专业老师负责教授基础理论知识，校外农业专家负责引领学生下到农业实验基地或农田实地学习，做到紧跟农时、且耕且读，实现“学做合一”。

构建政校行企多方联动机制。农业教育现行的“学校 + 企业”“学校 + 地区”协同育人模式存在衔接不顺畅、教学效果不佳等问题。因此，政府应建立多方联动育人机制，涵盖政府、高校、行业、企业多个部门，为培育人才提供必要保障，同时，为完善“学校 + 企业”协同育人提供重要保障。政校行企联动是高校开展人才培养、社会服务的重要机制，也是经过产学研检验的高效途径。在现代农业培育与双创教育融合路径探索中，政校行企协同、政产学研融合的教学机制应始终贯穿培育人才的各个环节。例如，在提高涉农学生的能力方面，可以通过设置“名人课堂”的方式，定期邀请政府相关专家和行业、企业优秀人才配合高校教师，开设“理论+实务”课堂，还可以合力指导学生参与双创实践。此外，涉农高校可以建立企业工作室或导师工作室，通过参与多种形式的科研项目提高创新创业能力。创新创业学院在大学生就业或创业后，可以给予长期跟踪指导，真正做到“送上马，扶一程”。涉农高校要充分利用地方农业科技园、创业园等创新创业平台，加强现代农业培育与双创培育的融合，使学生在接受专业技能培训的同时获得创新创业的实践体验[9]。

8.5.2 加强新型职业农民培育

实施“精准培育”。由于地域、作物种植及农民个体差异等因素，培育主体没有顾及不同农民对未来规划的差异。中国的新型职业农民培育模式目前还比较单一，创新性和吸引力不够，难以满足新型职业农民种植时真正的需求。在对新型职业农民开展培训工作时，培育主体应在了解其受教育程度、实际需求等基本情况的基础上实行“分班教育”和“打包教育”，让新型职业农民能够自主选择内容和模块进行学习，增强学习意愿和教学效果。县（市、区）政府可以在充分考虑本地区实际情况和农民实际需求的基础上来制定新型职业农民培育方案，对培育内容实施菜单式管理，分类型、等级等设计培育项目和课程。例如，对于文化水平较高且有一定农业生产规模和经验的农民，可以通过运营管理类课程往农业职业经理人方向培养；而对于文化程度相对较低、缺乏市场观念的农民，可以通过对农业产业知识的培养提升他们对生产过程的宏观理解；对于年轻一辈农业生产技能熟练度不高的农民，可以通过专业的生产技能培训来提升实际操作能力。相关部门应对培育项目和课程进行公示，以供需求不同的新型职业农民选择。此外，县（市、区）政府和相关培育机构要加强培育方式的实践化，结合理论学习和实操训练，使新型职业农民更好地掌握、应用培育内容[10]。

规范新型职业农民的认定流程。中国当前的新型职业农民认定大多采取非考核制的认定流程，但职业的考核及培训更能体现出新型职业农民认定的职业导向，体现科学性与客观性，并为职业培训奠定培养方向，优化职业培训体系。因此，各地培育主体应依据申请人参与新型职业农民资格考试或申请培训审核的结果，来决定是否授予其新型职业农民的资格。资格认证可以参照其他职业资格证书的考试设计，采用“基础理论知识 + 选修科目实操”的考核方式；申请培训审核即在培训的整个流程中进行考核，最后通过“平时成绩 + 考试成绩”的成绩评定决定是否授予资格证书，达到学员知识水平与实践能力并重的目的。

强化新型职业农民的认定保障。一是应从政策上明确资格认定机构的合法性、权威性以及认定机构的组织架构及具体职能，以文件的形式落实认定的制度、标准、流程及管理，为认定工作提供清晰的框架。二是设置资格认定与政策扶持结合的保障机制。例如，对持有新型职业农民资格证的农民给予资金补助、贷款免息等金融支持；农业技术指导、信息技术帮扶等技术支持；“五险一金”等社会保障、农村环境基础设施建设、土地经营流转等外界支持。三是政策的扶持力度应与认定的级别挂钩，级别越高、扶持越多。政府应根据实际情况划分新型职业农民的类型，使其进行分工合作从而使资源利用最大化。例如，根据服务类型划分为技能型和服务型，根据能力和服务范围再划分为初、中、高依次上升的三个等级并颁发相应的“职称证书”，设计扶持的力度与认定的级别呈“正相关”。四是加快推进新型职业农民“绿色证书”和制度建设，在实行扶持政策时，将“绿色证书”作为基础凭证，“职称证书”作为等级。

8.5.3 加强培育新型农业经营主体

加大新型农业经营主体扶持力度。政府部门是新型农业经营主体培育和发展的重要保障，因此，政府农业相关部门应进一步加大对新型经营主体的扶持力度，从而保障粮食生产安全。一是政府应制定出台一系列扶持政策为新型农业经营主体提供良好的外部环境，例如，地方政府可根据中央文件精神出台贷款帮扶、税费减免及项目资金支持等政策，为新型农业经营主体解决资金不足的问题。二是地方政府应形成与政策配套的考核制度，避免套用扶持项目资金的现象。例如，将粮食产量、规模经营面积、粮食收入等纳入考核指标，依照考核评级决定是否实行扶持。对当年考核评级不佳的新型农业经营主体给予通知，对连续两年以上考核评级不佳的新型农业经营主体给予黄牌警告，并撤销对其的政策扶持[11]。

推进扩大新型农业经营主体工作宣传。新型农业经营主体培育工作的宣传应该从两个方面开展。一方面，要从经营主体的必要性入手，重点阐述新型农业经营主体对农业和社会发展的促进作用，使人们能够深刻地了解新型农业经营主体的价值所在；另一方面，应从"政策红利"角度展开科普宣传工作，积极通过互联网、新闻、红榜、政策解读座谈会等形式全方位解读政府对新型农业经营主体的扶持政策，激发散户或其他行业从业者加入农业人才队伍的积极性。同时，为提高新型农业经营主体的整体素质，地方政府还应免费为其开展各项培训课程，如"新型职业农民培育""农村青年电商培训计划"等。

8.6 优化支农资金管理

8.6.1 规范财政支农资金使用

规范支农资金管理办法。中国的财政支农资金管理涉及多个部门，其中各部门职能有所不同。财政部门的职能在于优化资源配置、稳定宏观经济和调节收入分配等；而农业部门的职能则是在于调控农业和农村经济发展。因此，对于财政支农资金的使用，地方政府应尽快出台或修订《支农资金专项管理办法》，参照财政部门制定的农业专项资金管理办法起草实施细则并要求其他相关部门贯彻落实并予以配合。在管理办法中，要加强向财政部门备案细则的制定，以协调和统一农业专项资金使用。

完善支农资金全过程监督管理机制。中国目前财政支农资金预算管理存在随意性、预算赤字等问题，因此，各省区市基层政府应建立"任务清单"考核机制，根据实际情况设置项目绩效评价指标，各省区市基层政府间相互监督组织开展绩效评价，对政策实施的全过程进行全面考核，并多方位评估清单“完成度”、政策目标实施到位情况、资金流向和管理情况等。一是应加强监管工作的落实和政策制度的执行，完善支农资金“1+N”监管体系建设，确保财政支农专项资金用好用实。二是应加强支农资金预算执行的监督管理，全面整合项目信息，准确真实记录预算流向，确保资金用于预算项目，尽可能避免代编预算。三是可通过参照绩效评价结果等来审查财政政策、支农资金预算工作完成情况，进一步落实绩效考核的监督管理工作。四是健全支农资金流向公开化制度，充分利用信息化手段和媒体平台，将财政支农资金有关政策、资金分配、项目安排等信息及时向社会公开，主动接受监督[12]。

创新支农资金、惠农补贴资金的检查手段。随着科学技术的不断发展和互联网技术应用的日益广泛，对于支农资金和惠农补贴资金的检查可以与互联网相结合，实行“互联网+农业资金”的模式，并研发相关软件。因此，中央和地方的财政支农、惠农资金，由各基层农业部门负责采集信息并汇总上传至网络，再由财政部门负责信息审核和资金发放，最后，农户领取资金后需要在软件上进行电子签名，后台自动将电子签名进行存储并生成回单以便于后期纪委等部门进行核查。

8.6.2 引导社会资本参与粮食生产与交换

产业链创新开发模式。可以学习江西赣龙科技有限公司的经营模式，以推进“绿色稻米”基地建设为切入点，以融合“绿色农业产业化”布局为契机，以优质稻米生产要素集合为平台，整合基地、订单、农资、农机、农技、加工、收储、销售等“耕、种、管、收、储、销”六位一体的全产业链运营模式。重点支持各类农产品龙头企业联合各类经营主体，加快农业产业链的形成和创新，努力形成规模性效益。同时，应进一步完善农产品加工流通，开拓市场销售与品牌形成，推进农业与服务业的交叉，加强产业链之间的有机结合，推进农村地区三大产业的融合发展。促进社会资本向比较优势的产业链靠拢，补齐短板。支持农村龙头企业总部、分支机构、生产基地的建设，保证每个乡镇建立一个集六项模式于一身的产业链。每个村里可单独建立临时粮食储藏室，对家里粮食有剩余的小型农户进行集中融资——以高于银行利率的粮食补贴给农户。

健全政府和社会资本合作模式。如生态循环农业、高标准农田、粮食仓储物流、数字乡村建设等有一定收益的公益类项目，支持用好政府和社会资本合作工具。可以学习河北、安徽等地的农业废弃物转化为可利用资源——农业废弃物培育食用菌，利用动物粪便、秸秆等培育，将农村秸秆能源转化为生物质燃料。鼓励各级农业和农村部门与社会资本合作，系统地组织本地区农业投资项目，选择适合的农村振兴项目，优先扶持低收入公益项目（农村的和农业基础设施建设），如每村建立公共土地监测点，鼓励社会资本去活化资产，鼓励信用保险机构进行金融产品和服务创新，并适时进行各项投融资试点。加快基金投入模式建设。鼓励社会资本参与乡村振兴基金，如种业发展基金、乡村振兴基金等。鼓励社会资本设立农业投资基金，促进农业产业发展。要发挥“三农”部门的优势，做好基金项目储备、项目推介工作；为充分发挥资本在乡村振兴发展方面的引导作用，鼓励基金通过股权投资、设立子基金方式刺激产业发展。对于产业发展好的地方，鼓励进一步通过资本加大投资并购力度，推动农业做大做强。

8.6.3 建设资本与农业对接平台

完善社会资本对接平台。针对目前社会资本和农业发展需求不平衡、不充分的问题，省、市人民政府可以建立社会资本对接网站，尽力解决资本对接过程中的信息不对称。或者人民政府可以委托社会机构建立农业和社会资本对接网站和公众号，充分发挥技术优势，再由农业农村部筛选出一批农业重点项目，加快引导资本对接。

构建农业园区平台。农业园区的建设有利于发挥规模经济优势和聚集效应，形成完善的农业产业，促进农业农村的建设和发展。因此，政府应联系高校和研究机构，研究和完善农业园区建设方案，出台可行性建议，同时，围绕像粮食生产区、农产品产保护区、特色农产品优势区，以及国家农业产业科技园为核心的“三区一园”，出台方案推进农业产业强镇和“一村一品”示范村镇，向国家优秀农业园区学习先进的建设经验，不断完善农业园区平台，完善园区各类设施和基础建设，增强园区对社会资本的引导和聚集能力，不断提升农业绿色化、优质化、特色化、品牌化水平。

建设农业领域重大工程项目信息平台。充分发挥政府“看不见的手”的作用，在政府及农业农村部网站上建设农业重大项目平台，形成农业重点项目数据库，将重大工程项目的参与方式、运营方式、盈利模式、财务报表等信息及时向社会公布，充分发挥政府对于信息汇集、交流、对接等方面的服务作用，引导各环节市场主体自主调节生产经营决策，提高信息的透明度，使社会资本对于重大工程项目有更深的了解，从而充分调动社会投资的积极性。

8.7 本章小结

本章针对降低种粮成本、保障国家粮食安全过程中所存在的法律、制度、政策、技术、人才及资金等难题，分别提出了具体对策建议。

第一，建议加强法律与制度建设。一方面，要完善粮食安全法律体系，包括加快粮食安全立法修规进程、厘清粮食安全立法修规重点。另一方面，要推动粮食生产基层治理，包括推动基层治理重心下移，加大农民专业合作社的自主权，扩充服务型农民合作社、供销合作社的职能范围并明晰其职能定位；推进“村社共建”基层治理新模式，通过“党建引领社建”、基层供销社领办农民合作社等新形式实现村社和农民双增收。

第二，建议加大农业政策保障。一方面，要完善农业补贴政策，包括扩大实施轮作休耕补贴，完善补贴标准，同时，合理调配休耕地块和名额等；建立农业“基建”投资补贴制度吸引社会资本的投入；出台农业公共服务补助政策和制定“专项工作任务清单”。另一方面，要完善农业保险政策，包括扩大农业保险保障范围，加快粮食价格、粮食产量、天气指数等保险产品的研发推广；加大宣传力度，提高农业保险普及率和农民投保意愿；完善大灾风险分散制度；规范查勘定损理赔流程，增强农民投保意愿。

第三，建议加快农业技术创新。一方面，加快国家农业科技创新联盟建设，包括加强政府的引导作用，通过完善市场进入退出机制优化联盟内企业质量；探索联盟组织新模式；健全监督管理机制，通过建立和完善联盟监督管理体系提高资金利用效率。另一方面，明确农业科技推广方向，包括加快农业科技示范基地建设；加大网络平台技术推广，通过利用“互联网+”传播速度快速推广农业技术和相关信息；通过招聘、选拔并吸纳专业技术人才和建设长效管理机制提高推广队伍人才质量。

第四，建议扩大智慧农业应用。一方面，加强全过程全覆盖智能化建设，通过农田数据管理平台实现“云配方”服务和智能配肥；构建现代化物流体系，对物流信息实行网格化管理；加快构建数字粮仓以解决国家粮食储备过高问题。另一方面，完善粮食安全监测预警机制，例如，细化粮食安全评价标准；建立完备的粮食资源数据库，增加农种资源的多样性；创新粮食安全监测预警工作模式，建立粮食监测预警委员会、完善监测点布局整合粮食数据资源和完善信息发布工作报送机制。

第五，建议促进新型人才培育。一方面，完善涉农院校人才培养模式，包括本科教育实行双导师制、构建政校行企多方联动机制，以“理论+实践”的学习方式提高学生专业能力等。另一方面，加强培育新型职业农民和新型农业经营主体，包括实施“精准培育”，实行“分班教育”和“打包教育”等；规范新型职业农民认定流程；强化新型职业农民的认定保障，通过专门的认定机构，根据能力和服务范围划分类型和等级评判并颁发相应证书。加大新型农业经营主体扶持力度以营造良好的外部环境；扩大新型农业经营主体工作宣传等。

第六，建议优化支农资金管理。一方面，规范财政支农资金使用，包括规范和统一支农资金管理办法；完善支农资金全过程监督管理机制，通过开展绩效评价以全过程考核提高资金使用效率；通过实行“互联网+农业资金”的模式确保支农资金、惠农补贴资金真实落到农民账户。另一方面，引导社会资本流入农村并建设资本对接平台；完善政府和社会资本合作模式，鼓励社会资本与农业农村部门合作；健全社会资本对接平台，通过建立社会资本对接网站解决资本对接过程中的信息不对称问题；构建农业园区平台，通过增强园区对社会资本的引导和聚集能力不断提升农业绿色化、优质化、特色化、品牌化水平；建设农业领域重大工程项目信息平台，充分调动社会投资的积极性。

本章主要参考文献

[1] 戎佳红，王翠娥．我国农业保险的发展现状及对策分析［J］．农村实用技术，2019（10）：15－16.

[2] 马树强．金融保险类企业准备金税前扣除的政策分析［J］．金融会计，2017（09）：60－69.

[3] 李赞．提高农业保险理赔服务问题研究——以某财险公司为例［J］．南方农机，2019，50（07）：68－69.

[4] 邵冰欣．县域领导干部应该重视现代农业产业技术创新战略联盟的发展［J］．创新科技，2018，18（05）：13－16.

[5] 陈俊红，陈慈，冯献．北京农业科技创新服务联盟发展对策研究［J］．科技管理研究，2014，34（22）：58－62，67.

[6] 翟凌宇，孙凯旋．基于云计算的智慧农业物联网云平台［J］．软件，2020，41（01）：258－262.

[7] 王佳方．智慧农业时代大数据的发展态势研究［J］．技术经济与管理研究，2020（02）：124－128.

[8] 杨肖丽，耿黎，陈珂．高等农业院校创新创业教育与专业教育深度融合模式及运行机制研究［J］．高等农业教育，2019（05）：17－22.

[9] 王莉娜．高等院校多元课堂协同联动育人模式的构建［J］．陕西教育（高教），2018（12）：32－33.

[10] 杨琴，吴兆明．国外职业农民职业教育对我国新型职业农民培育的借鉴与启示［J］．成人教育，2020，40（06）：76－81.

[11] 黄建颉，罗兴录．乡村振兴背景下新型农业人才培养探讨［J］．农学学报，2020，10（05）：97－100.

[12] 王永在．关于完善县级财政支农资金管理的研究［J］．当代农村财经，2019（05）：31－33.

附录 1

农户种粮成本构成情况调查问卷

尊敬的朋友：您好！

非常感谢您抽出宝贵时间参与调查。本次调查是为了全面掌握和分析粮食主产区种粮成本的构成情况。调查所得的问卷资料仅作为研究使用，答题选项没有对错好坏之分，请您放心作答。对于您的支持，我们深表谢意！

__________省__________市__________县__________乡（镇）__________村

一、粮食种植基本情况

1. 您的年龄______岁

2. 您的文化程度？（　　）

A 小学及以下　　B 初中　　C 高中　　D 大专及以上

3. 您主要种植的农作物是__________，种植的土地共被分为__________片__________块。

二、粮食种植成本与收益

表 1　　近五年各类种植成本和收益情况

项目	单位	2019 年	2018 年	2017 年	2016 年	2015 年
播种总面积	亩					
自有土地面积	亩					
租赁他人土地面积	亩					
土地租赁总支出	元/年					
粮食总产量	公斤/年					

续表

项目		单位	2019年	2018年	2017年	2016年	2015年
粮食销售总收入		元/年					
种子费用		元/年					
肥料费用		元/年					
农药费用		元/年					
农机费用		元/年					
水电费用		元/年					
农膜费用		元/年					
运输费用		元/年					
保险费用		元/年					
雇工总费用		元/年					
家庭用工费用折价	家庭人员从事农活总人数（人）						
	每人总工作天数（天/年）						
	每人平均工作时长（小时/天）						

三、农业基础设施与社会化服务情况

1. 您家的农用物资如何采购？（请在选项中打“√”，如果不采购则无须填写）

农用物资	单独采购	统一采购（搭伙购买、合作社、村集体）	由签协议企业统一提供
农机			
种子			
化肥			
农药			
农膜			

2. 您家种植技术和服务来源有：
①自己琢磨（经验、查网络） ②问街坊邻居 ③农资销售店
④乡镇农技站 ⑤合作社 ⑥电视（广告、农技师）
⑦相关农业企业 ⑧高校或科研机构

3. 现您家或乡镇耕种农地的基础设施情况如何？

题项	特别差	比较差	一般	比较好	非常好
喷灌、滴灌等技术使用情况					
农田河道、水渠通达情况					
农田道路交通情况					
农田平整集中情况					
职业农民培训情况					
病虫害防治技术指导					
测土施肥指导					
机种、机收服务便利度					

4. 您期望政府在粮食种植方面解决什么困难？（请在选中项打“√”）

题项	不需要	比较需要	非常需要
农业技术知识培训			
农业信贷服务/贷款担保			
继续施行粮食最低保护价			
协助流转土地，合并整理农田			
加大水利等基础设施建设			
控制地租价格抬高			
保障农资采购渠道			
完善农业灾害保险制度			
对大户补贴加大力度			

------------------------- 再次感谢您的耐心作答！ -------------------------

附录 2

主要农作物种植成本构成情况调查问卷

尊敬的朋友：您好！

非常感谢您抽出宝贵时间参与调查。本次调查是为了全面掌握和分析主要农作物种植成本的构成。调查所得的问卷资料仅作为研究使用，答题选项没有对错好坏之分，请您放心作答。对于您的支持，我们深表谢意！

所在地区：__________省__________市/地区__________区/市/县

您所在地区种植的主要农作物是______________________________

（注：如涉及两种或以上农作物，请单独填写问卷）

表 1　　近五年种植的基本情况

项目	单位	2019 年	2018 年	2017 年	2016 年	2015 年
总播种面积	万亩					
总产量	万吨					
平均出售价格	元/公斤					
种植主体						
1. 种植农户	户					
2. 种植大户	户					
3. 合作社	个					
4. 家庭农场	个					
5. 粮食加工及收购企业	个					
其他情况						
1. 粮食生产功能区	个					
2. 农机设备普及率	百分比					
3. 土地流转率	百分比					

表 2　　近五年种植的各类成本明细表

项目	单位	2019 年	2018 年	2017 年	2016 年	2015 年
总成本	元/亩					
一、物质与服务费用	元/亩					
（一）直接费用	元/亩					
1. 种子费	元/亩					
2. 化肥费	元/亩					
3. 农家肥费	元/亩					
4. 农药费	元/亩					
5. 农膜费	元/亩					
6. 租赁作业费	元/亩					
7. 燃料动力费	元/亩					
8. 技术服务费	元/亩					
9. 工具材料费	元/亩					
10. 修理维护费	元/亩					
11. 其他直接费用	元/亩					
（二）间接费用	元/亩					
1. 固定资产折旧	元/亩					
2. 保险费	元/亩					
3. 管理费	元/亩					
4. 财务费	元/亩					
5. 销售费	元/亩					
二、人工成本	元/亩					
1. 家庭用工折价	元/亩					
2. 雇工费用	元/亩					
三、土地成本	元/亩					
1. 流转地租金	元/亩					
2. 自营地折租	元/亩					

---------------------------- 再次感谢您的耐心作答！ ----------------------------

附录 3

针对农户的访谈提纲

1. 农用物资相关问题

【种子】

①种子品牌多不多，选择是否存在困难？

②售前、售中、售后有无相关服务（谁提供，是种子公司吗?）

【化肥、农药】

①化肥品种选择（问下具体类别，复合肥用的多不多）

②农药品种选择（除草除虫使用情况、配药比例）

③施用量标准（自己定还是有相关指导）

④有无测土施肥、智能配药技术、病虫害监测预警，是否给出防治方案（谁给的）

【农膜】有无使用，假设有，回收率大概多少

2. 社会化服务相关问题

①是否了解农业服务平台、农业信息网等农业网站，是否会通过互联网等渠道了解国家政策，及时获取信息

②有没有气象、病虫害情报信息提醒（如报纸、APP、短信）

③农技推广活动多吗（周期）、参与人员（推广人才/专家/推广站工作人员）、积极性、有哪些服务、农民实际需要哪些技术指导？

④农民参与专业合作社情况、是否与企业等主体合作（是否提供农资、技术、植保）、定向收储、生产托管

3. 基础设施建设问题

①农田水利建设问题（谁来建、谁来管、谁来修）

②最后一公里问题（道路平整、水渠通达、机械便利度）

③现在主要使用的农用机械（收割机/耕地机/自动喷洒农药无人机/施肥机）如果用得少，原因有哪些？

④灌溉用水有没有困难（水电费是否过高）

⑤重金属污染问题（粮食质量、损失谁承担、后续处理情况、污染来源追查）

4. 政府相关问题

【最低收购价、补贴相关问题】

①现在能拿到手的补贴有哪些（地补、粮补、机补），补贴发放的方式

②补贴相关的信息、最低收购价公布情况在哪了解得知（网上/政务公开/贴公告/亲戚朋友）

③是否知道自己应该拿到手多少

【土地流转】

①周期（几年一转）、地租价格（自定/参考别人/成交价指导）、转给亲戚朋友签不签合同

②流转的困难有哪些（流转不出去/流转结束地力下降/）

③不想流转的原因

【收储】

①农户自有储备

②农户交粮是给到粮食加工企业/地方储备直属库

③收储环节流程（要经过哪几道/是否存在中间商赚差价）

④仓储主体情况如何？是否有支持民营企业获得仓储资质？中储粮的代储企业认定流程是怎么样的？目前是以中粮为代表，是否出现垄断的弊端，如此次粮仓养老鼠事件？

⑤“收购—保管—仓储—调运—轮出”各环节是否存在脱节，流转总支出如何？是否导致陈粮不出，新粮不进的现象？

⑥储备设施问题，现有的仓储库房以哪种为主（平型仓/浅圆仓）？大数据智能粮仓应用状况如何？储备数据是否及时录入系统？各地方和中央储量系统是否统一？储备管理人员年龄？

【金融服务/保险】

①农业贷款担保、服务情况

②购买农业保险的情况（比例：国家给多少自己给多少），险种、赔率、理赔过程烦琐吗

【占用粮田】

①是否在推广“粮改饲、粮改草、粮改经”

②是否提倡耕地休闲与轮作，发展休闲农业、旅游农业等

【经验借鉴】

周围是否有好的、新的种粮经验或模式?

【劳动力】

①雇工人数/费用/难度

②所在地区种粮人群年龄结构/男女比例

③所在地区外出务工人数/收入状况

附录 4

粮食储备调研提纲

一、粮库的基本情况

1. 粮库总的仓（罐）容量？夏秋两季，用于收购托市粮的有效仓容有多少？

2. 所有粮食是否都存放在符合国家标准的粮仓中？在满仓时，有无存放在简易仓或储粮罩棚仓中的情况？

3. 最近几年，有无新建仓容？如果有，新建仓容的投入资金来源和规模？

4. 粮库工作人员的年龄结构？其中，负责粮食在库储存管理的工作人员年龄和文化程度？

5. 粮库各作业环节是否实现了标准化、信息化管理？

二、粮食入库（收购）情况

1. 粮食入库的基本程序是什么样的？

2. 对粮食入库的检验是感官检验还是机器检验？感官检验的工作人员具有多长的相关工作年限？检验的内容包括哪些？

3. 粮食入库效率如何？农户或企业把粮食送到粮站，一般要多少时间能够完成粮食入库？

4. 夏秋两季，粮库工作人员是否需要加班？员工的加班积极性如何？

三、粮食在库情况

1. 仓储设施新旧程度，最旧的使用了多久，最新的使用了多久？是否配齐配全各类机械设备？

2. 大数据智能粮仓应用状况如何？储备数据是否及时录入系统？各地方和中央储粮系统是否实现信息互通？

3. 在温度、湿度的测量和调控、灭鼠通风等方面的粮食储备技术是否有进步或重大突破？比如采用“四合一”储备技术检测

4. 多久对粮仓的粮情进行查看？是通过工作人员的经验判断，还是通过机器设备检测？是否有规范的粮情检查记录？多久进行一次水分、害虫检测？

5. 粮食储备管理技术、管理制度与国际国内先进地区是否存在差距？具体体现在哪些方面？

四、粮食出库（轮换）情况

1. 粮食轮换周期一般是多久（3 年）？

2. 期满后储备粮的品质如何？

3. 在储备粮售卖过程中，品质低的粮食是否比品质好的粮食更好卖？品质高的粮食是否能卖到与其质量相匹配的价格？

4. 储备粮售卖价格与粮食收购价格相比，相差多少？

5. 粮食轮换是通过公开竞拍的方式，还是直接出售给粮食加工企业？

6. 一般需要多长时间可以完成粮食销售和出库？

7. 是否经常出现陈粮不出，新粮不进的现象？

五、储粮成本和补贴情况

1. 入仓、储存、出库等整个过程所产生的粮食耗损是否严重？

2. 近五年粮食储备成本是否逐年上升？其中，保管费、轮换费、贷款利息等成本的具体情况如何？

3. 国家关于储粮方面的补贴有哪些类型？补贴标准如何？近五年来，补贴幅度是否有所增加？

4. 上级主管对粮库的监管方式有哪些？监管效果如何？是否实现了智慧监督、阳光监督？

5. 目前面临哪些困难，需要国家/省出台哪些政策来保障粮食储备安全？

附录 5

访 谈 记 录

一、江西赣龙科技有限公司访谈记录

（一）企业简介

江西赣龙科技有限公司是一家专业从事农业产品研发、生产、销售的综合性现代农业科技企业，其主要由赣龙大市场+（农业贸易）、科技服务（农业科技）及“农来了”（农业电商平台）等部门构成。赣龙大市场是江西省现代农业服务业重点项目，“农来了”是辐射周边各县的农产品电商平台。江西赣龙科技有限公司以生产销售富硒、有机、安全农产品为经营重点，集农业生产资料与技术服务等多种经营为一体，其经营活动实现了现代科技、电子商务与传统农业全产业链积极融合。

（二）交流座谈

研究团队：您能介绍下公司的业务经营情况吗？

公司负责人：现在有很多农服平台，包括腾讯以及恒大之前的房地产公司都在建农服，实际上他们现在做的大多是平台，平台对应的就是包括农产品在内的所有资产。因为农民只会种，但他们没法转化为商品，要通过大平台转化为商品，也就是通过烘干、挑选以及其他服务去完成农民没法完成的步骤。我们企业就是以农户、生产企业、农产品经销商、农产品消费集团、农产品加工企业为服务对象，在打造一体化农服平台。

研究团队：公司的运营模式具体是什么？

公司负责人：模式一共有两个，一是“互联网+”，但目前还未发展成熟；二是全自动化、全网络监管的农业生产服务平台。

研究团队：公司现在的业务发展怎样？

公司负责人：粮食要直接对接平台。比如，盒马生鲜总部在杭州，在平台下单后，立刻把订单发往海南，这就是平台发展模式。但是，我们目

前平台建设还不够成熟，规模还不够大，而且，现在的市场环境需要凸显产品品牌，我们主要差距在包装、品牌建设等方面。

研究团队：您公司的投资资金是只有私人的，还是有其他来源？

公司负责人：全部是私人的。

研究团队：您认为公司未来发展重点要关注哪些方面？

公司负责人：要让市场功能充分发挥出来，像育秧技术就拥有很大市场，比如台湾育秧工厂，它的秧苗技术非常成功，可以解决农户插秧问题，稳定产量，从而稳定收入。

（三）参观粮食加工厂并交流

研究团队：这里堆放的稻谷是刚收购进来的吗？

公司负责人：对，这是我们刚收的早稻，130 元/百斤，都是优质稻，虽然稻米的个头小，但是营养价值高。

研究团队：这边的设备是做什么用的？

公司负责人：这是我们的储粮设施。

研究团队：你们这边秸秆也挺多，秸秆要打捆出售吗？

公司负责人：要的，有专门的打捆机。

研究团队：你们收购粮食的流程是怎样的？

公司负责人：就是粮食收割后，可以直接由我们来收购。收进来之后，先烘干，然后加工，形成一条龙生产线。

研究团队：可以简单介绍一下烘干加工的流程吗？

公司负责人：先把湿谷放进机器，之后热风烘干，粮食烘干的原理就是上面进湿粮，下面直接出干粮，干粮出来了以后直接进入到粮仓。那两个是粮仓，最多可容纳 1000 斤粮。

研究团队：农户卖粮给您的过程中，有向您反映过什么困难吗？

公司负责人：现在农户碰到的一个问题是早稻除草成本很高。

研究团队：杂草太多会增加大概多少成本？

公司负责人：每亩增加 100 元左右。还有一个更大的风险，肥料是一次性倒进去的，如果效果不好就会影响产量。产量不高，那么农户会面临亏本。

研究团队：成本是一次性投下去的？

公司负责人：是的。前期成本一次性投下去，而其中除草剂成本很高，一亩地要100多元钱，有时候还需要反复除草，这又导致产量下降。按理来说，种子原先的产量能达到亩产1100斤，但实际早稻的产量只能达到500斤到700斤，最高不超过700斤。

研究团队：是否有办法降低农户的成本压力？

公司负责人：有，比如说，我们现在在推广储粮托管模式，就是把小农户的粮食储存集中起来。因为现在农村有些种粮户是小农户，而且这些农户的年龄普遍在50岁以上。我们公司采用托管模式，小农户可以不用自己储存稻谷，直接把稻谷储存在我们加工厂，我们企业给他们发领米卡，需要米的时候再来领米。这一模式大大减轻了小农户的负担，种粮成本降低了很多。

研究团队：这种模式需要流转土地吗？

公司负责人：不需要流转土地，但我们也会统一组织耕种。

研究团队：托管模式对小农户有怎样的好处？

公司负责人：他们可以把一些环节托管给我们，或者是全部都托管给我们，如此可以起到降本增收的作用。举例来说，假设你有10亩地一起托管给我们，我们帮你耕地的费用会比你自己单独雇人耕地的费用少20元/亩，而且肥料我们是统一采购，价格相对便宜，这是降低成本的部分。增收方面，就是种子用我们统一的良种，然后稻谷由我们统一销售，这样可以保证稻谷品质，价格就相对高，最终实现降本增收。农户将晒干的谷子卖给我们，一般都是110～130元/百斤。

二、抚州市临川区水边村访谈记录

（一）访谈对象简介

抚州市临川区水边村以种植稻谷为主，此次调研对象为当地的3位种粮大户。农户A种植面积为100余亩，农户B的种植面积为200余亩，农户C的种植面积为700余亩。

（二）访谈记录

1. 采访农户A

研究团队：今年政府鼓励种植早稻，本地种植情况怎么样？

农户 A：我们这里大多农户都喜欢种植一季稻，比如产量高的“深两优”，收成好的时候产量能达到每亩 650～700 公斤，收成差的话也能有每亩 500～550 公斤的产量。相对来说，种植这个品种我们收益会有保障，而且有时候种两季的收益还没有种一季多，人却会累很多，所以没什么人会种两季。但今年不一样了，国家提倡种植早稻，临川是种植双季稻的重点区域，管控非常严格，大家都种两季了，种粮面积扩大了，粮食总产量也就提高了。

研究团队：那今年早稻产量怎么样？

农户 A：其实很多人都不是自愿种植早稻的，是乡政府要求我们老百姓要种，要求双季稻覆盖率要达到 95% 以上。但因户管护不力，产量不是太好。

研究团队：今年早稻卖的怎么样？

农户 A：今年早稻的价格不高，去除成本基本上没赚钱，差不多有 80% 的农民都亏了本。

研究团队：今年全国各地都涨水，对早稻有没有影响？

农户 A：有，雨水多，产量就上不去。

研究团队：受灾有保险赔付吗？

农户 A：国家政策很好，有保险，每亩大概能赔 10 元左右，受损严重的就会赔付 20～30 元/亩。

研究团队：那今年种早稻一亩大概亏多少？

农户 A：今年我帮别人收割稻子的时候，经常要用棍子敲收割机的粮仓。因为收割起来的稻谷有百分之七八十都发芽了，发了芽的稻谷就会粘在粮仓壁上。这种发了芽的稻谷基本上卖不出什么好价钱。

研究团队：发了芽的稻谷具体卖价能达到多少呢？

农户 A：都是根据收稻谷的人开的价卖，一般情况下，正常的稻谷卖 109 元/百斤，被水淹了的、发了芽的稻谷卖出去是 50～80 元/百斤，相差几十元。

研究团队：今年正常稻谷的价格是不是比往年要好一点？

农户 A：今年价格跟去年相比，湿谷和干谷的价格相差不大。今年粮贩给的价格好，但粮仓给的价格不好。不过，今年品质差一点的稻谷，粮仓也会收。

研究团队：那运输成本高吗？稻谷装运要多少钱一车？

农户 A：我们卖湿谷一般都是自己请人装运送去粮仓，请货车运的话大概是3元/百斤。

研究团队：种植过程中，水电消耗情况怎么样？

农户A：有些地方涨水，但有些地方又旱，一直不下雨，很多田里都干裂了。

研究团队：那水电费高吗？

农户A：水库10天会开一次闸。水费是我们先上交30元，后面再返给我们40元，就相当我们拿到了10元的补贴。

研究团队：你们这边有修建水渠吗？

农户A：建了水渠，但是如果水库不开闸，水渠里也没有水。

研究团队：像您种100亩地要雇多少人？

农户A：现在我不雇人，就自己两个人做。

研究团队：农药、化肥、种子这些农资都是您自己单独买的吗？

农户A：这些都是自己买。

研究团队：一般去哪里购买呢？

农户A：我们一般是到抚州北站去买，那里有农资批发市场。

研究团队：那您知道什么品种的种子好吗？

农户A：一般来说，我们到抚州种子站去买杂交稻、优质稻，一些常规种子都是用自留的。就是今年春天收割的稻谷里留一些品质好的做种子，到明年春天可以直接用，但是到后年就不能用了。

2. 采访农户B

研究团队：您自己家有多少地？

农户B：自己家的地是六亩多，其他是租来的。

研究团队：租地的租金大概多少钱一亩呢？

农户B：之前是100~200元/亩，后来南昌人来我们这边租地，就把租金提高到了400多元钱一亩，所以现在我们的地都不愿意给外地人种了。

研究团队：那您的产量大概是多少呢？

农户B：今年早稻产量不好，才700~800斤/亩。

研究团队：往年产量能有多少？

农户B：前两年早稻大概一亩地有800~900斤。

研究团队：中稻的产量情况呢？

农户B：我们这里都觉得种一季稻（中稻）的成本少一点，产量也高一点。种的好一般会有1300～1400斤/亩，种的差一点也有1000斤/亩。

研究团队：晚稻产量怎么样？

农户B：就跟早稻差不多，800～900斤/亩。

研究团队：早稻、中稻、晚稻价格一样吗？

农户B：不一样，早稻相对来说会更便宜，中晚稻价格稍微高一点。

研究团队：您一般把稻谷卖到哪里？

农户B：我们一般卖到烘干厂，一般稻谷大概就90元/斤，优质稻每斤能卖到一百多元。

研究团队：您一般都是用什么种子呢？

农户B：一季稻和晚稻一般是以优质稻为主，像926、糯谷，深两优这种优质稻。

研究团队：这类种子会贵一点吗？

农户B：当然贵了，像深两优都是40多元1斤。

研究团队：雇工成本大概是多少？

农户B：如果请别人耕地要120元/亩，收割要100多元1亩，人工插秧要300元/亩，而且还很难雇到人。

研究团队：现在不是有插秧机吗？

农户B：早七八年前我也买过插秧机，但是没有人来指导我们怎么使用，我们不知道什么品种的种子适合用插秧机。机插秧比人工插秧发育晚20天左右，降温后，机插秧都冻死了。

研究团队：现在农村种地的农民一般多大年纪？

农户B：一般都是五六十岁，我们这里有70岁的人承包了400多亩地。今年强调说要种两季稻，其实种两季我们老百姓反要亏本，两季加起来还没有种一季赚得多。

研究团队：那是什么原因呢？

农户B：产量上不去，两季的产量加起来差不多1600斤/亩，按现在117元/百斤的价格，能卖到1200元/亩，但一亩地化肥要200多元，农药100多元，加上收割、耕地等成本，种两季的话，这些成本都要乘以2，根本就没钱赚。

研究团队：那您拿到了种植双季稻的补贴吗？

农户B：刚开始说是有40元/亩的早稻种子补贴，我就打电话问了，他们说现在农户种植早稻的数据都还没有往上报。

研究团队：还有其他的补贴或救助吗？

农户 B：也有，比如有灾害补贴的种子，但是这些种子都是一些劣质的陈种（放置了很多年的种子），产量都不好。救灾的肥料一般也分不到我们手上。国家政策很好，但是底下的农民很难享受到政策红利。

研究团队：你们这里有农技站吗？会有人给你们专门指导农业种植技术吗？

农户 B：每个乡镇都有农技推广站，但不会到田间指导，到村里来都很少。

研究团队：你们会去农技站咨询问题吗？

农户 B：我们一般都不会去，因为农技站很多都是三支一扶的年轻大学生，他们都不会种地。

研究团队：你们这里修了水渠吗？

农户 B：我们这还没有修，所以水路不是很畅通，尤其是水沟里长满了杂草的时候。

研究团队：你们这里在建设生态农业吗？

农户 B：我们这里有个 3000 亩的种粮大户在搞生态农业，他基本上都是雇有种地经验的人来管理。他真正的收入来源不在于种地，而是享受国家给予的生态农业福利。

3. 采访农户 C

研究团队：您种地种了多少年了？

农户 C：20 多年了

研究团队：您家种了多少亩地？

农户 C：我们家种了将近 700 亩地，分散在 3 个村委会。

研究团队：种子是您自己去买的吗？

农户 C：是啊，抚州北站有种子站，我们一般都是去那边挑选。

研究团队：那您是长期在一家公司购买吗？

农户 C：我一般会货比三家，哪家好我就买哪家的。

研究团队：种子大概多少钱 1 斤呢？

农户 C：价格不一样。早稻有 5 元多 1 斤，也有三四元 1 斤的。

研究团队：您有碰到种子质量不过关的情况吗？

农户 C：今年我就碰到了这种问题。我买的种子带菌，导致秧苗出现恶苗病，这种秧苗存活不了。然后我就打了 12135 的维权电话，最后种子公司赔了我 1 万多块钱，但是我花费的成本远不止这些钱。

研究团队：这些种子没有进行严格的筛选吗？

农户 C：我们只能看到种子是不是正规的，相关证书都有，但是种子的质量不过关我们也看不出来。

研究团队：农业保险会保种子质量问题吗？

农户 C：不保。

研究团队：您近几年的种粮收入怎么样？

农户 C：这几年收入不太好，2018 年粮价开始下调，下调了十几元，一年就减少 10 多万收入。而且，现在农资都涨价了，人工也更贵了。

研究团队：人工成本提升了多少？

农户 C：以前都是 120～140 元/天，现在要 200 元/天，还不一定能雇到人。

研究团队：从什么时候涨到 200 元的？

农户 C：就是这两年涨的。现在年轻人都外出打工去了，年纪大的我们也不太敢请，天气太热，担心出事。

研究团队：现在不是可以用机器代替人工吗？

农户 C：有些是可以，但是有些代替不了。比如有些农药就不能用无人机喷洒，因为无人机喷洒不够精确，浓度和水量不够，效果就没有人工喷洒的好。

研究团队：您这里有政策性保险吗？

农户 C：有啊，但是保险赔的不多。比如，去年涨水，我报了保险，合同上写的是重度、绝收赔 700 元/亩，中度赔 300 元/亩，轻度赔 100 元/亩。最后，我 170 亩地就赔了 4000 元。

三、丰城市筱塘乡村民座谈会记录

（一）座谈会简介

调研组在丰城市筱塘乡召开了农户座谈会，其目的是了解种粮朋友们每年的成本和收益情况，以及种粮过程中面临的难题；了解当前国家的农业补贴政策对农业生产的影响，粮食保护价格的作用是否得到了充分发挥，有15名农户参加了座谈会，大家各抒己见，积极踊跃发言，座谈效果很好。

（二）座谈会记录

研究团队：国家的粮食价格保护政策是否起到了很好的作用？

农户A：七月份粮食就成熟了，但粮食保护价格八九月才出，我们不可能收割完了堆在家里，所以一般在粮食保护价格出来前我们就已经把粮食卖了。

研究团队：你们的粮是卖给当地的粮站吗？

农户B：我们卖给粮站，要扣各种费用，最后120多元的价格变成100出头，还要我们自己把粮食运到粮站，所以我们一般直接卖给粮贩子。

研究团队：目前粮站收粮的具体情况如何？

农户A：粮站八点开仓，十点前扣3斤水分和杂质，10点到12点，扣4~5斤，下午扣8~10斤，120斤的粮食最后真正卖出的不到一百斤。

研究团队：农业保险一般是怎么签订合同？

农户B：由村委会统一签，保险合同我都没见过，一年要14元/亩(两季度)。

研究团队：你们买种子、化肥的成本高吗？种子是你们自己去买，还是跟企业有合作？

农户C：种子、化肥是跟企业合作的，他们会提供育种、收割服务。国家也有救灾种子和化肥，但我们以前拿到的种子是陈种（放置了很多年的种子)，种出来的稻谷很多是空壳的，会亏钱。救灾化肥，一亩田规定3包，但我们都没得到。

研究团队：平时有人专门给你们进行种粮指导吗？比如，告诉你们用什么APP，关注哪些新闻资讯，告知你们一些与种粮息息相关的最新政策？

农户C：从来都没人管，我们也不懂。

研究团队：我们这边有些调研问卷，大家可以填一下，问卷内容主要涉及大家种植所承担的主要成本，也就是最近五年您种了多少亩地，其中租赁面积多少，自营土地多少，如果种了两季，那您的土地面积需乘以二，还包括种子费、化肥费等年均支出。

四、九江市柴桑区涌塘村村民访谈记录

（一）访谈对象简介

课题组对九江市柴桑区涌塘村 3 名村民进行了一对一访谈，了解种粮的成本和收益情况，以及他们在种粮过程中面临的困难。其中，农户 A 种植面积为 200 亩，农户 B 种植面积为 500 亩，农户 C 的种植面积为 300 亩。

（二）访谈记录

1. 采访农户 A

研究团队：能谈谈您种粮面临的主要困难吗？

农户 A：我是从鄱阳来九江种田的，我今年种的早稻卖都卖不出去。

研究团队：不可以卖给粮库吗？

农户 A：粮库不收。我只能把稻子运往鄱阳去卖，40 吨的车每次只能装 18 吨的稻谷，一趟要 3000 元运费。

研究团队：为什么会这样呢？

农户 A：因为我赶着种二季稻，早稻不赶紧收，种二季稻来不及。粮贩子知道我要种二季稻，就压低价格，6 毛、7 毛一斤，所以我不在这里卖。我选择卖到价格相对较高、烘干场也多的鄱阳。

研究团队：鄱阳的收购价是多少呢？

农户 A：7 毛 8 分每斤，而且不扣水分和杂质。

研究团队：那您今年种的早稻是亏损了吗？

农户 A：又累又亏，连人工钱都没补回来。

研究团队：一亩田大概亏了多少呢？

农户 A：我种了两百亩早稻，一亩产量为 400 斤，卖了 5 万多元，亏了 1 万多元。上半年气温不正常，我种的全是冷水田（水库下面的田），不适合种早稻，所以产量少。而且，我买的种子质量不太好。

研究团队：您能跟我们说下具体成本支出情况吗？

农户 A：耕田比较便宜，80 元/亩；种子是 90 元/亩；农药化肥，总共 6 万元/年；收割机，80 元/亩；人工，1.6 万元/季，但是基本上是老人，效率低。早稻补贴，按地方标准是 200 元/亩。晚稻，去年是补 47.2

元/亩。

研究团队：这边有没有说不种早稻，就得不到中稻和晚稻的补贴？

农户A：没有。

2. 采访农户B

研究团队：您总共种了多少亩？

农户B：500亩。

研究团队：其中早稻您种了多少？

农户B：170亩

研究团队：成本和产量呢？

农户B：900斤/亩，卖到9毛/斤，也没有盈利。具体成本是田租300元/亩；排涝20元/亩；种子140元/亩（再生稻）；除草、虫的农药300元/亩；人工是1人/亩，160元/人；复合肥140元/百斤；收割60元/亩；尿素30元/亩；耕地、整田200元/亩；水电20～30元/亩；保险费，中/晚稻是5元/亩，其中早稻的保险费由国家负责。

研究团队：除草除虫费用为什么这么高？

农户B：首先，为了降低农药对产量的影响，我们用的除草剂比普通的除草剂要贵一点；其次，今年气温偏低，除草效果不好，需要进行反复除草。今年我除了三次草，往年一次就够了，而且草会出现抗药性，因此除草剂的剂量越来越高，费用也就高了。

研究团队：你们保险购买和赔付的情况怎么样？

农户B：县里会统一购买，但是保险公司赔付很难，说是受灾面积要达到35%才赔。

研究团队：你们这边再生稻种植如何？

农户B：再生稻只需要肥料、水电和收割，但产量不稳定，管理得好的有300～400斤/亩，不好的就100斤/亩，价格跟晚稻差不多，但是劳动强度不是很大。

研究团队：今年的粮食价格与去年相比波动如何？

农户B：每年价格变化不大。

研究团队：国家粮食保护价的实施情况怎么样？

农户B：粮食保护价保护的是干谷，我们卖都是湿谷，中间利润都被粮贩子、烘干厂得到了。

3. 采访农户 C

研究团队：您的种植面积是多少亩？

农户 C：总共 300 亩。

研究团队：那您的成本和产量呢？

农户 C：成本大概是租金 200 元/亩，种子 140 元/亩，肥料 180 元/亩，农药 150 元/亩，耕地、收割 160 元/亩，雇工 180 元/亩。产量是早稻 450 斤/亩，中晚稻 1100 斤/亩。

研究团队：您种了高标准农田吗？

农户 C：种了一部分。

研究团队：高标准农田改造的效果如何？

农户 C：高标准农田的改造就是将地势高的田块表土推到地势低洼的田块，达到平整效果。这导致原地势较高的田块土壤层薄了，稻谷长得不好，原地势低的田块农机进入又容易下陷。

研究团队：我们在来这的路途中看到高标准农田区域，有的黄有的绿，这是什么原因呢？

农户 C：原高地势田块土壤层浅，稻谷容易黄，而且产量低。

研究团队：农机容易进入田块吗？

农户 C：高标准改造之前不好进，高标准改造后建立了机耕道，农机容易进入。

研究团队：你们乐意建设高标准农田吗？

农户 C：种粮大户们喜欢建高标准农田，肥料、农机等都有政府扶持，但是小户不喜欢建高标准农田。

研究团队：你们的粮食怎么储存？

农户 C：我们直接卖湿的给烘干厂，扣除掉稻谷的水分来定价钱。水分含量高则价钱低，水分含量低则价钱高。

研究团队：烘干厂的测水分仪器会有问题吗？

农户 C：多少会有，但我们也无法鉴定仪器准确度。

研究团队：你们当地粮站收粮的情况怎么样？

农户 C：粮贩子收干稻谷是 118 元/百斤，而我们的湿稻谷卖给粮库是 80 元/百斤，所以粮库收不到很多粮食，粮库的实际储粮可能没有公布的储粮多。

五、南昌市农村农业局工作人员访谈记录

（一）访谈对象简介

此次访谈主要想了解南昌市粮食储备的基本情况，因此主要对南昌市农村农业局以及下属的粮储机构进行了调查、访谈。南昌市农村农业局负责全市农业技术推广及农业科技教育工作；负责农村能源建设；负责农产品的质量安全监管和无公害农产品、绿色食品、有机食品的认证管理工作；主管农作物种子、农药、肥料、兽药、饲料等农业投入品的质量检测及经营环节的执法监管工作；负责农业机械化行业管理；承担对市内动植物的防疫检疫工作。

（二）访谈记录

研究团队：目前南昌的基层粮管所情况怎么样？

工作人员：一般粮管所的副所长每个月的工资在1000元左右，没有职工保险之类的。这么低的收入，年轻人不愿意来，粮管所只好返聘老粮食管理人员。等这些人年纪大了无法管粮，那就只有建设智慧粮仓来管。但现在县区的基层粮管所不具备这个条件，仓房很旧，没有能改造成智慧粮仓的条件。

研究团队：鼠害之类的有吗？

工作人员：鼠害还好。

研究团队：虫害呢？

工作人员：对于防虫害，我们南方要定期熏蒸，但是熏蒸的毒性很大。所以，基层粮管所现在条件好一点的基本上是充氮，然后杀虫。

研究团队：粮仓的粮食是几年一轮换？

工作人员：按照规定是三年一轮换，但是现在有些粮仓还有2015年的粮，这些粮就是定向销售，用于加工工业酒精或者做饲料，绝对不能进入口粮市场。

研究团队：为什么会出现粮食轮换不及时的问题？

工作人员：也许是因为托市粮的粮权是中央的，基层没有权利出售，只是负责保管。而这两年保管费降低了，以前是94元/吨，现在是74元/吨，

管粮人的积极性也下降了。

研究团队：您可以向我们介绍一下当地的储粮情况吗？

工作人员：种粮大户相对好一点，他们既有仓储条件，又有加工条件，还有流转的土地。但是也有区域差异，例如抚州的条件比南昌这个省会城市好一些。去年全国的去库存力度比较大，要保证储备粮规模就必须要补库，所以产粮较少的省份往往会到产粮大省收粮补库。比如，今年我们早稻播种是 208 万亩，比去年多了 3%，但有些粮食主销省到江西来“抢粮”，导致我们自己很难收到早稻，要完成今年储备粮规模任务就比较紧张。

研究团队：我们调研发现农户一般并非以国家的最低收购价卖出粮食，这是为什么呢？

工作人员：现在交粮、售粮和以前不一样。现在农村劳动力基本是老弱病残，大多由粮食经纪人到各家各户去收，然后到烘干厂烘干。烘干厂在国家启动托市的时候，他们再把粮食运到粮管所，这部分差价就被烘干厂和粮食经纪人赚了，所以到农户手上的就少了。

研究团队：取消收购价可行吗？会产生什么影响呢？

工作人员：取消托市粮食收购价，粮食经纪人压价收购就会更严重，行政部门还不好干预这一市场行为，农民的收入就更没有保障了。

研究团队：托市粮收购价一般什么时候启动呢？

工作人员：江西省今年启动得早，比往年早了近一个月。今年早稻播种面积大，长势也好，当时还经常统计仓容，看能否容纳下这么多粮食。但这次汛期一来，产量大幅下降，我们连托市粮都收不到了。今年我们的市级储备是在粮食交易市场挂牌拍的，因为我们要补市级储备的量。开始挂 1.31 元/斤流拍，没人卖，挂到 1.35 元/斤才把差额补上。

研究团队：这样就加重了财政负担吧？

工作人员：对，加重了市财政负担。

六、南昌县泾口粮食管理所座谈会记录

（一）座谈会简介

南昌县泾口乡现建有 2 万余亩的省级优质无公害稻米生产基地，1 万

亩无公害水产养殖基地，其生产的圣玉牌、禾立牌大米质优味美。泾口粮食管理所人员规模小于50人，负责当地的粮食收储工作。本次座谈主要希望了解两方面：一是国家总体粮食安全情况，二是国家种粮补贴、储粮补贴等政策的具体落实情况。

（二）座谈会记录

研究团队：您能介绍下粮管所的基本情况吗？

工作人员1：我简单的把粮管所的情况向大家汇报一下：我们在编的人有41个人，实际做事的只有23人，全所共有5万吨仓容，有6个粮仓，总共仓库为55座。目前储存的都是托市粮，共有30700吨。这里有2013至2020年的各种粮食以及粮食价格的明细材料。目前储粮还是比较安全的，主要还存在以下三个问题：一是粮仓的基础设施建设方面。我们仓库20世纪是六七十年代开始建的，条件相当差，后面90年代和近期建了一部分仓库，就稍微好一点。但相对来说，大多数还是老旧仓库，条件不是很好，甚至有的仓库墙体还出现问题。所有的仓库都是比较小型的，每个仓容都是500吨，共55个仓。二是关于粮食的保管费用问题。保管费用下降实则是在2016年初下降的。按道理来说，随着物价的上涨、原材料成本的增加，尤其是工价上升速度加快，粮食保管费应该随之上升，然而近几年从94元/吨下降到74元/吨。三是职工的收入保障问题。我们这人员不多，90年代大概有150多人，现在只是40多人。目前我们员工都没有五险一金，收入是根据储存量来算的，收的粮多、储的粮多，收入就会高一点点。当然，作为基层工作人员，保障国家粮食安全是首要任务，但是我们的收入也急需得到保障。

研究团队：您这边的储粮条件怎么样？

工作人员2：现在基层仓储条件很差，仅仅是满足于上不漏下不渗，不漏雨不返潮，像空调、环流技术根本没有。

研究团队：仓储设备连空调都没有？

工作人员2：没有空调。南昌县对粮食储备的支持力度是很大的，每年年初给粮食仓储处拨5000万元，连续了三年，但这还是不能改善仓储条件，只能用这笔钱维护一些传统的技术，和二三十年前相比没有多大变化。

研究团队：粮食储备的补助有多少呢？

工作人员2：主要是保管费，现在是74元/吨，三四年前是94元/吨。

研究团队：这几年保管费降低的原因是什么呢?

工作人员2：我们也不清楚具体原因。

研究团队：储粮过程中遇到的最大困难是什么呢?

工作人员2：粮食价值跟文物价值是相反的，粮食每存放一年价值就会下降，损失就会很大。粮食每年价差损失大概0.15元/斤。例如，2013年的粮食要是放到现在，就是0.7元/斤或0.6元/斤；2015年的粮食是0.95元/斤。粮食储备处于高位的时候达到35万吨，按每斤损失0.15元计算，一年就是损失10500万元（1吨=2000斤），这不是个小数目。

研究团队：今年收购早稻的情况怎么样?

工作人员2：不太理想，农民普遍不愿种早稻。

研究团队：这是为什么呢?

工作人员2：种早稻的性价比不高。种一季稻平均每亩收入只比种两季稻少100~200元，农民却不用太辛苦。特别是今年，农民非但没有赚钱，反而亏钱，所以性价比决定了农民的种粮意愿和积极性。我认为只要储备粮足够，就不要去干预农民种粮。农民种不种粮食关键在于粮食价格。如果粮价涨到3~5元/斤，农民就会愿意扩大种粮面积。如果依靠政府补贴的话，把补贴只给种粮者，不给农地所有者，那么农地所有者肯定会抬高土地租金，又会出现各种新问题。

研究团队：那你们的运营性质是集体性质还是国营性质呢?

工作人员3：国有企业。

研究团队：你们没有改制吗?

工作人员3：对，现在全南昌市就是南昌县和高新区没有改制。

研究团队：改制了，待遇是不是会好点?

工作人员3：改了的也不好。现在我们还是编制，还能向上级反应情况，一旦改制了可能更艰难。

研究团队：现在很多大学都把粮食管理专业给去掉了，是不是因为很少有大学生愿意到这里来工作?

工作人员4：基本上没有专门的粮校了。以前的郑州粮食学院，现在是河南工业大学，我在里面培训过，但是他们的毕业生都不愿意到基层来。

研究团队：这对你们的工作产生了哪些影响呢？

工作人员4：现在在建设智能化粮仓，如果没有懂电脑的年轻人进来，就很难落实下去。去年国家统计粮食数量和质量，因为我们都上了年级，很多数据不知道怎么用电脑上报。

研究团队：您这边收粮的情况如何？

工作人员4：现在粮食收购大多是粮食中介进行的，我们从农民那里直接收粮的比例占5%～10%。

研究团队：占比为什么会这么低呢？

工作人员4：收粮时需要用电脑、一卡通等计算，我们粮管所到一家一户去收粮不现实。另外，农村主要劳动力出去打工，留下的多是老年人，他们也没办法把粮食运到粮管所来。所以，大多是让粮食经纪人直接上门装粮食，然后由经纪人把粮食全部送到粮管所来。

研究团队：那如果由你们来做粮食中介呢？

工作人员4：我们没有这个能力。经纪人要有车队来运粮。而且，中储粮有规定，同一辆车同一天进同一个粮仓不能超过3次。这个规定就是为了防止倒卖粮食的现象出现。

研究团队：储备粮的轮换周期是怎样的呢？

工作人员4：粮食存了三年就要出库。

研究团队：您能谈谈退城近郊的情况吗？

工作人员4：南昌已经开始实行退城近郊。但是现在退城近郊的地也很难拿。因为粮食企业是不产生税收的，所以县政府不愿意给地皮。

七、江西省南旅储备粮管理有限公司座谈会记录

（一）座谈会简介

江西省南旅储备粮管理有限公司是江西南旅粮食产业集团有限公司的全资子公司，主要从事粮食收购和仓储服务。此次座谈会主要想了解基层关于粮食储存方面的具体情况，了解需要从哪些方面对粮食储备政策进行调整，希望将一些典型案例推广至全国。

（二）座谈会记录

研究团队：你们公司的主要业务领域是什么？

工作人员1：我们公司目前主攻信息化粮食仓储管理。

研究团队：你们的粮库是智能粮库吗？

工作人员1：是的，也叫智慧粮仓。

研究团队：南昌市有多少这样的智能粮库？

工作人员1：目前除了这里，进贤还有一个。

研究团队：省里对建设智能粮库有没有补贴？

工作人员1：大概补贴300多万元。

研究团队：能介绍下智能粮库吗？

工作人员1：智能粮库包括保管智能化和监控智能化两方面。我们运用云计算、智能终端、物联网等，结合信息化、智能化方式，将粮库业务过程中的所有信息汇总到信息平台上。在电脑上就可以监控粮库的温度、湿度、病虫害情况，实现科学管理。

研究团队：您公司目前的仓库容量情况如何？

工作人员2：最大的仓库容量是9.65万吨。另外，目前正在新建一个更大的粮库，第一期仓容是10万吨，第二期仓容是5万吨。建成后，公司的总仓容可达到25万吨。

研究团队：建在哪里？

工作人员2：就在经开区。

研究团队：那您目前储存了多少粮食呢？

工作人员2：目前是17万吨。

研究团队：您公司现在的运营情况怎么样？

工作人员2：我们这里的仓库都是新建的，五年之内这些设备不会有什么问题。但是五年或者六年以后，智能化温控要加强，设备还要更新转化，按照每年安排一些新增设备，就要淘汰和修理一些设备，这样成本就增加了。此外，我们租房成本很高，实际上现在这个仓库我们投资了将近三个亿，大概一年折旧五六百万元。一年的电费、信息化维护费用、网络管理员工资等，这些费用算下来，企业运行很困难，而且现在粮仓还放不满，算上折旧，亏损严重。

研究团队：您这个企业是国企还是股份制改造？

工作人员2：是国企，以前是市粮食局的直属企业，整体划转南昌旅游集团后，是南昌旅游集团全资设立的国有独资企业。

研究团队：那你们是自负盈亏吗？

工作人员2：都是自负盈亏。

研究团队：今年收购早稻的情况怎么样呢？

工作人员3：虽然今年我们的早稻收割面积增大，但是，在收粮的时候发现，想要收点粮食非常困难。

研究团队：往年也是这样？

工作人员3：这个事情一直都存在，往年虽然也是这种情况，但是没这么集中。粮食在收购的过程中，总是会有价格不合理的情况存在，大多是因外省的拉动造成的。如，今年早稻托市价格是1.21元/斤，外地调粮的价格是1.35元/斤。我们作为农业省，当外省把价格拉动后，我们省的储备粮和市场就存在很大的问题，在管控上我们既不能完全卡死，又不能不设置障碍。

研究团队：如果由粮食主产省份替主销省份代储，即生产和储备在一起，是不是就可以避免粮食外调带来的粮价上涨？

工作人员3：不会，那样会更好。其实从计划经济就是这么做的，原来四川，包括广东就是国家中央储备调粮，从江西等地的粮库直接调过去。